特殊食品国内外法规标准比对研究

编　著　国家食品药品监督管理总局科技和标准司
　　　　国家食品安全风险评估中心

主　编　韩军花　李晓瑜
主　审　于　军　严卫星

中国医药科技出版社

内 容 提 要

本书共分三篇，第一篇为婴幼儿配方食品，第二篇为特殊医学用途配方食品，第三篇为保健食品。主要梳理了国际食品法典、美国、欧盟、澳大利亚、新西兰、日本，以及中国台湾和中国香港特区的有关法规标准，认真比对分析了不同国家（组织、地区）的管理方式和技术指标差异，提出了意见和建议。全书内容权威，数据准确，对特殊食品的研发、监管、使用等都有重要参考价值。

图书在版编目（CIP）数据

特殊食品国内外法规标准比对研究/国家食品药品监督管理总局科技和标准司，国家食品安全风险评估中心编著 . —北京：中国医药科技出版社，2017.8

ISBN 978 - 7 - 5067 - 9463 - 3

Ⅰ.①特… Ⅱ.①国… ②国… Ⅲ.①食品卫生法 - 对比研究 - 世界 ②食品标准 - 对比研究 - 世界 Ⅳ.①D912.104 ②TS207.2

中国版本图书馆 CIP 数据核字（2017）第 187798 号

美术编辑 陈君杞
版式设计 张 璐

出版 中国医药科技出版社
地址 北京市海淀区文慧园北路甲 22 号
邮编 100082
电话 发行：010 - 62227427 邮购：010 - 62236938
网址 www. cmstp. com
规格 $787 \times 1092 \text{mm}^{1}/_{16}$
印张 $17^{1}/_{2}$
字数 357 千字
版次 2017 年 8 月第 1 版
印次 2017 年 8 月第 1 次印刷
印刷 北京昌平百善印刷厂
经销 全国各地新华书店
书号 ISBN 978 - 7 - 5067 - 9463 - 3
定价 **60.00 元**

编委会

前言
PREFACE

2015 年 4 月 24 日修订发布的《中华人民共和国食品安全法》（以下简称《食品安全法》）第四章第四节特殊食品中明确规定，国家对保健食品、特殊医学用途配方食品和婴幼儿配方食品等特殊食品实行严格监督管理。

随着我国人口老龄化、慢性病的快速增长和全面放开二孩政策等客观因素，公众更加注重营养与健康，社会对特殊食品的需求快速上升。而特殊食品针对的人群特殊（如婴幼儿、临床病人等）、产品的要求特殊（如对营养素、功能物质有特别要求），研发难度大，国内起步相对较晚（尤其是特殊医学用途配方食品），因此，深入了解和分析国际、发达国家的相关法规标准、借鉴国外的成熟管理经验，对我国特殊食品的研发、监管、使用等都有重要参考价值，也是落实《食品安全法》相关要求的具体举措。

国家食品药品监督管理总局科技和标准司委托国家食品安全风险评估中心开展了"特殊食品——国内外法规标准比对研究"的项目研究工作。项目组系统梳理了中国、国际食品法典委员会、美国、欧盟、澳大利亚、新西兰、日本、中国台湾地区和香港特区的有关法规标准，认真比对分析了不同国家（组织、地区）的管理方式和技术内容、指标差异，提出了意见和建议，并在此基础上编著成书，供特殊食品生产者、监管人员、广大消费者以及社会各界等参考使用，以期进一步提升我国特殊食品的研发、生产、监管、标准制定修订和消费认知水平。

本书共分为三篇，第一篇为婴幼儿配方食品，第二篇为特殊医学用途配方食品，第三篇为保健食品。

本书编著过程中参与单位达 20 余个，参与人员近百人，在此一并表示感谢。由于编著时间有限，欢迎广大读者提出本书的不足之处和修改建议，我们将在今后的工作中予以完善。

编　者
2017 年 6 月

目录

CONTENTS

第一篇　婴幼儿配方食品

第二篇　特殊医学用途配方食品

第三篇　保健食品

第一篇

婴幼儿配方食品

第一章　概　述

母乳是婴儿最好的食物。世界卫生组织推荐 0~6 月龄的婴儿应该进行纯母乳喂养，并建议持续母乳喂养至 24 月龄。但是由于母亲或婴儿的身体状况等各种原因，许多婴儿得不到母乳喂养或者母乳不够，婴幼儿配方食品成为满足这类婴儿营养需求的重要食品。

各国对婴幼儿配方食品的概念不尽相同，一般是指以母乳的营养成分为依据，通过添加婴幼儿生长发育必需的多种营养素以调整动物乳（主要是牛乳或者羊乳）的营养成分构成和含量，使其营养素含量尽可能接近母乳的一种食品。

婴幼儿配方食品的安全和营养备受各国政府、社会和消费者关注。各个国际组织和国家都出台了相应的法规或标准。如国际食品法典委员会（CAC）1981 年发布了 CODEX STAN 72 - 1981《婴幼儿配方食品与特殊医用婴儿配方食品标准》[STANDARD FOR INFANT FORMULA AND FORMULAS FOR SPECIAL MEDICAL PURPOSES INTENDED FOR INFANTS, CODEX STAN 72 - 1981（amended 2017）]，1987 年发布了《较大婴儿和幼儿配方食品标准》[CODEX STANDARD FOR FOLLOW - UP FORMULA, CODEX STAN 156 - 1987（amended 1989）]。目前，国际食品法典委员会正在修订 [CODEX STANDARD FOR FOLLOW - UP FORMULA, CODEX STAN 156 - 1987（amended 1989）]，多国科学家经过长期讨论，修订了标准中大部分营养素含量。

国际食品法典委员会标准是各国制定本国婴幼儿配方食品法规、标准的重要参考依据。美国、加拿大、欧盟、澳大利亚/新西兰、日本等国家（组织、地区）都制定有相关法规、标准，并根据最新科学进展定期更新。

中国在 20 世纪 80 年代就出台了一系列婴幼儿配方食品的标准，包括 GB 10765 - 89《婴儿配方乳粉 I》、GB 10766 - 89《婴儿配方乳粉 II》、GB 10767 - 89《婴儿配方代乳粉》和 GB 10768 - 89《"5410"配方食品》。1997 年修订为 GB 10765 - 1997《婴幼儿配方乳粉 I》、GB 10766 - 1997《婴幼儿配方乳粉 II、III》、GB 10767 - 1997《婴幼儿配方粉及婴幼儿补充谷粉通用技术条件》，废止了 GB 10768《"5410"配方食品》。

根据 2009 年《中华人民共和国食品安全法》的要求，国家卫生计生委（原卫生部）于 2010 年正式修订和发布了 GB 10765 - 2010《食品安全国家标准　婴儿配方食品》、GB 10767 - 2010《食品安全国家标准　较大婴儿和幼儿配方食品》，并制定了旨在满足疾病状况、紊乱等特殊婴儿营养需求的一项新标准，即 GB 25596 - 2010《食品安全国家标准　特殊医学用途婴儿配方食品通则》。

此外，根据 2015 年修订发布的《中华人民共和国食品安全法》要求，为了进一步严格婴幼儿配方乳粉监管，国家食品药品监管总局发布了《婴幼儿配方乳粉产品配方注册管理办法》，以及配套文件《婴幼儿配方乳粉产品配方注册申请材料项目要求（试行）》《婴幼儿配方乳粉产品配方注册现场核查规定（试行）》《婴幼儿配方乳粉产品配方注册标签规范技术指导原则（试行）》等，在标准的基础上，对中国的婴幼儿配方乳粉进行配方注册管理。

在本篇中，分章节介绍了中国、国际食品法典委员会、美国、欧盟、澳大利亚/新西兰、日本，以及中国台湾和中国香港特区等关于婴幼儿配方食品标准、管理法规的有关情况，并对其管理模式、重要技术指标等做了比对，以期为我国标准修订、注册管理以及企业研发等提供依据。

值得说明的是，从我国标准体系划分来看，特殊医学用途婴儿配方食品属于"婴幼儿配方食品"系列中，与国际食品法典委员会一致。但由于其特殊性，各国管理方式并不相同，有些国家将其放在特殊医学用途配方食品类别下，因此，在论述不同国家的相应内容时，以各国的标准法规体系为主进行归类。

执笔人：韩军花

第二章　中国婴幼儿配方食品标准法规

第一节　婴儿配方食品

现行 GB 10765 – 2010《食品安全国家标准　婴儿配方食品》标准是目前我国婴儿配方食品的产品标准，对婴儿配方食品的定义、分类、必需成分、可选择性成分、污染物限量、微生物限量、真菌毒素限量、食品添加剂及营养强化剂的使用、标签要求等进行了规定。

一、定义和分类

根据婴儿配方食品中蛋白质原料来源的不同，GB 10765 – 2010 把婴儿配方食品分为乳基婴儿配方食品和豆基婴儿配方食品。

乳基婴儿配方食品是以乳类及乳蛋白制品为主要原料，而豆基婴儿配方食品是以大豆及大豆蛋白制品为主要原料，在此基础上，加入 GB 14880 或相关规定中允许使用的适量维生素、矿物质和/或其他成分，仅用物理方法生产加工制成的液态或粉状产品。适于正常婴儿食用，其能量和营养成分能够满足 0 ~ 6 月龄婴儿的正常营养需要。

二、必需成分

GB 10765 – 2010 标准中规定了产品在即食状态下的能量和必需成分（包括蛋白质、脂肪、碳水化合物、维生素、矿物质等）的含量和相关要求。

1. 宏量营养素

标准中对蛋白质、脂肪、碳水化合物的量和质量都进行了详细规定。见表1。

表1　蛋白质、脂肪和碳水化合物指标

营养素	每 100kJ		每 100kcal		检测方法
	最小值	最大值	最小值	最大值	
蛋白质[a]					
乳基婴儿配方食品/（g）	0.45	0.70	1.88	2.93	GB 5009.5
豆基婴儿配方食品/（g）	0.50	0.70	2.09	2.93	
脂肪[b]/（g）	1.05	1.40	4.39	5.86	GB 5413.3
其中：亚油酸/（g）	0.07	0.33	0.29	1.38	
α – 亚麻酸/（mg）	12	N. S.[c]	50	N. S.[c]	GB 5413.27
亚油酸与α – 亚麻酸比值	5∶1	15∶1	5∶1	15∶1	
碳水化合物[d,e]/（g）	2.2	3.3	9.2	13.8	—

续表

a 乳基婴儿配方食品中乳清蛋白含量应≥60%；婴儿配方食品中蛋白质含量的计算，应以氮（N）×6.25。

b 终产品脂肪中月桂酸和肉豆蔻酸（十四烷酸）总量＜总脂肪酸的20%；反式脂肪酸最高含量＜总脂肪酸的3%；芥酸含量＜总脂肪酸的1%；总脂肪酸指C4~C24脂肪酸的总和。

c N.S. 为没有特别说明。

d 乳糖占碳水化合物总量应≥90%；对于乳基产品，计算乳糖占碳水化合物总量时，不包括添加的低聚糖和多聚糖类物质；乳糖百分比含量的要求不适用于豆基配方食品。

e 碳水化合物的含量 A_1，按式（1）计算：

$$A_1 = 100 - (A_2 + A_3 + A_4 + A_5 + A_6) \quad\cdots\cdots\cdots\cdots\cdots\cdots (1)$$

式中：

A_1——碳水化合物的含量，g/100g；　　A_2——蛋白质的含量，g/100g；

A_3——脂肪的含量，g/100g；　　　　　A_4——水分的含量，g/100g；

A_5——灰分的含量，g/100g；　　　　　A_6——膳食纤维的含量，g/100g。

上表不仅对婴儿配方食品中蛋白质、脂肪和碳水化合物的含量做了要求，也对其质量做了明确规定，以期更好地满足婴儿的营养需求。如标准规定乳基婴儿配方食品中乳清蛋白含量比例应大于等于60%，脂肪含量中限定了亚油酸、月桂酸和肉豆蔻酸以及反式脂肪酸的含量，并要求乳基产品中乳糖占碳水化合物总量应≥90%。

另外，为进一步改善婴儿配方食品的蛋白质质量或提高其营养价值，标准中允许添加部分单体氨基酸。标准附录A中列举了推荐的婴儿配方食品中氨基酸含量值，附录B则规定了可用于婴儿配方食品中的六种单体氨基酸。企业可参考附录A中推荐的婴儿配方食品中氨基酸含量值，添加附录B中所规定的单体L型氨基酸。

2. 维生素和矿物质

GB 10765－2010 标准中对维生素和矿物质的含量也进行了明确的规定。这些含量是根据既往标准概况、参考2000版《中国居民膳食营养素参考摄入量》数据、国际食品法典委员会的相关标准而确定的。所有婴儿配方食品都应符合标准要求的最小值和最大值（表2和表3）。

表2　婴儿配方食品中维生素指标

营养素	每100kJ		每100kcal		检验方法
	最小值	最大值	最小值	最大值	
维生素 A/（μg RE）[a]	14	43	59	180	GB 5413.9
维生素 D（μg）[b]	0.25	0.60	1.05	2.51	GB 5413.9
维生素 E/（mg α－TE）[c]	0.12	1.20	0.50	5.02	GB 5413.9
维生素 K₁/（μg）	1.0	6.5	4.2	27.2	GB 5413.10
维生素 B₁/（μg）	14	72	59	301	GB 5413.11
维生素 B₂/（μg）	19	119	80	498	GB 5413.12
维生素 B₆/（μg）	8.5	45.0	35.6	188.3	GB 5413.13
维生素 B₁₂/（μg）	0.025	0.360	0.105	1.506	GB 5413.14
烟酸（烟酰胺）/（μg）[d]	70	360	293	1506	GB 5413.15
叶酸/（μg）	2.5	12.0	10.5	50.2	GB 5413.16

续表

营养素	每100kJ		每100kcal		检验方法
	最小值	最大值	最小值	最大值	
泛酸/(μg)	96	478	402	2000	GB 5413.17
维生素C/(mg)	2.5	17.0	10.5	71.1	GB 5413.18
生物素/(μg)	0.4	2.4	1.5	10.0	GB 5413.19

　　a　RE为视黄醇当量。1 μg RE＝1 μg 全反式视黄醇（维生素A）＝3.33IU维生素A。维生素A只包括预先形成的视黄醇，在计算和声称维生素A活性时不包括任何的类胡萝卜素组分。
　　b　钙化醇，1 μg 维生素D＝40IU维生素D。
　　c　1mg α－TE（α－生育酚当量）＝1mg d－生育酚。每克多不饱和脂肪酸中至少应含有0.5mg α－TE，维生素E含量的最小值应根据配方食品中多不饱和脂肪酸的双键数量进行调整：0.5mg α－TE/g 亚油酸（18∶2 n－6）；0.75mg α－TE/g α－亚麻酸（18∶3 n－3）；1.0mg α－TE/g 花生四烯酸（20∶4 n－6）；1.25mg α－TE/g 二十碳五烯酸（20∶5 n－3）；1.5mg α－TE/g 二十二碳六烯酸（22∶6 n－3）。
　　d　烟酸不包括前体形式。

表3　婴儿配方食品中矿物质指标

营养素	指标				检验方法
	每100kJ		每100kcal		
	最小值	最大值	最小值	最大值	
钠/(mg)	5	14	21	59	GB 5413.21
钾/(mg)	14	43	59	180	
铜/(μg)	8.5	29.0	35.6	121.3	
镁/(mg)	1.2	3.6[a]	5.0	15.1[a]	
铁/(mg)	0.10	0.36	0.42	1.51	
锌/(mg)	0.12	0.36	0.50	1.51	
锰/(μg)	1.2	24.0	5.0	100.4	
钙/(mg)	12	35	50	146	
磷/(mg)	6	24[a]	25	100[a]	GB 5413.22
钙磷比值	1∶1	2∶1	1∶1	2∶1	—
碘/(μg)	2.5	14.0	10.5	58.6	GB 5413.23
氯/(mg)	12	38	50	159	GB 5413.24
硒/(μg)	0.48	1.90	2.01	7.95	GB 5009.93

　　a　仅适用于乳基婴儿配方食品。

三、可选择成分

　　GB 10765－2010规定了允许在婴儿配方食品中添加的可选择成分的种类和含量（表4）。标准要求，如果在产品中选择性添加或标签中标示含有表4中的某种或多种成分，其含量应符合表4的规定。

表4　婴儿配方食品中可选择成分

可选择性成分	每100kJ		每100kcal		检验方法
	最小值	最大值	最小值	最大值	
胆碱/（mg）	1.7	12.0	7.1	50.2	GB/T 5413.20
肌醇/（mg）	1.0	9.5	4.2	39.7	GB 5413.25
牛磺酸/（mg）	N.S.[a]	3	N.S.[a]	13	GB 5413.26
左旋肉碱/（mg）	0.3	N.S.[a]	1.3	N.S.[a]	—
二十二碳六烯酸/（% 总脂肪酸[b,c]）	N.S.[a]	0.5	N.S.[a]	0.5	GB 5413.27
二十碳四烯酸/（% 总脂肪酸[b,c]）	N.S.[a]	1	N.S.[a]	1	GB 5413.27

    [a]　N.S. 为没有特别说明。

    [b]　如果婴儿配方食品中添加了二十二碳六烯酸（22：6 n–3），至少要添加相同量的二十碳四烯酸（20：4 n–6）。长链不饱和脂肪酸中二十碳五烯酸（20：5 n–3）的量不应超过二十二碳六烯酸的量。

    [c]　总脂肪酸指 C4 ~C24 脂肪酸的总和。

　　另外，在婴儿配方食品中，除了表4的成分，可使用的可选择成分还包括 GB 14880–2012《食品安全国家标准　食品营养强化剂使用标准》以及其他卫生计生委公告中允许在婴幼儿配方食品中使用的成分，总结如表5。

表5　GB 14880 以及其他公告中允许在婴幼儿配方食品中选择添加成分

名称	食品分类号	食品类别/名称	使用量[a]
低聚半乳糖	13.01	婴幼儿配方食品	单独或混合使用，该类物质总量不超过 64.5g/kg
低聚果糖（菊苣来源）			
多聚果糖（菊苣来源）			
棉子糖（甜菜来源）			
聚葡萄糖	13.01	婴幼儿配方食品	15.6 – 31.25g/kg
1，3–二油酸 2–棕榈酸甘油三酯	13.01.01	婴儿配方食品	32 – 96g/kg
叶黄素（万寿菊来源）	13.01.01	婴儿配方食品	300 – 2000μg/kg
核苷酸 来源包括以下化合物： 5′单磷酸胞苷（5′–CMP） 5′单磷酸尿苷（5′–UMP） 5′单磷酸腺苷（5′–AMP） 5′–肌苷酸二钠、 5′–鸟苷酸二钠、 5′–尿苷酸二钠、 5′–胞苷酸二钠	13.01	婴幼儿配方食品	0.12 – 0.58g/kg（以核苷酸总量计）
乳铁蛋白	13.01	婴幼儿配方食品	≤1.0g/kg
酪蛋白钙肽	13.01	婴幼儿配方食品	≤3.0g/kg
酪蛋白磷酸肽	13.01	婴幼儿配方食品	≤3.0g/kg

    [a]　使用量仅限于粉状产品，在液态产品中使用需按相应的稀释倍数折算。

四、可使用的菌种

中国目前已经批准了部分可以用于婴幼儿配方食品的菌种名单，总结如表6。

表6　可用于婴儿食品的菌种名单

菌种名称	拉丁学名	菌株号	公告号
动物双歧杆菌	Bifidobacterium animalis	Bb－12	2011年25号公告
乳双歧杆菌	Bifidobacterium lactis	HN019	
		Bi－07	
鼠李糖乳杆菌	Lactobacillus rhamnosus	LGG	
		HN001	
罗伊氏乳杆菌	Lactobacillus reuteri	DSM17938	2014年10号公告
发酵乳杆菌	Lactobacillus fermentum	CECT5716	2016年6号公告
短双歧	Bifidobacterium breve	M－16V	

五、安全限量指标

为了更好地保护婴儿的安全，GB 10765－2010 对污染物限量、真菌毒素限量、微生物限量进行了严格的规定。

污染物限量中，标准对铅、亚硝酸盐和硝酸盐进行了规定。其中铅限量值为 0.15mg/kg、亚硝酸盐≤2mg/kg，硝酸盐≤100mg/kg。以上规定的限量要求是针对粉状产品，如果是液态产品应按稀释倍数进行折算。关于亚硝酸盐的规定，仅适用于乳基婴儿配方食品。

真菌毒素限量中，对于"以乳类及乳蛋白制品为主要原料"的婴儿配方食品，黄曲霉毒素 M_1 的限量为≤0.5μg/kg（以粉状产品计）；对于"以大豆和大豆蛋白制品为主要原料"的婴儿配方食品，黄曲霉毒素 B_1 的限量为≤0.5μg/kg（以粉状产品计）。

微生物限量方面，标准要求粉状婴儿配方食品的微生物指标应符合表7的规定，液态婴儿配方食品的微生物指标应符合商业无菌的要求。

表7　微生物限量

项目	采样方案[a]及限量（若非指定，均以 CFU/g 或 CFU/ml 表示）				检验方法
	n	c	m	M	
菌落总数[b]	5	2	1000	10000	GB 4789.2
大肠菌群	5	2	10	100	GB 4789.3 平板计数法
金黄色葡萄球菌	5	2	10	100	GB 4789.10 平板计数法
阪崎肠杆菌[c]	3	0	0/100g	—	GB 4789.40 计数法
沙门氏菌	5	0	0/25g	—	GB 4789.4

[a]　样品的分析及处理按 GB 4789.1 和 GB4789.18 执行。
[b]　不适用于添加活性菌种（好氧和兼性厌氧益生菌）的产品［产品中活性益生菌的活菌数应≥10^6 CFU/g（ml）］。
[c]　仅适用于供 0～6 月龄婴儿食用的配方食品。

六、食品添加剂和营养强化剂

1. 食品添加剂

婴儿配方食品中所使用的食品添加剂应符合我国 GB 2760《食品安全国家标准 食品添加剂使用标准》以及卫生计生委增补公告的相关规定。

目前中国已批准以下一些食品添加剂可在 13.01.01 婴儿配方食品中，且其添加量应该符合 GB 2760 或增补公告的相关要求，其名称、功能作用、使用量、使用范围如表 8。

表 8 允许用于婴儿配方食品的食品添加剂及使用量

食品添加剂	功能	食品分类号	食品类别（名称）	最大使用量（g/kg）
单、双甘油脂肪酸酯（油酸、亚油酸、亚麻酸、棕榈酸、山嵛酸、硬脂酸，月桂酸）	乳化剂	13.01	婴幼儿配方食品	按生产需要适量使用
槐豆胶（又名刺槐豆胶）	增稠剂	13.01	婴幼儿配方食品	7.0
卡拉胶	乳化剂、稳定剂、增稠剂	13.01	婴幼儿配方食品	0.3g/L（以即食食品中的使用量计）
抗坏血酸棕榈酸酯	抗氧化剂	13.01	婴幼儿配方食品	0.05（以脂肪中抗坏血酸计）
磷酸，焦磷酸二氢二钠，焦磷酸钠，磷酸二氢钙，磷酸二氢钾，磷酸氢二铵，磷酸氢二钾，磷酸氢钙，磷酸三钙，磷酸三钾，磷酸三钠，六偏磷酸钠，三聚磷酸钠，磷酸二氢钠，磷酸氢二钠，焦磷酸四钾，焦磷酸一氢三钠，聚偏磷酸钾，酸式焦磷酸钙	水分保持剂、膨松剂、酸度调节剂、稳定剂、凝固剂、抗结剂	13.01	婴幼儿配方食品	1.0（可单独或混合使用，最大使用量以磷酸根（PO43－）计）
磷脂	抗氧化剂、乳化剂	13.01	婴幼儿配方食品	按生产需要适量使用
柠檬酸及其钠盐、钾盐	酸度调节剂	13.01	婴幼儿配方食品	按生产需要适量使用
柠檬酸脂肪酸甘油酯	乳化剂	13.01	婴幼儿配方食品	24.0
氢氧化钙	酸度调节剂	13.01	婴幼儿配方食品	按生产需要适量使用
氢氧化钾	酸度调节剂	13.01	婴幼儿配方食品	按生产需要适量使用
乳酸	酸度调节剂	13.01	婴幼儿配方食品	按生产需要适量使用
碳酸钾	酸度调节剂	13.01	婴幼儿配方食品	按生产需要适量使用
碳酸氢钾	酸度调节剂	13.01	婴幼儿配方食品	按生产需要适量使用
异构化乳糖液	其他	13.01	婴幼儿配方食品	15.0

2. 营养强化剂

婴儿配方食品中营养强化剂的使用应符合 GB 14880《食品安全国家标准 食品营养强化剂使用标准》的规定。即婴儿配方食品中各营养素的含量应符合 GB 10765 的要求，可使用的化合物来源应符合 GB 14880 附录 C 的要求。

七、标签标识

婴儿配方食品属于"特殊膳食用食品"，其标签标识应按照 GB 13432 - 2013《食品安全国家标准　预包装特殊膳食用食品标签》的要求执行。同时，GB 10765 - 2010 中对标签也有一些规定，如应注明产品的类别、属性（如乳基或豆基产品以及产品状态）和适用年龄；可供 6 月龄以上婴儿食用的配方食品，应标明"6 个月龄以上婴儿食用本产品时，应配合添加辅助食品"；并要求标明"对于 0 ~ 6 月的婴儿理想的食品是母乳，在母乳不足或无母乳时可食用本产品"；标签上不能有婴儿和妇女的形象，不能使用"人乳化""母乳化"或近似术语表述等。

执笔人：梁　栋　张　敏　韩军花

第二节　较大婴儿和幼儿配方食品

GB 10767 - 2010《食品安全国家标准　较大婴儿和幼儿配方食品》对适用于 6 ~ 12 月龄较大婴儿和 12 月龄 ~ 36 月龄幼儿的配方食品作出了相应规定，包括定义、营养素含量、安全性指标、标签标识等的要求。较大婴儿和幼儿配方食品与婴儿配方食品相比，根据较大婴儿和幼儿的生长发育和营养需要特点，相应调整了必需成分与可选择成分的最小值与最大值。

一、定义和分类

较大婴儿和幼儿配方食品是以乳类及乳蛋白制品和/或大豆及大豆蛋白制品为主要原料，加入适量的维生素、矿物质和/或其他辅料，仅用物理方法生产加工制成的液态或粉状产品。该类产品适用于较大婴儿和幼儿食用，其营养成分能满足正常较大婴儿和幼儿的部分营养需要。

一般情况下，根据目标人群的不同，较大婴儿和幼儿配方食品又可分为较大婴儿配方食品（俗称"2 段配方粉"）和幼儿配方食品（俗称"3 段配方粉"），分别针对 6 ~ 12 月龄和 12 ~ 36 月龄的较大婴儿和幼儿。

二、必需成分

与婴儿配方食品相似，本标准中同样规定了较大婴儿和幼儿配方食品中必需成分的含量，以满足较大婴儿和幼儿生长发育的需求。与婴儿配方食品相比，因其目标人群不同，因此在营养素含量上的要求也有所不同。

1. 宏量营养素

标准中对蛋白质、脂肪的规定详见表 9。由下表可知，与婴儿配方食品相比，除了对营养素的含量进行适当调整之外，标准中没有明确规定碳水化合物的量，同时减少了对蛋白质质量和部分脂肪酸质量的规定。这是因为随着年龄的增加，婴儿本身的生长发育和辅食的添加，无须像0~6月龄的婴儿在其配方粉中对宏量营养素的质量进行过多的要求。

表9　较大婴儿和幼儿配方食品中蛋白质、脂肪指标

营养素	指标				检验方法
	每100kJ		每100kcal		
	最小值	最大值	最小值	最大值	
蛋白质[a]/（g）	0.7	1.2	2.9	5.0	GB 5009.5
脂肪/（g）	0.7	1.4	2.9	5.9	GB 5413.3
其中：亚油酸/（g）	0.07	N.S.[b]	0.29	N.S.[b]	GB 5413.27

[a]　蛋白质含量的技术，应以氮（N）×6.25。
[b]　N.S.为没有特别说明。

2. 维生素和矿物质

较大婴儿和幼儿配方食品标准中对维生素和矿物质的含量也进行了规定（表10和表11）。

表10　较大婴儿和幼儿配方食品中维生素指标

营养素	指标				检验方法
	每100kJ		每100kcal		
	最小值	最大值	最小值	最大值	
维生素A/（μgRE）[a]	18	54	75	225	
维生素D（μg）[b]	0.25	0.75	1.05	3.14	GB 5413.9
维生素E/（mg α-TE）[c]	0.15	N.S.[e]	0.63	N.S.[e]	
维生素K₁/（μg）	1	N.S.[e]	4	N.S.[e]	GB 5413.10
维生素B₁/（μg）	11	N.S.[e]	46	N.S.[e]	GB 5413.11
维生素B₂/（μg）	11	N.S.[e]	46	N.S.[e]	GB 5413.12
维生素B₆/（μg）	11	N.S.[e]	46	N.S.[e]	GB 5413.13
维生素B₁₂/（μg）	0.04	N.S.[e]	0.17	N.S.[e]	GB 5413.14
烟酸（烟酰胺）/（μg）[d]	110	N.S.[e]	460	N.S.[e]	GB 5413.15
叶酸/（μg）	1	N.S.[e]	4	N.S.[e]	GB 5413.16
泛酸/（μg）	70	N.S.[e]	293	N.S.[e]	GB 5413.17
维生素C/（mg）	1.8	N.S.[e]	7.5	N.S.[e]	GB 5413.18
生物素/（μg）	0.4	N.S.[e]	1.7	N.S.[e]	GB 5413.19

[a]　RE为视黄醇当量。1μg RE＝1μg全反式视黄醇（维生素A）＝3.33IU维生素A。维生素A只包括预先形成的视黄醇，在计算和声称维生素A活性时不包括任何的类胡萝卜组分。
[b]　钙化醇，1μg维生素D＝40 IU维生素D。
[c]　1mg α-TE（α-生育酚当量）＝1mg d-α-生育酚。每克多不饱和脂肪酸中至少应含有0.5mg α-TE，维生素E含量的最小值应根据配方食品中多不饱和脂肪酸的双键数量进行调整：0.5mg α-TE/g 亚油酸（18：2 n-6）；0.75mg α-TE/g α-亚麻酸（18：3 n-3）；1.0mg α-TE/g 花生四烯酸（20：4 n-6）；1.25mg α-TE/g 二十碳五烯酸（20：5 n-3）；1.5mg α-TE/g 二十二碳六烯酸（22：6 n-3）。
[d]　烟酸不包括前体形式。
[e]　N.S.为没有特别说明。

表 11　较大婴儿和幼儿配方食品中矿物质指标

营养素	指标				检验方法
	每 100kJ		每 100kcal		
	最小值	最大值	最小值	最大值	
钠/（mg）	N. S. a	20	N. S. a	84	GB 5413. 21
钾/（mg）	18	69	75	289	
铜/（µg）	7	35	29	146	
镁/（mg）	1. 4	N. S. a	5. 9	N. S. a	
铁/（mg）	0. 25	0. 50	1. 05	2. 09	
锌/（mg）	0. 1	0. 3	0. 4	1. 3	
钙/（mg）	17	N. S. a	71	N. S. a	
磷/（mg）	8. 3	N. S. a	34. 7	N. S. a	GB 5413. 22
钙磷比值	1. 2∶1	2∶1	1. 2∶1	2∶1	—
碘/（µg）	1. 4	N. S. a	5. 9	N. S. a	GB 5413. 23
氯/（mg）	N. S. a	52	N. S. a	218	GB 5413. 24

a　N. S. 为没有特别说明。

表 10 中规定了 13 种维生素的含量和检测方法，与婴儿配方食品相比，除了含量值不同外，参照国际食品法典较大婴儿和幼儿配方食品标准中对其中 11 种仅规定了最小值，而没有对最大值进行限定。

表 11 规定了 10 种矿物质含量和检测方法以及和钙磷比值，产品应符合其要求，包括：钠、钾、铜、镁、铁、锌、钙、磷、钙磷比值、碘、氯。与婴儿配方食品相比，本标准中对硒和锰不再作为必需添加成分，而纳入可选择成分管理。

三、可选择成分

除了上面提到的必需成分，较大婴儿和幼儿配方食品中也同样允许添加可选择成分，包括硒、锰、二十二碳六烯酸（DHA）、花生四烯酸（AA）、胆碱、肌醇、左旋肉碱、牛磺酸。同样的，如在产品中选择性添加或标签中标示含有某种或多种可选择成分，其含量应符合标准的规定。

较大婴儿与幼儿配方食品中其他物质的添加与婴儿配方食品相似，主要包括了 GB 14880 附录 C. 2 以及卫生计生委公告中允许在该类食品中选择添加的成分，该部分内容与"第一节婴儿配方食品"中表 5 的内容一致。

四、可使用的菌种

对于菌种的添加，国家卫生计生委公告了 7 种 9 株的可用于婴幼儿配方食品的菌种，除嗜酸乳杆菌不可用于较大婴儿配方食品（6 ~ 12 月龄）外，其余的都可以使用（表 12）。

表12　可用于较大婴儿和幼儿配方食品的菌种名单

序号	菌种名称	拉丁学名	菌株号	使用范围	公告号
1	嗜酸乳杆菌*	Lactobacillus acidophilus	NCFM	*仅限用于1岁以上幼儿的食品	2011年25号公告
2	动物双歧杆菌	Bifidobacterium animalis	Bb－12	用于婴幼儿食品	
3	乳双歧杆菌	Bifidobacterium lactis	HN019		
4			Bi－07		
5	李糖乳杆菌	Lactobacillus rhamnosus	LGG		
6			HN001		
7	罗伊氏乳杆菌	Lactobacillus reuteri	DSM17938	用于婴幼儿食品	2014年10号公告

五、安全限量指标

安全性指标中涉及的污染物限量、真菌毒素限量、微生物限量等，除个别指标外，本标准中的规定与婴儿配方食品（GB 10765）基本一致。

污染物和真菌毒素限量与 GB 10765《食品安全国家标准　婴儿配方食品》相同。需要说明的是，对于以乳类及乳蛋白制品和大豆及大豆蛋白混合的产品，需要同时符合黄曲霉毒素 M_1 和 B_1 的限量规定。

关于微生物的限量要求，仅规定了菌落总数、大肠菌群和沙门氏菌的限量，采样方案及限量同 GB 10765-2010 婴儿配方食品（表13）。

表13　较大婴儿和幼儿配方食品中微生物限量指标

项目	采样方案[a]及限量（若非指定，均以 CFU/g 或 CFU/ml 表示）				检验方法
	n	c	m	M	
菌落总数[b]	5	2	1000	10000	GB4789.2
大肠菌群	5	2	10	100	GB4789.3 平板计数法
沙门氏菌	5	0	0/25g	—	GB4789.4

[a]样品的分析及处理按 GB4789.1 和 GB4789.18 执行。

[b]不适用于添加活性菌种（好氧和兼性厌氧益生菌）的产品［产品中活性益生菌的活菌数应≥106CFU/g（ml）］

六、食品添加剂和营养强化剂

较大婴儿和幼儿配方食品中食品添加剂的质量规格应符合我国 GB 2760《食品安全国家标准　食品添加剂使用标准》以及卫生计生委增补公告的相关规定。在 GB 2760 的食品分类系统中，较大婴儿和幼儿配方食品属于 13.0 特殊膳食用食品（大类）下的 13.01 婴幼儿配方食品（亚类）下的次亚类，即 13.01.02 较大婴儿和幼儿配方食品。

目前国家已批准 14 种食品添加剂可在 13.01 婴幼儿配方食品（亚类）中使用，按照 GB 2760 中食品分类系统的使用原则，这些添加剂都被允许添加到 13.01.02 较大婴儿和幼儿配方食品（次亚类）中，且其添加量应该符合 GB 2760 或原卫生部增补公告的相关要求（有关表格见婴儿配方食品章节）。

另外，我国还单独批准了 2 种可以用在 13.01.02 较大婴儿和幼儿配方食品中的添加剂（表 14）。

表 14　仅可用于较大婴儿和幼儿配方食品中的食品添加剂

食品添加剂	功能	食品分类号	食品类别（名称）	最大使用量
瓜尔胶	增稠剂	13.01.02	较大婴儿和幼儿配方食品	1.0g/L（以即食状态食品中的使用量计）
香荚兰豆浸膏（提取物）	食品用香料、香精	13.01.02	较大婴儿和幼儿配方食品	按生产需要适量使用
香兰素	食品用香料、香精	13.01.02	较大婴儿和幼儿配方食品	5mg/100ml（以即食状态计）
乙基香兰素	食品用香料、香精	13.01.02	较大婴儿和幼儿配方食品	5mg/100ml（以即食状态计）

对于营养强化剂，在 GB 14880 系统中，较大婴儿和幼儿配方食品分类是 13.03.02，属于"13.0 特殊膳食用食品"的亚类。根据 GB 14880 第 6.2 条款的使用规定，特殊膳食用食品中营养素及其他营养成分的含量按相应的食品安全国家标准执行，允许使用的营养强化剂及化合物来源应符合 GB 14880 附录 C 和（或）相应产品标准的要求。

七、标签标识

与婴儿配方食品一样，较大婴儿和幼儿配方食品属于"特殊膳食用食品"，其标签标识应按照 GB 13432-2013《食品安全国家标准　预包装特殊膳食用食品标签》的要求执行。因标准中营养素和可选择成分含量同样是以能量形式表示的，因此该产品标签中同样应标识"每 100 千焦（100kJ）的含量"。

此外，考虑到较大婴儿和幼儿配方食品单独使用已不能够满足 6 ~ 36 月龄婴幼儿正常生长发育的营养需要，基于科学喂养的理念，此阶段必须添加辅食，因此标准特别规定了在产品标签上应标明"须配合添加辅助食品"。

执笔人：梁　栋　李湖中　韩军花

第三节　特殊医学用途婴儿配方食品

我国每年新出生婴儿约 1700 万，其中部分婴儿由于各种疾病影响或代谢问题，不能喂养母乳或普通婴儿配方食品。特殊医学用途婴儿配方食品是这些婴儿生命早期或相当长时间内赖以生存的主要食物来源，社会需求很大。

我国以往没有针对这些婴儿的产品标准，因此国内企业很少生产，类似的国外产品多通过"进口无国标产品"的方式进入中国。随着 2009 年食品安全法的发布实施，根据国内专家的呼吁和消费者的需求，相应产品标准开始制定，并于 2010 年底发布了

GB 25596 – 2010《食品安全国家标准　特殊医学用途婴儿配方食品通则》。

GB 25596 – 2010 是针对 1 岁以下的患有特殊紊乱、疾病或医疗状况等特殊医学状况婴儿的营养需求而设计制成的粉状或液态配方食品。根据我国婴儿常见的疾病，规定了六类产品类型：针对乳糖不耐受婴儿的无乳糖配方或低乳糖配方、针对食物蛋白过敏婴儿的乳蛋白深度水解配方或氨基酸配方、针对氨基酸代谢障碍婴儿的配方、针对乳蛋白过敏高风险婴儿的部分水解配方、针对早产、低出生体重婴儿的配方食品、以及加入到母乳中使用的母乳营养补充剂。

为了各方更好地执行该标准，原卫生部于 2012 年 2 月发布了《食品安全国家标准　特殊医学用途婴儿配方食品通则》问答，进一步详细解释了产品类别、营养素的调整依据和范围等，方便企业和监管部门使用。

一、定义

特殊医学用途婴儿配方食品指针对患有特殊紊乱、疾病或医疗状况等特殊医学状况婴儿的营养需求而设计制成的粉状或液态配方食品。在医生或临床营养师的指导下，单独食用或与其他食物配合食用时，其能量和营养成分能够满足 0 ~ 6 月龄特殊医学状况婴儿的生长发育需求。本定义明确了该类产品要在医生或临床营养师的指导下使用，从而保证了使用本产品的安全性。

针对不同的医学状况和适宜人群，特殊医学用途婴儿配方食品既包括作为唯一营养来源食用的产品，在单独使用时可以满足婴儿的能量和营养需要，例如：早产/低出生体重婴儿配方奶（粉），也包括非唯一营养来源的产品，必须与其他食物配合食用才能提供满足特定婴儿的生长发育所需营养的产品，如母乳营养补充剂，是在母乳中补充早产/低出生体重儿额外所需的营养，以满足其宫外追赶生长所需的能量和营养素。因此在这里要特别指出"在单独食用或与其他食物配合食用时，其能量和营养成分能够满足 0 ~ 6 月龄特殊医学状况婴儿的生长发育需求"。在这句描述中的"其他食物"是指母乳或婴儿配方食品；6 月龄以上还包括婴幼儿谷类辅助食品、婴幼儿罐装辅助食品和其他食品等。

二、包含种类

标准中列举了我国常见的、使用历史长且安全性高的六类特殊医学用途婴儿配方食品，可满足我国大部分特殊医学状况婴儿的需求。具体包括无乳糖配方或低乳糖配方、乳蛋白部分水解配方、乳蛋白深度水解配方或氨基酸配方、早产/低出生体重婴儿配方、母乳营养补充剂和氨基酸代谢障碍配方（表 15）。

表 15　特殊医学用途婴儿配方食品的产品类别及技术要求

产品类别	适用的特殊医学状况	配方主要技术要求
无乳糖配方或低乳糖配方	乳糖不耐受婴儿	1. 配方中以其他碳水化合物完全或部分代替乳糖； 2. 配方中蛋白质由乳蛋白提供。
乳蛋白部分水解配方	乳蛋白过敏高危婴儿	乳蛋白经加工分解成小分子乳蛋白、肽段和氨基酸； 配方中可用其他碳水化合物完全或部分代替乳糖。

产品类别	适用的特殊医学状况	配方主要技术要求
乳蛋白深度水解配方或氨基酸配方	食物蛋白过敏婴儿	1. 配方中不含食物蛋白； 2. 所使用的氨基酸来源应符合本标准附录 B 的规定； 3. 可适当调整某些矿物质和维生素的含量。
早产/低出生体重婴儿配方	早产/低出生体重儿	1. 能量、蛋白质及某些矿物质和维生素的含量应高于 4.3 的规定； 2. 早产/低体重婴儿配方应采用容易消化吸收的中链脂肪作为脂肪的部分来源，但中链脂肪不应超过总脂肪的 40%。
母乳营养补充剂	早产/低出生体重儿	可选择性地添加 4.3 及 4.4 中的必需成分和可选择性成分，其含量可依据早产/低出生体重儿的营养需求及公认的母乳数据进行适当调整，与母乳配合使用可满足早产/低出生体重儿的生长发育需求。
氨基酸代谢障碍配方	氨基酸代谢障碍婴儿	1. 不含或仅含有少量与代谢障碍有关的氨基酸，其他的氨基酸组成和含量可根据氨基酸代谢障碍做适当调整； 2. 所使用的氨基酸来源应符合本标准附录 B 的规定； 3. 可适当调整某些矿物质和维生素的含量。

1. 无乳糖配方或低乳糖配方

这类配方主要针对的是特殊医学状况为原发或继发乳糖不耐受的婴儿。婴儿肠道内乳糖酶的主要生理功能是对摄入的乳糖进行消化吸收和利用。由于乳中碳水化合物的主要成分是乳糖，一旦因种种原因（如腹泻）导致婴儿肠道中的乳糖酶活性下降，甚至停止分泌，即会导致乳糖不耐受，产生肠胃胀气、腹痛等症状。因而，这类婴儿应在医生的指导下，使用无乳糖或低乳糖配方食品。该类配方在设计配方时应以其他碳水化合物（例如：蔗糖、葡萄糖、麦芽糊精等）全部或部分替代普通婴儿配方奶粉中的乳糖，以达到缓解乳糖不耐的目的，保证婴儿的正常生长发育需要。

2. 乳蛋白部分水解配方

食物蛋白过敏是婴儿对食物中蛋白质不恰当的免疫应答引起的不良反应。乳蛋白部分水解配方食品是将牛奶蛋白经过加热和（或）酶水解为易消化的小分子乳蛋白、肽段和氨基酸，以降低大分子乳蛋白的致敏性并帮助建立耐受性，提高其消化率。根据不同配方，此类产品的碳水化合物既可以完全使用乳糖，也可以使用其他碳水化合物部分或全部替代乳糖。其他碳水化合物指葡萄糖聚合物或经过预糊化的淀粉（例如：蔗糖、葡萄糖、麦芽糊精等），但不能使用果糖。

3. 乳蛋白深度水解配方或氨基酸配方

食物蛋白过敏是婴儿对食物中蛋白质不恰当的免疫应答引起的不良反应。婴儿早期食物以乳类为主，因此乳蛋白过敏是婴儿出生后最常见的食物蛋白过敏。乳蛋白深度水解配方食品是通过一定工艺将易引起过敏反应的大分子乳蛋白水解成短肽及游离氨基酸。氨基酸配方食品是由单体氨基酸代替蛋白质。上述配方食品将过敏原去除或不含过敏原，适用于食物蛋白过敏婴儿。

婴儿食物蛋白过敏时通常伴有腹泻等症状，因此乳蛋白深度水解配方食品或氨基酸配方食品不应含有食物蛋白，以减少对婴儿胃肠道刺激。同时，应当根据婴儿代谢状况调整部分维生素、矿物质等营养素。

4. 早产/低出生体重婴儿配方

该类配方是专门为早产和低体重婴儿设计的。临床上，孕 37 周前出生的婴儿称为早产儿，出生体重低于 2500 克的婴儿称为低出生体重儿，早产儿多为低出生体重儿。早产/低出生体重儿与足月儿在生理状况、营养需求以及营养物质的消化吸收方面有较大差异，为满足其追赶生长的营养需求，此类婴儿配方食品中能量、蛋白质以及一些维生素和矿物质的含量应明显高于足月儿配方食品。

5. 母乳营养补充剂

母乳营养补充剂是为了补充早产/低出生体重儿母乳中能量、蛋白质、维生素和矿物质不足而特别设计的、需加入到母乳中使用的液态或粉状特殊医学用途婴儿配方食品。在提倡母乳喂养的同时，为早产/低出生体重儿提供充足的能量和营养素。

6. 氨基酸代谢障碍配方

氨基酸代谢障碍是指由于遗传因素造成某些酶的缺陷，使一种或几种氨基酸在婴儿体内代谢发生障碍，导致患儿体格生长发育迟滞，智力发育障碍，严重时可导致不可逆的损害。氨基酸代谢障碍配方食品是指不含或仅含少量代谢障碍氨基酸的特殊配方食品。用于代替普通婴儿配方食品，以改善患儿症状，减轻智力损害，同时为患儿提供必要的、充足的营养素以维持其正常生长发育的需求。

常见的氨基酸代谢障碍有苯丙酮尿症、枫糖尿症、丙酸血症/甲基丙二酸血症、酪氨酸血症、高胱氨酸尿症、戊二酸血症 I 型、异戊酸血症、尿素循环障碍等，其配方食品中应限制的氨基酸种类见下表（表 16）。

表 16　常见的氨基酸代谢障碍疾病以及相应限制的氨基酸种类

常见的氨基酸代谢障碍	应限制的氨基酸种类
苯丙酮尿症	苯丙氨酸
枫糖尿症	亮氨酸、异亮氨酸、缬氨酸
丙酸血症/甲基丙二酸血症	异亮氨酸、蛋氨酸、苏氨酸、缬氨酸
酪氨酸血症	苯丙氨酸、酪氨酸
高胱氨酸尿症	蛋氨酸
戊二酸血症 I 型	赖氨酸、色氨酸
异戊酸血症	亮氨酸
尿素循环障碍	非必需氨基酸（丙氨酸、精氨酸、天冬氨酸、天冬酰胺、谷氨酸、谷氨酰胺、甘氨酸、脯氨酸、丝氨酸）

氨基酸代谢障碍配方食品去除了与患儿代谢障碍相关的一种或多种氨基酸，但其中某些需严格限制摄入的氨基酸是婴儿生长发育过程中所需的必需氨基酸，因此患儿需要在医生指导下，根据个体疾病状况及机体对特定氨基酸的耐受程度，适当搭配少量母乳或普通婴儿配方食品，以满足婴儿生长发育的需要。

三、必需成分

特殊医学用途婴儿配方食品的配方应以医学和营养学的研究结果为依据，其安全性、营养充足性以及临床效果均需要经过科学证实,这是根据特殊医学用途婴儿配方食品特点作出的具体规定,突出此类产品的配方设计应该经过科学证实,能提供终产品的安全性、营养充足性、针对性的资料,以及产品临床喂养评价结果。

1. 能量和营养素的设定原理

特殊医学用途婴儿配方食品为婴儿提供营养来源,在单独使用或与其他食物配合使用时,应该基本满足婴儿所需的各种营养。因此在配方设计时,特殊医学用途婴儿配方食品的必需成分和可选择成分参照了正常足月婴儿营养需求制定,其含量值与GB 10765 - 2010《食品安全国家标准 婴儿配方食品》的规定一致(详见"第一节 婴儿配方食品")。但是同时考虑到特殊医学状况婴儿的能量、营养素需求与正常足月婴儿相比有所差别,因此需要依据特殊紊乱、疾病或医疗状况婴儿的特殊营养需求,按照本节表15对能量、营养素进行适当调整。这种管理方式参考了国际食品法典委员会、美国、欧盟管理模式。

2. 营养素的调整

为了使标准更好地推行,指导企业生产和监管部门使用,我国2012年2月在卫生计生委的官方网站上发布了GB 25596 - 2010《食品安全国家标准 特殊医学用途婴儿配方食品通则》问答,对六个类别产品中营养素的调整范围进行了详细的规定。

(1)无乳糖配方或低乳糖配方食品:粉状无乳糖配方食品中乳糖含量应低于0.5克/100克;粉状低乳糖配方食品中乳糖含量应低于2克/100克(液态产品折算),在设计配方时应以其他碳水化合物,如葡萄糖聚合物、经过预糊化的淀粉等替代婴儿配方食品中的乳糖,就可以达到这样的目的,保证婴儿的正常生长发育需要。同时这类产品在技术要求中特别提出蛋白质来源于乳蛋白。目前,针对乳糖不耐受婴儿的配方食品除了对乳糖含量进行限定外,其能量和营养成分及其含量应该符合标准中的规定。

(2)乳蛋白部分水解配方:针对乳蛋白过敏有风险的婴儿设计的产品配方,其主要技术要求是将牛奶蛋白经过加热和(或)酶水解变成小分子乳蛋白、肽段和氨基酸,从而减低大分子牛奶蛋白的致敏性。根据不同配方设计,这类产品的碳水化合物既可以完全使用乳糖也可以使用其他碳水化合物(不包括果糖)部分或全部替代乳糖,其余成分应符合标准中规定的能量和各营养素指标的要求。

(3)乳蛋白深度水解配方或氨基酸配方食品:对于食物过敏、牛奶蛋白过敏婴儿应首选乳蛋白深度水解配方或氨基酸配方食品喂养,它不仅可以明显改善患儿的过敏症状,还可为其正常的生长发育提供足够的能量和营养,使患儿的各项生长发育指标接近正常。

婴儿食物蛋白过敏时通常伴有腹泻等症状,因此乳蛋白深度水解配方食品或氨基酸配方食品不应含有食物蛋白,以减少对婴儿胃肠道刺激,帮助已发生了对蛋白过敏的患儿减低过敏症状的同时获得充足的营养。同时,应当根据婴儿代谢状况调整部分维生素、矿物质等营养素。

乳蛋白深度水解配方或氨基酸配方营养素调整的依据需参照以下法规/科学依据:①国内、外相关法规或批准。包括产品符合国内、国外相关法规,如:国际食品法典的CODEX STAN 72 - 1981(Rev 2007)SECTION B,欧盟的COMMISSION DIRECTIVE

1999/21/EC，美国的 21CFR107 Subpart C 等；或其他国家相关部门对产品的批准；②国内、外权威的医学、营养学指南、专家共识、权威专业文献或著作。

对于营养成分的含量，在问答中也进行了明确（见表17）。如在生产这两类配方产品时所使用的氨基酸要符合标准附录 B 的要求。

表17 乳蛋白深度水解配方或氨基酸配方中能量和部分营养素的调整范围

营养素	可调整上、下限值（/100kJ）	
	下限值	上限值
能量（kJ/100ml）	250kJ/100ml	315kJ/100ml
蛋白质（g）	0.45	1.40
维生素 D（µg）	0.25	0.75
维生素 B$_1$（µg）	10	72
维生素 B$_2$（µg）	14	119
维生素 B$_6$（µg）	8.5	75
烟酸（µg）	70	750
叶酸（µg）	1	12
泛酸（µg）	70	478
生物素（µg）	0.40	5
维生素 C（mg）	1.90	17
钙（mg）	12	60
铁（mg）	0.10	0.50
锌（mg）	0.12	0.60
锰（µg）	1.2	50
铜（µg）	4.80	29.00
碘（µg）	1.20	14.00
硒（µg）	0.25	1.90

（4）早产/低出生体重儿配方：早产和低出生体重婴儿处在一种没有疾病的特殊医学状况之下，但机体发育不成熟。与足月儿相比，早产儿/低出生体重儿在生理状况、营养需求以及营养物质的消化吸收方面都有较大差异，同时需要较快的生长发育速度。因此，这类产品的配方中能量、蛋白质以及一些维生素/矿物质的含量应明显高于足月婴儿配方，以满足追赶生长的营养需求，其能量、蛋白质及某些维生素和矿物质含量下限值不应低于标准中规定的最小值，上限值可以根据实际情况适当上调。

依据国际权威的建议指南、营养学论著文献的推荐营养素限量值、营养学权威论著文献等，标准的问答中对该类产品中营养素的调整范围进行了规定（表18）。

表18　早产/低出生体重儿配方中能量和部分营养素的调整范围

营养素	可调整上限值（/100kJ）
能量 1（kJ/100ml）	465
蛋白质（g）	0.98
脂肪（g）	1.90
维生素 A（μg RE）	177
维生素 D（μg）	2.18
维生素 E（mg α – TE）	2.39
维生素 B_2（μg）	148
维生素 B_6（μg）	75.0
烟酸（μg）	1195
叶酸（μg）	21.5
生物素（μg）	8.8
钙（mg）	60
磷（mg）	30
镁（mg）	4.1
铁（mg）	0.87
锌（mg）	0.65
硒（μg）	2.15
铜（μg）	59.8
钠（mg）	25
氯（mg）	54
肌醇（mg）	17.7

注：1 对于提高了能量的早产/低出生体重婴儿配方食品，由于脂肪含量增加，势必造成碳水化合物含量降低，可不限制碳水化合物下限值。

（5）母乳营养补充剂：母乳营养补充剂，其目的是为了补充早产/低出生体重儿母乳中能量、蛋白质、维生素和矿物质不足。因此，母乳营养补充剂的配方，对于母乳中含量水平已能够满足早产/低出生体重儿需求的营养成分，无须另外补充；对于母乳中含量水平尚不足以满足早产/低出生体重儿快速生长需求的营养成分，则需要额外添加，主要体现在能量、蛋白质、部分维生素和矿物质等方面。

母乳营养补充剂不是全营养配方食品，是对早产/低出生体重儿母乳喂养的补充。与母乳配合使用时的能量和营养素含量应能满足早产/低出生体重婴儿配方能量和营养素上限、下限值的要求。

（6）氨基酸代谢障碍配方食品：氨基酸代谢障碍患儿的膳食管理非常严格，除严格限制相应的氨基酸外，由于患儿对部分营养素吸收利用率低或排泄增加，需要对其配方中的能量和营养素范围值进行调整，以维持患儿正常生长发育。对于营养素调整可参照以下法规、标准和科学依据：①国内外相关法规或批准的产品：国际食品法典 CODEX STAN 72 – 1981（Rev 2007）SECTION B，欧盟 COMMISSION DIRECTIVE 1999/21/EC，美国 21CFR107 Subpart C 等，不同国家产品批准情况；②国内外权威医学、营养学指南、专家共识、专业文献或著作。氨基酸代谢障碍配方中能量及各营养素可调整的范围值可参考本节表 17 进行。

四、其他

本标准对于污染物、真菌毒素、微生物、食品添加剂和营养强化剂等的要求与《食品安全国家标准　婴儿配方食品》一致，因此本节不再重复说明（详见"第一节　婴儿配方食品"）。

执笔人：梁　栋　邓陶陶　韩军花

第四节　国产婴幼儿配方食品管理

一、概述

我国对婴幼儿配方食品一直实施严格的监管。2015 年 4 月新修订的《中华人民共和国食品安全法》对婴幼儿配方食品进一步提出了较为详细的要求，如第八十一条指出婴幼儿配方食品生产企业应当实施从原料进厂到成品出厂的全过程质量控制，对出厂的婴幼儿配方食品实施逐批检验，保证食品安全。生产婴幼儿配方食品使用的生鲜乳、辅料等食品原料、食品添加剂等，应当符合法律、行政法规的规定和食品安全国家标准，保证婴幼儿生长发育所需的营养成分。婴幼儿配方食品生产企业应当将食品原料、食品添加剂、产品配方及标签等事项向省、自治区、直辖市人民政府食品药品监督管理部门备案。婴幼儿配方乳粉的产品配方应当经国务院食品药品监督管理部门注册。注册时，应当提交配方研发报告和其他表明配方科学性、安全性的材料。不得以分装方式生产婴幼儿配方乳粉，同一企业不得用同一配方生产不同品牌的婴幼儿配方乳粉等。

中国婴幼儿配方食品的质量安全总体上是由企业负责，由国家食品药品监督管理总局（CFDA）进行监督与管理。企业根据食品安全法的要求，以及我国有关国家标准如 GB 10765 – 2010《食品安全国家标准　婴儿配方食品》、GB 10767 – 2010《食品安全国家标准　较大婴儿和幼儿配方食品》、GB 2760 – 2014《食品安全国家标准　食品添加剂使用标准》、GB 14880 – 2012《食品安全国家标准　食品营养强化剂使用标准》、GB 13432 – 2013《食品安全国家标准　预包装特殊膳食用食品标签》，以及相应的检验方法标准等，从产品的原料、生产过程、标签标识等组织生产。

二、婴幼儿配方食品的生产规范管理

婴幼儿配方食品生产规范管理要求对规范我国婴幼儿配方乳粉行业发展起到了重

要的推动作用，同时企业的质量安全控制和检验能力也得到了一定的提升。我国规范婴幼儿配方食品生产管理的主要法规文件包括《婴幼儿配方乳粉生产许可审查细则（2013 版）》、GB 12693 – 2010《食品安全国家标准　乳制品良好生产规范》、GB 23790 – 2010《食品安全国家标准　粉状婴幼儿配方食品良好生产规范》、GB/T 27341 – 2009《危害分析与关键控制点（HACCP）体系食品生产企业通用要求》等。

1. 婴幼儿配方乳粉生产许可审查细则的管理

《婴幼儿配方乳粉生产许可审查细则》（以下简称《细则》）是生产许可制度的重要组成部分，是对婴幼儿配方乳粉企业生产许可条件的进一步明确和规范。通过制定更加严格的细则，进一步提高婴幼儿配方乳粉生产企业生产条件要求，规范许可机关生产许可审查工作。通过提升生产企业的管理、工艺、原料、人员、设备、检验等方面的标准，进一步保障婴幼儿配方乳粉质量安全。通过明确乳清粉和乳清蛋白粉、食用植物油、食品添加剂等的质量安全要求，要求企业对生乳、全脂和脱脂乳粉、乳清粉和乳清蛋白粉等实施批批检验措施，保障原料质量安全。

目前我国生产许可要求主要原料批批检验；0 ~ 6 个月婴儿配方食品产品所用原料的灰分要求严于发达国家；生产环境参照药品洁净度要求；管理制度包括 GMP、HACCP、清场、验证等；参与人员有资质、培训、年限、能力的具体要求；并且要求有一定的研发能力、检验能力。

与以往发布的《细则》相比，目前的《细则》主要包括以下几个特点：

参照药品管理办法，提高质量安全。2010 版《细则》只是要求企业应当建立实施危害分析与关键控制点体系（HACCP），除此之外对管理体系没有更多要求。而实施良好生产规范（GMP），是现代化生产企业保证产品质量安全的有效手段，是生产质量安全可靠的婴幼儿配方乳粉的质量保证。因此 2013 新版《细则》参照药品良好生产规范，提出与婴幼儿配方乳粉生产相适应的质量安全管理模式，增加验证、清场等规范程序，并要求企业严格执行危害分析与关键控制点体系（HACCP）和粉状婴幼儿配方食品良好生产规范（GMP），实行覆盖生产全过程的质量安全控制。

加严把关原辅料。《细则》将国办发〔2013〕57 号文件中"婴幼儿配方乳粉生产企业须具备自建自控奶源"等要求进行细化，提高原辅料的质量安全和采购管理要求。要求主要原料为生牛乳的企业，其生牛乳应全部来自企业自建自控的奶源基地，并逐步做到生牛乳来自企业全资或控股建设的养殖场；主要原料为全脂、脱脂乳粉的企业，应对其原料质量采取严格的控制措施，建立原料供应商审核制度，定期进行审核评估。为了确保婴幼儿配方乳粉的质量安全，将监管向前延伸，提出应组织对主要原辅料供应商或者生产商的质量体系进行现场质量审核。

明确产品分段和生产工艺。《细则》明确婴幼儿配方乳粉分为婴儿配方乳粉（0 ~ 6 月龄，1 段）、较大婴儿配方乳粉（6 ~ 12 月龄，2 段）和幼儿配方乳粉（12 ~ 36 月龄，3 段）。同时，为严格生产工艺的要求，《细则》规定了湿法工艺、干法工艺和干湿法复合工艺 3 种生产工艺的基本流程和审查要求。

明确生产过程管理。生产企业必须建立健全生产全过程的质量安全管理制度，其中新增产品配方管理制度、物料储存和分发制度、信息化管理和产品追溯制度等企业管理制度。对生产过程的关键控制点提出详细具体的技术操作规范，并要求对生产环境、生产设备运行状态和清洗结果、生产过程等进行验证，确保生产全过程中各个环节都能规范有效操作，并达到产品质量安全的目的。

提高部分生产条件。企业应具备与申报生产能力相适应的生产设备，并增加粉仓、乳粉密闭输送、金属检测设备等生产设备。同时，严格生产环境要求，提高生产设备的空气质量要求，以及清洁作业区动态微生物控制、压差、换气次数等方面的要求，要求清洁作业区需达到药品生产企业清洁作业区 D 级标准。

严格人员管理。对质量管理人员、生产技术人员及检验人员、生产操作人员的资质、职责、培训等要求作了更严格的规定，要求不得有《食品安全法》规定的不良记录。重点提出企业须设置独立的食品质量安全管理机构，配备专职的婴幼儿配方乳粉质量安全管理人员，并建立实行企业质量安全受权人制度。在产品放行前，质量安全受权人必须出具产品放行审核记录。此外，对生产人员和检验人员学历、从业经历和工作能力也提出更加明确的要求。

增加产品配方管理。《细则》增加了建立产品配方管理制度等内容，要求企业对产品配方应组织生产、营养、医学等专家，进行安全、营养等方面的综合论证，论证通过并经备案后，才能组织生产，确保其生产的产品质量安全，并满足婴幼儿安全、营养等需要。从而使婴幼儿配方乳粉从产品设计开始，就科学合理、营养安全并有案可查。

强调研发和检测能力。企业应具备自主研发机构和检验机构，配备相应的设备设施和专职人员，能够完成相应的研发和检验工作。除了研发新的婴幼儿配方乳粉产品之外，还要能够跟踪评价婴幼儿配方乳粉的营养和安全，研究生产过程中存在的风险因素，提出防范措施。

实现质量安全追溯，建立消费者投诉处理机制。对婴幼儿配方乳粉生产的关键工序或关键点形成的信息建立电子信息记录系统。消费者应能够从企业网站查询到标签、外包装、质量标准、出厂检验报告等信息。企业要确保对产品从原料采购到最终产品及产品销售所有环节都可有效追溯和召回。更要求企业建立消费者投诉处理机制，妥善处理消费者提出的意见和投诉。

2. 粉状婴幼儿配方食品良好生产规范的管理

GB 23790 - 2010《食品安全国家标准　粉状婴幼儿配方食品良好生产规范》适用于以乳类或大豆及其加工制品为主要原料的粉状婴幼儿配方食品（包括粉状婴儿配方食品、粉状较大婴儿和幼儿配方食品）的生产企业。对婴儿配方奶粉制造商提出了对人员健康、工厂设施及设备的设置和管理、在采购原材料的产品质量、生产流程、生产加工、包装、存储和运输流程等的详细要求，以确保提供安全的产品。

本标准与 GB/T 23790 - 2009 相比，主要变化如下：由推荐性标准改为强制性标准；增加原料采购、验收、运输和贮存相关的要求；修改了生产过程的食品安全控制措施，增加了安全控制的特定处理步骤；制定了对热处理、中间贮存、冷却、干混合、内包装等重要工序的要求；增加了对大豆原料安全性控制的要求；增加了食品安全控制措施有效性的监控与评价方法；增加附录 A，规定了对清洁作业区环境中主要污染源——沙门氏菌、阪崎肠杆菌和其他肠杆菌进行监控的要求。由于在卫生条件良好的生产环境中也有可能存在少量的肠杆菌（Enterobacteriaece，简称 EB），包括阪崎肠杆菌（Cronobacter 属），使经巴氏杀菌后的产品有可能被环境污染，导致终产品中存在微量的肠杆菌。因此应监控生产环境中的肠杆菌，以便确认卫生控制程序是否有效，出现偏差时生产企业应及时采取纠正措施。通过持续监控，获得卫生情况的基础数据，并跟踪趋势的变化。据有关工厂实践表明，降低环境中肠杆菌数量可以减少终产品中肠杆菌（包括阪崎肠杆菌和沙门氏菌）的数量。为防止污染事件的发生，避免抽样检测终产品中微生物的局限性，应制定环境监控计划。监控计划可作为一种食品安全管理工具，用来对清洁作业区（干燥区域）卫生状况实施评估，并作为 HACCP 的基础程序。

3. 危害分析与关键控制点的管理

GB/T 27341–2009《危害分析与关键控制点（HACCP）体系 食品生产企业通用要》是一种控制食品安全危害的预防性体系，用来使食品安全危害风险降低到最小或可接受的水平，预测和防止在食品生产过程中出现影响食品安全的危害，防患于未然，降低产品损耗。

目前，HACCP 体系现已被世界各国食品生产企业广泛使用。联合国食品标准委员会将 HACCP 制度列为食品的世界性指导纲要。亚太经合组织（APEC）积极推动以 HACCP 制度为基础的食品认证计划。欧盟要求各会员国于 1993 年前实施 HACCP 制度，而且规定进入欧盟的食品，其生产者必须通过 HACCP 认证。在美国等发达国家 HAC-CP 体系是食品企业在成立时就严格按照 HACCP 的要求实施，而我国则是鼓励企业自我提升，企业可通过 HACCP 体系认证来实现这一点，但不具有强制性。

（1）HACCP 包括 7 个原理：①进行危害分析；②确定关键控制点；③确定各关键控制点关键限值；④建立各关键控制点的监控程序；⑤建立当监控表明某个关键控制点失控时应采取的纠偏行动；⑥建立证明 HACCP 系统有效运行的验证程序；⑦建立关于所有适用程序和这些原理及其应用的记录系统。对从原料采购→产品加工→消费各个环节可能出现的危害进行分析和评估。根据这些分析和评估来设立某一食品从原料直至最终消费这一全过程的关键控制点（CCPS）。建立起能有效监测关键控制点的程序。这样可以避免因批量生产不合格产品而造成的巨大损失。在 HACCP 管理体系原则指导下，食品安全被融入设计的过程中，而不是传统意义上的最终产品检测。

（2）HACCP 体系相较我国现行的其他食品质量体系具有如下几个显著特点：①引入了关于风险评估的思路，根据不同的风险程度，采取不同的控制方式，例如对于风险程度高，且会产生安全问题的食品使用关键控制点进行控制，对其他不构成安全威胁的，可采用控制程序进行控制。②HACCP 体系是预防性的食品安全控制体系，对可能发生的潜在的生物、物理、化学方面的危害进行识别，从而确定预防措施，防止危害发生。③HACCP 体系不是孤立的，需要结合组织其他控制措施来实现对加工产品的控制。④施行 HACCP 体系的结果并不是零风险，但可以降低或减少风险。⑤HACCP 体系可结合 ISO9001 体系中 PDCA（计划、执行、检查、行动）循环的思想，进一步提高企业管理控制水平。⑥事实上，HACCP 体系并不能作为认证审核的依据，其缺少必要的审核过程中的指导规范，PAS220 中包含了必要的规范，因此最终证书显示 ISO22000 或 PAS220。而且 HACCP 危害评估的思路也在 ISO22000 及 GAP 等标准中体现，从而也成为其他标准指定的引用标准。

三、婴幼儿配方食品风险监管体制的管理要求

婴幼儿配方食品是高风险行业，因为针对的人群——婴幼儿具有特殊性。婴幼儿配方食品企业投入高、科技含量高、生产工艺要求高、风险也高。对于婴幼儿配方食品，不仅仅要求传统的卫生学和理化指标均正常，如微生物、重金属等，而且要求营养指标必须满足婴幼儿的营养需要，尤其是 0～6 月龄的婴儿配方食品。因此，婴幼儿配方食品的质量控制是企业的命脉。

2015 年 10 月 1 日实施新修订的食品安全法，确定了"预防为主、风险管理、全程控制、社会共治"的原则，着力构建最严格的覆盖全过程的监管制度。主要体现在：①建立统一的监管体制。由食品药品监管部门负责食品生产、流通和餐饮的统一监管。②建立食品安全风险交流制度。按照科学、客观及时公开的原则，就食品安全风险评估信息和监督管理信息进行交流沟通，推进社会共治。预防为主、风险管理——源头防范如农药兽药残留和食品添加剂的滥用。CFDA 定期公布食品安全监督抽检信息，及时向消费者发出风险警示。③建立全程追溯体系，落实企业主体责任。保证食品安全不仅是食品生产经营企业责无旁贷的法律义务，也是企业履行社会责任、赢得社会尊重的重要途径。新法规定国家建立追溯制度，部门建立追溯机制，企业建立追溯体系，控制全过程食品安全风险，鼓励企业运用信息化手段食品安全追溯体系。④完善问题产品召回制度。在生产者对问题食品履行召回义务的基础上，新法增加了经营者应对其原因导致食品不符合安全标准或者有证据证明存在食品安全隐患的，应当履行召回义务。⑤建立食品安全责任约谈制度。为实现预防为主，新食品安全法实行三类主体的约谈，对企业约谈、对部门约谈，对地方政府约谈，监督抽检问题依法处理、风险监测几方面约谈整改，以预防为主。上述管理方式对进一步提高我国婴幼儿配方食品的管理提供了依据。

为推动婴幼儿配方乳粉生产企业建立和完善食品安全追溯体系，规范食品安全追溯信息记录，国家食品药品监管总局制定了《婴幼儿配方乳粉生产企业食品安全追溯信息记录规范》，要求婴幼儿配方乳粉生产企业必须真实、准确、有效记录生产经营过程的信息，建立和完善婴幼儿配方乳粉生产企业食品安全追溯体系，实现婴幼儿配方乳粉生产全过程信息可记录、可追溯、可管控、可召回、可查询。

四、婴幼儿配方乳粉企业体系检查

为了保障婴幼儿配方乳粉的质量安全，规范企业的生产经营管理，从 2014 年起，国家食品药品监管总局"以问题为导向"，对所有检出不合格产品的婴幼儿配方乳粉生产企业均进行了体系检查，即对生产企业进行体系性、全方位的检查。2015 年，国家食品药品监督管理总局对婴幼儿配方乳粉生产企业开展了食品安全生产规范体系审核（以下称体系审核）。通过审核，发现所有企业都存在不同程度的问题、缺陷、漏洞和

不足，对产品质量安全造成风险。2016年，国家食品药品监管总局决定"以预防为原则"全面推进体系检查范围，即在3年内实现婴幼儿配方乳粉生产企业体系检查全覆盖。按照国家的法律法规，依照GMP、食品安全标准，相关生产规范，对生产过程、整个生产管理体系进行严格检查，相当于药品GMP检查要求。

同时国家加强了检查抽检，国家监督抽检全覆盖抽检婴幼儿配方乳粉。例如：2014年1565批，按季度；2015年2065批，按季度；2016年按每月，1～3月592批。及时召回、停产、整改，及时向社会发出婴幼儿配方乳粉抽检监测通告。食品药品监管部门采取监督抽查、现场检查、风险监测、风险排查等工作措施和手段，实行乳制品生产经营全链条监管，深入排查乳制品安全隐患和问题，采取有效措施控制风险。

2017年，国家食品药品监督管理总局将继续开展体系审核工作，并提出了"企业自查、协会协查、国家局检查"的"三查"工作方案。体系审核是一项重要的监管措施，对保障产品质量安全具有重大意义。

五、我国婴幼儿配方食品管理的未来发展方向

源头严控。鼓励婴幼儿配方乳粉的生产企业自建奶源基地，不能自建奶源基地的要有稳定而且定期审核的原料供应渠道。落实原辅料进厂批批检验的责任，从源头上保障婴幼儿配方乳粉的质量安全。

过程严管。婴幼儿配方乳粉企业要严格生产环境、设备运行状态和设备运行过程的管理，同时要对出厂的婴幼儿配方乳粉产品要进行全项目的批批检验，并建立生产经营全过程的追溯体系和产品跟踪评价规范。

产品严检。除了婴幼儿配方乳粉企业对出厂产品进行全项目批批检验，食药监局等监管部门开展对婴幼儿配方乳粉的专项监督抽样检验，坚持"月月抽检、月月公开"，实现生产企业和检验项目两个全覆盖。

违法严惩。对监督抽检发现的不合格产品及其企业，监管部门立即采取措施下架召回、停产整改，严肃查处婴幼儿配方乳粉假冒品牌的违法犯罪行为。

执笔人：姜毓君　韩军花

第五节　进口婴幼儿配方食品管理

一、进口婴幼儿配方食品概况

根据《食品安全法》，在进口环节由国家质量监督检验检疫总局（以下简称国家质检总局）主管全国进口婴幼儿配方食品的检验检疫监督管理工作，国家质检总局设在各地的出入境检验检疫机构（以下简称检验检疫机构）负责所辖地区进口婴幼儿配方食品检验检疫监督管理工作；流通领域的进口婴幼儿配方食品安全监督管理工作由各行政区域内的食品药品监督管理部门负责。

2008 年"三鹿婴幼儿奶粉事件"后，我国婴幼儿配方食品进口进入高速增长阶段。婴幼儿配方食品 2008 年进口量只有 4.2 万吨，2015 年进口量达 17.6 万吨，增长了 3 倍。中国进口的婴幼儿配方食品有以下特点：品种单一，进口婴幼儿配方食品以粉状乳基婴幼儿配方食品（以下简称婴幼儿配方乳粉）为主，近 5 年豆基婴幼儿配方食品基本没有进口记录，进口液态乳基婴幼儿配方食品占比不到 0.1%；来源广泛，截止至 2016 年，进口婴幼儿配方食品涉及亚洲、美洲、欧洲、大洋洲等 19 个主要生产国、77 家生产企业；品牌众多，截至 2016 年，进口婴幼儿配方食品共计有 360 多个品牌的进口记录。

二、进口婴幼儿配方食品管理政策

基于进口到中国的婴幼儿配方食品特点，国家质检总局建立了以进口食品供应链相关各方责任落实为抓手，以进口食品质量安全责任配置为原则的进口食品安全全过程管理体系，从进口前、进口时、进口后三个环节对进口婴幼儿配方食品进行科学监管。进口婴幼儿配方食品质量安全管理政策沿革路径如下：

2013 年 5 月 1 日质检总局施行《进出口乳品检验检疫监督管理办法》→标志进口乳基婴幼儿配方食品质量安全管理体系形成；

2013 年 9 月 23 日质检总局发布《关于加强进口婴幼儿配方乳粉管理的公告》→标志全面加强进口婴幼儿配方乳粉质量安全工作；

2014 年 5 月 1 日质检总局发布《关于公布首批进口乳品境外生产企业注册名单的公告》→标志乳基婴幼儿配方食品境外生产企业全面纳入监管；

2016 年 9 月 30 日食品药品监管总局发布《关于婴幼儿配方乳粉产品配方注册管理过渡期的公告》→标志进口婴幼儿配方乳粉配方注册工作的启动。

进口前包括对输华乳品国家或地区的食品安全管理体系进行审查评估、对向中国出口乳基婴幼儿配方食品的境外食品生产企业实施注册、对输华乳基婴幼儿配方食品的进出口商实施备案，同时要求进口商要对境外出口商和生产企业时行审核，并保证其进口乳基婴幼儿配方食品符合中国食品安全国家标准。每批进口乳基婴幼儿配方食品必须附带出口国政府主管部门签发的卫生证书。

进口时，进口商必须要提交每批进口乳基婴幼儿配方食品的合格证明检测报告，检验检疫机构依据国家有关法规标准要求，对进口乳基婴幼儿配方食品进行口岸检验检疫监管和风险监测，有效防止不符合国家标准要求的产品入境。对入境口岸查验中发现的问题及境外发生乳品质量安全问题的，及时采取风险预警措施。

进口后，进口商应建立进口乳基婴幼儿配方食品进口和销售制度。当进口乳基婴幼儿配方食品存在安全问题时实施召回，并对进口商或代理商进行约谈。对输华食品国家或地区及生产企业食品安全管理体系回顾性检查。对输华乳基婴幼儿配方食品生产企业和进口商信誉记录管理。图 1 是中国进口乳基婴幼儿配方食品安全监管体系运作流程：

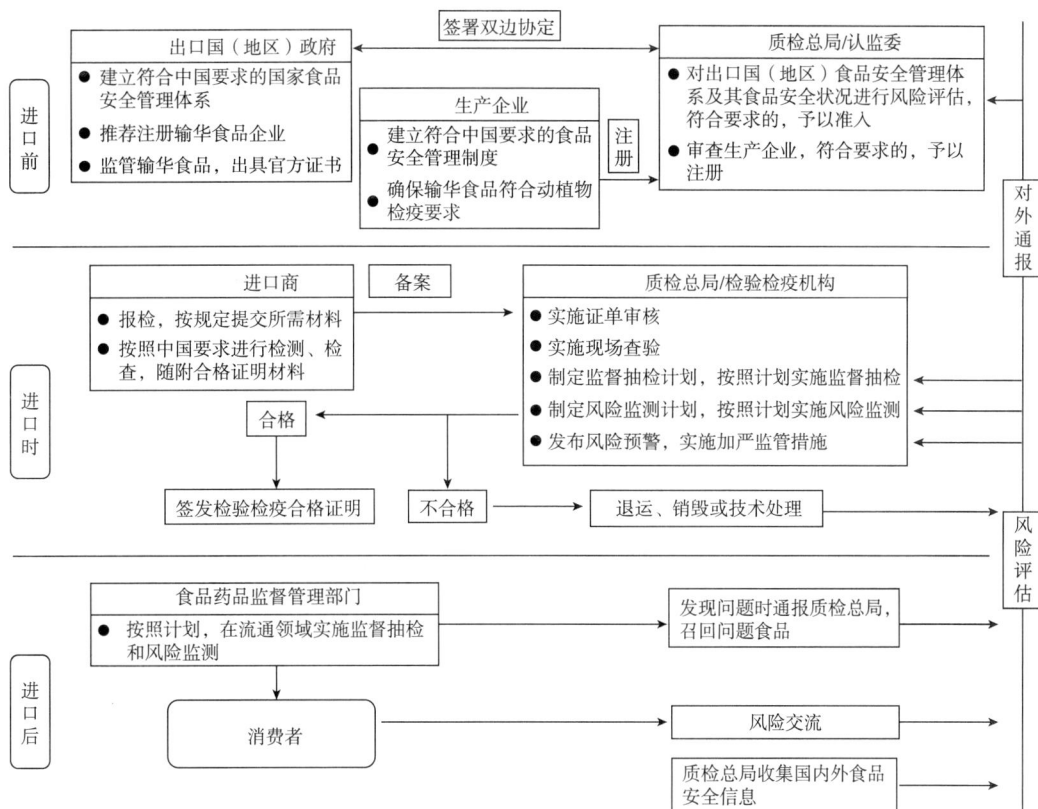

图 1 进口乳基婴幼儿配方食品安全监管体系

按照国务院的统一部署，国家质检总局针对婴幼儿配方乳粉，还采取了三项针对性加强措施：一是规定保质期不足三个月的婴幼儿配方奶粉不得进口，防止不法商人将国外快过期的奶粉低价购入，运回国内后通过重新喷码等手段篡改产品保质期后出售；二是规定不得进口大包装婴幼儿配方奶粉，防止不法商人进口低价散装婴幼儿配方奶粉后，在国内伪造高端产品外包装，将低价奶粉包装后销售；三是规定进口婴幼儿配方奶粉的中文标签必须在入境前直接印制在最小销售包装上，不得在国内加贴，防止不法商人在产品进入流通领域后，将加贴的合格中文标签撕下，再重新加贴其他标签，或假冒其他品牌，进行欺骗性宣传。

为确保婴幼儿配方乳粉能够满足正常婴幼儿生长发育的需要，针对目前我国市场存在的婴幼儿配方乳粉产品配方过多、过滥的情况，食品药品监管总局发布了《婴幼儿配方乳粉产品配方注册管理办法》，对在中国境内销售的进口婴幼儿配方乳粉实施注册管理，要求自 2018 年 1 月 1 日起，向我国境内出口的婴幼儿配方乳粉应当依法取得婴幼儿配方乳粉产品配方注册证书，并在标签和说明书中标注注册号。

执笔人：王　键

第六节　婴幼儿配方食品注册管理

一、背景和过程

党中央、国务院对婴幼儿配方乳粉的质量非常重视。习近平总书记对食品安全做出了"最严谨的标准，最严格的监管、最严厉的处罚、最严肃的问责"要求，并多次提出要提高我国婴幼儿奶粉质量；李克强总理在国务院常务会议上强调，要把提升婴幼儿配方乳粉质量安全水平作为抓好我国食品质量安全工作的突破口，全力以赴打好提高婴幼儿配方乳粉质量安全水平的攻坚战，重塑消费者对国产乳粉的信心。

近年来，我国婴幼儿配方乳粉的质量安全水平总体稳定向好，国民对国产奶粉的消费信心正在逐步恢复。但在此过程中，也应该清醒地看到影响婴幼儿配方奶粉质量安全的因素仍然存在。除企业在产品质量控制体系方面还需要进一步加强之外，还有一个很重要的因素就是企业盲目地将配方作为市场营销的手段，以致造成市场婴幼儿配方乳粉的产品配方过多、过滥，配方制定缺乏充分的研究论证、配方之间的区分缺少科学证实等现象明显，既容易造成消费者选择困难，也容易由于生产过程中频繁更换配方造成产品质量安全隐患。

2015 年在食品安全法修订草案审议过程中，国家食品药品监督管理总局（以下简称食品药品监管总局）明确提出对婴幼儿配方乳粉的产品配方实行注册管理。食品药品监管总局先后召开了专家论证会、地方监管部门座谈会、企业听证会，充分听取了企业和专家对婴幼儿配方乳粉的配方实行注册管理合法性、必要性和合理性的意见与建议。经国务院同意，建议全国人大在新食品安全法中增加婴幼儿配方食品的专门规定，对婴幼儿配方乳粉产品配方实行注册管理。考虑到这一规定有利于保证这类特殊食品的安全，全国人大常委会采纳了这一建议。

因此我国 2015 年 4 月 24 日修订通过的《中华人民共和国食品安全法》第八十一条规定：婴幼儿配方乳粉的产品配方应当经国务院食品药品监督管理部门注册。注册时，应当提交配方研发报告和其他表明配方科学性、安全性的材料。由于婴幼儿奶粉原料复杂、生产链很长，原料及生产链条中任一环节都不可掉以轻心。严格婴幼儿配方乳粉产品配方的管理，是整个监管链条中的重要一环，是在原先生产许可基础上，进一步将监管的关口前移，进一步加强源头治理的重要举措。

根据食品安全法的要求，食品药品监管总局在大量工作的基础上，于 2015 年 9 月 2 日公开征求《婴幼儿配方乳粉产品配方注册管理办法》的意见，并在 2016 年 1 月通报 WTO。经过进一步反复修改后，我国于 2016 年 8 月发布了《婴幼儿配方乳粉产品配方注册管理办法》（总局令）（以下简称注册管理办法），并于 2016 年 10 月 1 日起正式施行。

在发布注册管理办法的基础上，食品药品监管总局又于 2016 年 11 月发布了相应配套文件《婴幼儿配方乳粉产品配方注册申请材料项目与要求（试行）》和《婴幼儿配方乳粉产品配方注册现场核查规定（试行）》，2017 年 6 月发布了《婴幼儿配方乳粉产品配方注册标签规范技术指导原则（试行）》，从而形成了一套相对比较完善的婴幼儿配方乳粉配方注册管理制度。

《婴幼儿配方食品注册管理办法》及其配套文件的发布是我国食品安全法治历史上的重要创新，是贯彻党中央、国务院要求、推动婴幼儿配方乳粉产业健康发展的重要手段。我国食品安全的实践表明，婴幼儿配方乳粉产业的发展需要不断地经历"规范—发展—再规范—再发展"的规律。当前，我国婴幼儿配方乳粉产业在"供给侧结构性改革"的背景下，再次处于"再规范—再发展"的阶段，此时出台注册管理办法，就是要进一步提高要求，提升门槛，严格监管，规范行业，全面提升婴幼儿奶粉质量的管理水平。

二、《婴幼儿配方食品注册管理办法》的主要技术内容及要求

《婴幼儿配方食品注册管理办法》一共有六章49条，规定了的相关定义、适用范围、注册原则、注册职责、配方要求、注册程序实现、监管和法律责任7个方面的重点及主要内容。

注册管理办法的适用范围是针对在中华人民共和国境内生产销售和进口的婴幼儿配方乳粉，其产品配方需经食品药品监管总局注册批准。注册管理办法规定，食品药品监管总局负责婴幼儿配方乳粉产品配方注册管理工作。总局行政受理机构（总局行政事项受理服务和投诉举报中心）负责注册申请的受理工作；总局食品审评机构（总局保健食品审评中心）负责注册申请的审评工作；总局审核查验机构（总局食品药品审核查验中心）负责注册的现场核查工作；省级食品药品监管部门负责配合开展本行政区域婴幼儿配方乳粉产品配方注册的现场核查等工作。

配方注册的申请人的要求：注册管理办法中要求婴幼儿配方乳粉产品配方注册的申请人应当为具备相应研发能力、生产能力和检验能力的婴幼儿配方乳粉生产企业，包括拟在我国境内生产并销售婴幼儿配方乳粉的生产企业或者拟向我国出口婴幼儿配方乳粉的境外生产企业。申请人还要符合粉状婴幼儿配方食品良好生产规范要求，实施危害分析与关键控制点体系，对出厂产品按照有关法律法规和食品安全国家标准规定项目实施逐批检验。

注册程序及时限要求：注册管理办法规定了婴幼儿配方乳粉产品配方注册工作的程序及其时限，主要有：

（1）行政受理及其时限。受理机构按照《办法》规定接收申请材料，在5个工作日内完成对申请材料的审查，作出是否受理的决定。

（2）技术审评及其时限。审评机构自收到受理材料之日起60个工作日内完成审评工作。根据审评工作的实际需要，可以组织现场核查、抽样检验与专家论证等工作，综合做出审评结论。特殊情况下需要延长审评时间的，经审评机构负责人同意，可延长30个工作日。现场核查、抽样检验、补正材料、复审等所需时间不计算在审评和注册决定时限内。

（3）现场核查及其时限。核查机构根据审评机构的通知，在20个工作日内完成对生产企业的现场核查，出具现场核查报告。

（4）抽样检验及其时限。审评机构委托具有法定资质的食品检验机构在30个工作日内完成抽样检验，出具产品检验报告。

（5）行政审批及其时限。食品药品监管总局自受理申请之日起20个工作日内，根据审评结论作出注册决定。

（6）发出决定及其时限。受理机构自食品药品监管总局作出决定之日起10个工作日内向申请人发出注册证书或者不予注册决定。

（7）境外注册时限。对于申请进口婴幼儿配方乳粉产品配方注册的，审评机构将根据实际情况确定境外现场核查和抽样检验时限。

标签要求：为严格婴儿配方食品质量安全和标签监管，食品药品监管部门、工商行政管理部门、质量技术监督部门要在认真抓好婴儿配方食品特别是婴儿配方乳粉质量安全的基础上，按照管理办法和标准规定，加大婴儿配方食品标签标识的日常检查力度，督促婴儿配方食品生产企业依法进行标识标注，督促婴儿配方食品经营单位落实进货查验和查验记录制度。婴儿配方食品标签标识上，应用醒目的文字标注说明母乳喂养优越性的宣传标语，不得印有婴儿图片，不得使用"人乳化""母乳化"或类似名词。

注册管理办法明确婴幼儿配方乳粉产品配方注册申请人应当提交标签、说明书样稿以及标签、说明书中声称的说明、证明材料。注册管理办法对标签和说明书涉及产品配方的声称提出了严格要求：一是应当与获得注册的产品配方的内容一致，并标注注册号。二是进一步规范了产品名称、配料表、营养成分表、原料来源、适用月龄等事项的标识标注。三是规定了标签、说明书禁止声称的内容，如涉及疾病预防、治疗功能，明示或者暗示具有保健作用，明示或者暗示具有益智、增加抵抗力或者免疫力、保护肠道等功能性表述，以"不添加""不含有""零添加"等字样强调未使用或不含有按照食品安全标准不应当在产品配方中含有或使用的物质，虚假、夸大、违反科学原则或者绝对化的内容，与产品配方注册的内容不一致的声称等。

对于变更婴幼儿配方乳粉产品配方注册的要求：申请人需要变更婴幼儿配方乳粉产品配方注册证书及其附件载明事项的，应当向食品药品监管总局提出变更注册申请，并提交相关材料。对于产品配方变更等可能影响产品配方科学性、安全性的，审评机构根据实际需要组织开展审评，作出审评结论。企业名称变更、生产地址名称变更等不影响产品配方科学性、安全性的，审评机构进行核实。食品药品监管总局根据审评结论作出决定。准予变更注册的，注册证书发证日期以变更批准日期为准，原注册号不变，证书有效期保持不变。

关于进口婴幼儿配方乳粉产品配方和境外核查衔接问题：在食品安全法81条第4款规定，婴幼儿配方乳粉产品配方应当经国务院食品药品监督管理部门注册；第96条又规定，向我国境内出口食品的境外企业，应当经国家出入境检验检疫部门注册。产品配方注册和境外企业注册是新食品安全法规定的两项独立注册，也就是两项独立行政许可。这两项独立行政许可类似于国内婴幼儿配方乳品企业既要取得产品配方注册，也要取得生产许可，它体现了中央对特殊食品严格监管的重要举措，是在食品安全法确定的普通食品监管基础上对特殊食品的特殊监管。国内外生产企业按统一的法律和要求，进行上市许可，有助于保护所有健康产品的注册方式、条件、程序和要求的统一，体现了执法公平。

注册管理办法还明确了婴幼儿配方乳粉生产企业食品安全追溯责任。为推动婴幼儿配方乳粉生产企业建立和完善食品安全追溯体系，规范食品安全追溯信息记录，食品药品监管总局制定了《婴幼儿配方乳粉生产企业食品安全追溯信息记录规范》，要求婴幼儿配方乳粉生产企业必须真实、准确、有效记录生产经营过程的信息，建立和完善婴幼儿配方乳粉生产企业食品安全追溯体系，实现婴幼儿配方乳粉生产全过程信息可记录、可追溯、可管控、可召回、可查询。通过上述监管措施的不断加强，目前我国婴幼儿配方乳粉的产品质量与安全保障水平有了明显的提升。

关于婴幼儿配方乳品产品配方商业秘密保护的问题。新的办法明确规定，食品药品监管总局自批准之日起20个工作日之内要公布婴幼儿配方乳粉产品配方注册的目录信息。新的办法强调共同做好保密工作的要求，主要有两个方面：一是第38条第一款，参与婴幼儿配方乳粉注册申请受理、技术审评、现场核查、抽样检验、专家论证等工作的机构和人员，应当保守在注册中知悉的商业秘密，在整个婴幼儿配方乳粉产品注册当中，相关人员都应当保守所知悉的商业秘密。第二个方面同时也规定，申请人应当按照国家有关规定对申请材料的商业秘密进行标注并注明依据。从过去监管实践当中来看，哪些属于商业秘密，不同人有不同的认识，为了进一步加强这方面的保护工作，申请人应当注明哪些属于商业秘密，这便于保护。

注册管理办法配套文件的内容，可在国家食品药品监管总局官网下载，限于篇幅，此处不详细阐述。

三、《婴幼儿配方食品注册管理办法》的特点

一是对症下药、要求明确。生产企业是产品的制造者，也是质量安全的第一责任人。生产企业的生产能力与管理水平直接影响到产品的质量安全。注册管理办法要求，企业应当具备与所生产婴幼儿配方乳粉相适应的研发能力、生产能力、检验能力，符合粉状婴幼儿配方食品良好生产规范要求，实施危害分析与关键控制点体系，对出厂产品按照有关法律法规和婴幼儿配方乳粉食品安全国家标准规定的项目实施逐批检验，同时每个企业原则上不得超过3个配方系列9种产品配方，对产品配方注册时，要对标签、说明书与配方相关的声称内容一并审查。这些都是硬性规定，通过一系列的政策措施严格监管，如食品安全标准、实施新的食品生产许可管理办法、加强体系检查、月月抽检、对出现问题企业加大查处力度等，严格贯彻实施"四个最严"的要求，提高该行业的准入门槛，才能保证生产出高质量又安全的婴幼儿配方乳粉的一个基础。

二是内外一致，统一规范。中华人民共和国境内生产销售的婴幼儿配方乳粉和向中华人民共和国出口的婴幼儿配方乳粉都应当取得食品药品监管总局颁发的注册证书。这与实行注册管理的药品、医疗器械、化妆品、保健食品的管理模式保持统一。对婴幼儿配方乳粉进行注册管理就是要通过国家审查把关，以确保这个产品不出现质量安全的风险。注册工作的具体操作问题，如境外企业的现场核查，积极加强与有关部门的合作，优化工作流程，提高检查效率。目前我国出入境检验检疫部门与食品药品监

管部门都加大对进口产品的监督抽检，查处了一批不符合我们国家食品安全标准的进口婴幼儿配方乳粉。今后按照法律规定，将来食品药品监管总局会同质检总局，对国外向中国出口的婴幼儿配方乳粉产品配方进行现场核查，达到配方注册批准的要求的才能进入到中国的市场来。

三是标准更高、程序更严。《办法》规定申请注册的产品配方应当符合有关法律法规和食品安全国家标准的要求，并提供证明产品配方科学性、安全性的研发与论证报告和充足依据。审评机构根据实际需要组织核查机构对企业开展现场核查，组织检验机构开展抽样检验，组织专家对专业问题进行论证。

婴幼儿配方乳粉产品配方注册，侧重产品的研发，关注的是配方的科学性、安全性；婴幼儿配方乳粉的生产许可侧重生产企业的能力与条件，关注的是企业生产规范的合规性、生产工艺的可靠性、生产过程的可控性等。实行配方注册不是要削弱生产许可，相反，相关省级食品药品监管部门要进一步加强生产许可工作，还要加强婴幼儿配方乳粉生产企业的日常监督检查。

执笔人：姜毓君　姜志奇　韩军花

第七节　展　　望

我国目前婴幼儿配方食品的法规日趋完善，从标准制定、产品配方注册、生产许可、市场监管等方面层层把关，为保证婴幼儿配方食品的营养、质量、安全提供了多重保障。

但我国婴幼儿配方食品标准发布较早，随着国内外科学依据的积累，国际组织和各国均已启动了婴幼儿配方食品标准、法规的修订工作，以更好地满足和适应婴幼儿的需要。我国围绕标准修订也开展了大量工作，主要包括以下方面：

一、标准跟踪评价

2012 年，食品安全国家标准审评委员会秘书处组织开展了《食品安全国家标准　婴儿配方食品》跟踪评价工作，这是我国针对食品安全国家标准开展的第一个标准跟踪评价工作。

2012 年 6～10 月期间，项目采取横断面调查的形式在婴幼儿食品主产区开展，调查内容包括标准使用情况、各技术指标的理解力、相应检验方法的可操作性等，调查涉及 8 个省、2 个直辖市和 1 个自治区的监管部门、检验机构和生产企业。调查共发出 683 份问卷，监督、检验部门有效问卷回收率均高于 90%、生产企业大于 85%。调查结果显示两项标准的整体合理程度较高，但也反馈了标准执行过程中的若干问题，如部分指标设置缺少相关国际标准和科学依据、部分指标缺少配套的国标检验方法或检验方法可操作性相对较差等等具体技术问题，为标准修订提供了重要基础。

二、婴幼儿配方食品营养素含量值再评估

为使标准更加完善，标准中各项营养素限量设定更加科学，食品安全国家标准审评委员会秘书处围绕标准中营养素的最佳含量值开展了多项有针对性的基础研究工作，如 GB 10765《食品安全国家标准　婴儿配方食品》营养素限量与国际标准的比对等、国内外权威资料查询等，并建立了多项权威的数据库，包括婴幼儿食品标签信息数据库、市场常见婴幼儿食品营养成分实际含量数据库，以及母乳成分数据库等。

其中，GB 10765《食品安全国家标准　婴儿配方食品》国家标准营养素限量与新版 DRIs 的比对研究方面，通过数据转换方法，将 0～6 月龄婴儿营养素的适宜摄入量（AI）值和国标中营养素限量值进行比对，重点比较国标中每个营养素上限、下限值与 AI 值的关系，以及国标营养素上限值与可耐受最高摄入量（UL）的关系。结果显示国标中绝大部分营养素的限量值设置合理，符合国标的产品可满足我国 0～6 月龄婴儿对营养素的需要。对于个别含量较低或者上限值较高的营养素，将在未来标准修订中综合考虑。

围绕着含量再评估工作，还包括我国母乳中营养成分含量数据收集和数据库建立、市场产品实际情况调研、配方粉贡献率调查、重要营养素适宜含量的研究等等，上述研究将对标准修订提供重要依据。

三、标准修订计划

我国已经启动了《食品安全国家标准　婴儿配方食品》《食品安全国家标准　较大婴儿和幼儿配方食品》，以及《食品安全国家标准　特殊医学用途婴儿配方食品通则》标准的修订工作，列入食品安全国家标准 2016 年立项建议（第二批）中，由国家食品安全风险评估中心和中国疾病预防控制中心营养与健康所共同牵头开展。

起草组根据多次讨论结果和标准实际情况，决定成立不同的工作组，包括婴儿配方食品组、较大婴配方食品组、幼儿配方食品组、特殊医学用途婴儿配方食品组、产品标准与 GB 14880 的关系梳理组和理化检验方法实用性工作组，六个小组同时开展工作。标准修订初稿预计将于 2017 年年底完成。

执笔人：韩军花

第三章 国际食品法典委员会婴幼儿配方食品标准

第一节 国际食品法典委员会简介

国际食品法典委员会（Codex Alimentarius Commission，CAC）是以保障消费者健康和确保食品贸易公平为宗旨的政府间组织，由联合国粮农组织（FAO）和世界卫生组织（WHO）共同建立，致力于全球食品安全与标准的协调。自1961年开始制定国际食品法典标准以来，已有173个成员国和1个成员组织（欧盟）加入该组织，覆盖全球99%的人口。特别是在婴幼儿配方食品标准中，国际食品法典委员会下属的营养和特殊膳食食品法典委员会（CCNFSDU）为各国达成共识建立良好的平台，为各国更好地生产、管理婴幼儿配方食品起到很好的指导作用。

一、营养和特殊膳食食品法典委员会（CCNFSDU）的由来

国际食品法典委员会在1964年第2届会议上设立欧洲协调委员会，欧洲协调委员会在其1965年第1届会议上讨论了设立医疗食品法典委员会的提议，并向国际食品法典委员会建议由德意志联邦共和国来承担主要职责，德意志联邦共和国和英国代表向欧洲协调委员会详细阐述了有关"医疗食品"定义和新委员会职责范围的建议。国际食品法典委员会在1965年第3届会议上，批准了欧洲协调委员会关于在德意志联邦共和国主持下设立一个医疗食品法典委员会的建议。规定它的首要任务是制定欧洲区域标准，并为制定全球标准迈出第一步。国际食品法典委员会批准了"医疗食品"的推荐定义和欧洲协调委员会提交的职责范围。

根据职责范围，医疗食品法典委员会将制定医疗食品的通用指南、原则和标准，以及某些明确提及的医疗食品类别的特殊要求。将优先制定哺乳期乳母、婴儿和老年人相关的食品标准。同时，考虑是否有必要与食品标签法典委员会（CCFL）协商完成医疗食品标签的相关规定。

食品法典委员会在1967年第4届会议上批准了医疗食品法典委员会的提议，并决定授权医疗食品法典委员会制定全球标准，德意志联邦共和国被确认为医疗食品法典委员会可靠的东道国。同时指出，如果委员会认为无法就全球标准达成协议，则各国保留其继续制定本国标准的权力。

随后，根据食品法典委员会执行委员会（CCEXEC）的提议，医疗食品法典委员会在1967年11月第2届会议上更名，用更广泛的术语"特殊膳食用食品"代替"医疗食品"。其目的是明确表示，其职责范围涵盖医疗食品（其使用与人体疾病状况有关）和用于健康人群的某些特殊膳食用食品。食品法典委员会在1968年第5届会议上批准了这项提议。特殊膳食用食品法典委员会名称（简称CCFSDU）一直使用到

1987 年。

国际食品法典委员会在其 1979 年第 13 届会议上和 CCFSDU 在 1980 年第 12 届会议上讨论了 CCFSDU 是否适合处理营养方面的问题。国际食品法典委员会在 1981 年第 14 届会议上表示，支持 CCFSDU 和顾问在其报告"营养和食品法典委员会的工作"中提出的建议，将营养方面的工作分配给 CCFSDU，设立了食品法典标准营养方面及相关事项特设工作组。修改了相应的职责范围（委员会在 1983 年第 15 届会议予以批准），并讨论更改委员会名称。在 1987 年第 15 届会议上，决定将名称改为营养与特殊膳食用食品法典委员会（缩写 CCNFSDU）。食品法典委员会在 1987 年第 17 届会议上通过了这项提议。

二、成果和挑战

从一开始，CCNFSDU 就针对分配给它的任务开展了大量工作。到第 3 届委员会，议程上已有许多议题。为了更有效地准备委员会会议以及加快工作速度，CCNFSDU 于 2000 年开始设立电子工作组，集中讨论委员会会议之间的具体任务。

随着参加 CCNFSDU 会议的国家和国际组织数量的增加，意见也大量增加。这意味着，如今制定标准草案需花费更多时间，在某些情况下变得更加困难，因为根据法典规则，所有成员国和国际组织的代表团均有权提出自己的观点和意见。为了尊重其所有利益，意味着需要进行更多的讨论和协商。CCNFSDU 花费数年时间讨论一些标准草案，并努力寻求共识。《婴儿配方食品标准》就是这样一个例子。CCNFSDU 第 1 届会议已讨论了婴幼儿食品和为这些食品制定标准。委员会首先详细阐述了这些产品的通用要求和《婴幼儿食品一般原则》，在 1969 年委员会第 4 届会议上，开始了对《婴儿配方食品标准草案》的审议。在 1975 年第 9 届会议上，进行了标准草案的最后审议，然后由委员会在第 8 步通过。随后讨论并批准了对《标准》的各项修订，例如食品添加剂的使用，还深入讨论了《WHO 国际母乳代用品销售守则》对委员会工作的影响，并因此修订了《标准》。最后，委员会在 1995 年第 19 届会议上决定对该标准进行一次全面审查。在经过非常困难、长达十一年的审议后，于 2006 年在第 28 届会议上达成了一致，并且建议委员会在第 8 步通过新的《婴儿配方食品和特殊医学用途婴儿配方食品法典标准》。之后，委员会在 2007 年第 30 届会议上通过了该标准。

另外，制定《较大婴儿配方食品法典标准》是一项非常耗时的工作，因为成员国对于较大婴幼儿这种牛奶基础配方食品的观点非常不同。该标准工作在 1975 年启动，历经 10 多年，在 1987 年第 15 届会议上完成。目前，CCNFSDU 已工作多年，致力于全面修订该标准，目的是将婴儿和婴儿营养方面的新科学知识和新发展考虑在内。

多年来，CCFSDU/CCNFSDU 已制定了特殊膳食用食品的其他标准和指南，并在随后进行了部分或全部修订。包括《低钠含量特殊膳食食品标准（包括盐替代品）》《婴儿配方食品和特殊医学用途婴儿配方食品法典标准》《较大婴儿配方食品法典标准》《用于婴幼儿特殊膳食用食品的营养化合物清单》《婴幼儿加工谷类食品标准》《较大婴儿和幼儿配方辅助食品指南》《罐装婴幼儿食品标准》《麸质不耐受人群特殊膳食用食品标准》《特殊医疗用食品的标签和声称标准》《控制体重用配方食品标准》《减少体重用极低能量配方食品标准》《维生素和矿物质食品补充剂指南》。在营养方面，讨论了该领域的许多问题，例如食品级盐的碘化、非营养性脂肪替代物、应对过量脂肪摄入、糖和钠以及纤维摄入不足的关注的方式。委员会详细阐述了基本文件，如《法典委委员会关于纳入食品标准和其他法典文本中营养质量规定的指南》（委员会于1987年通过，1997年废除）和《在食品中添加必需营养素的一般原则》（委员会于1987年通过，2014年完成审查，2015年通过修订版）；《营养风险分析原则》和《适用于营养和特殊膳食用食品委员会工作的指南》在2008年第30届会议上经 CCNFSDU 最终审议，并提交委员会在第8步通过。经委员会2009年会议通过后，该文件列入《程序手册》；在1980年第12届会议上，CCFSDU 要求食品法典秘书处确保 CCFL 当时已讨论的《营养标签指南草案》转交 CCFSDU 审核，在 CCNFSDU 阐明了职责范围的相应延伸后，用于标识目的的维生素和矿物质的营养参考值（NRV）、膳食纤维的定义以及《建立大众营养参考值的一般原则》也纳入了《营养标签指南草案》。

委员会反复讨论了有关 CCFSDU/CCNFSDU 的科学建议问题。目前，FAO 和 WHO 已经确定成立了营养联合专家组（JEMNU），CCNFSDU 可以就具体问题寻求科学专家建议。

第二节　婴儿配方食品

国际食品法典委员会关于婴儿配方食品及特殊医用婴儿配方食品标准为 CODEX STAN 72 - 1981。该标准的原标准是 CAC/RS 72 - 1972，1981年采纳为国际标准，经过1983年、1985年、1987年和2007年修订，目前使用的版本是2007版。其中 SECTION A 对婴儿配方食品进行了相应规定。

CODEX STAN 72 中，婴儿是指0～12月龄以内人群。婴儿配方食品为满足婴儿从出生至引入适宜辅食喂养之前最初几个月营养需要而特别配制的母乳替代品。婴儿配方食品是一类以牛或/和其他动物的乳为基质，配以已被科学证明适合喂养婴儿的其他成分形成的产品。婴儿配方食品的营养安全性和充足性应该经科学证实能够支持婴儿的生长和发育。所有原料和食品添加剂应该避免麸质（gluten - free）。

以下介绍标准的主要技术要求。

一、必需成分

该标准中规定了产品的必需成分，包括能量、蛋白质、脂肪、碳水化合物、维生素、矿物质的含量和相关要求。

（一）能量

按厂商提供说明书配制的即食婴儿配方食品，其能量应不低于60kcal（250kJ）/100ml，不高于70kcal（295kJ）/100ml。

（二）宏量营养素

标准中对蛋白质、脂肪、碳水化合物的量和质量都进行了详细规定。具体见表19。

表 19　蛋白质、脂肪和碳水化合物指标

基本成分	单位	最小值	最大值	GUL	备注
蛋白质	g/100kcal	1.8	3.0	—	1. 食用前配制的终产品中蛋白含量的计算应按 N×6.25，除非另有科学依据在特定产品中用不同的转换系数。本标准设定的蛋白水平是按氮的 6.25 转换系数来计算。6.38 通常用于其他乳制品中氮转换为蛋白的一种特殊因子，而 5.71 作为其他大豆制品中氮转换为蛋白的特定因子。 2. 为达到相同能量值，配方食品必须有每种必需氨基酸和半必需氨基酸的可用量，至少与参考蛋白（母乳蛋白含量见附录 1）中的含量相当；然而为了计算方便，酪氨酸和苯基丙氨酸的浓度可合并计算。如果蛋氨酸和半胱氨酸的比例小于 2∶1，可合并计算浓度；如果比例介于 2∶1 和 3∶1 之间，配方是合适需经临床检验确证。 3. 为改善配方食品的营养价值，婴儿配方食品可以添加分离氨基酸。可以添加必需氨基酸和半必需氨基酸以改善蛋白质质量，但只能按需要量添加并只能添加 L 型氨基酸。
	g/100kJ	0.45	0.7	—	4. 最低值适用于牛乳蛋白。对于非牛乳蛋白基的婴儿配方食品，需要用其他最低值。以大豆蛋白为主的婴儿配方食品，适用最低值为 2.25g/100kcal（0.5g/100kJ）。 5. 每 100kcal 含有低于 2g 蛋白的非水解乳蛋白的婴儿配方食品和每 100kcal 含有低于 2.25g 蛋白的水解蛋白婴儿配方食品应经临床评价。
总脂肪	g/100kcal	4.4	6.0	—	1. 婴儿配方食品不应使用氢化油脂。 2. 月桂酸和肉豆蔻酸是脂肪成分，但二者相加不能超过总脂肪酸的 20%。反式脂肪酸是乳脂肪的内在成分，其含量不应超过总脂肪酸的 3%。芥酸含量不应超过总脂肪酸的 1%。磷脂的总含量不应超过 300mg/100kcal（72mg/100kJ）。
	g/100kJ	1.05	1.4	—	
亚油酸	mg/100kcal	300	—	1400	
	mg/100kJ	70	—	330	
α - 亚麻酸	mg/100kcal	50	N.S.[1]	—	
	mg/100kJ	12	N.S.[1]	—	
亚油酸/α - 亚麻酸比例		5∶1	15∶1		
总碳水化合物	g/100kcal	9.0	14.0	—	乳糖和葡萄糖聚合物应是牛乳蛋白和水解蛋白配方食品的首选碳水化合物。煮熟及/或经糊化的天然无麸质淀粉可以加入婴儿配方食品至总碳水化合物的 30% 及 2g/100 ml。除非必需，蔗糖和果糖应避免以配料成分添加到婴儿配方食品，因为患有不能识别的遗传性果糖不耐症的婴儿可能发生危及生命的症状。
	g/100kJ	2.2	3.3	—	
[1] 未规定。					

（三）维生素和矿物质

除宏量营养素外，婴儿配方食品标准中对维生素和矿物质的含量也进行了明确的规定。为了充分保证婴儿配方食品的安全性和营养性，该标准中每一个维生素和矿物质都规定了上限或指导上限水平（GUL）和下限值。具体见表20和表21。

氟化物不应添加到婴幼儿配方食品中。任何情况下，生产商推荐的婴幼儿配方食品在食用时的氟化物不应超过100μg/100kcal（24μg/100kJ）。

表20　婴儿配方食品中维生素指标

基本成分	单位	最小值	最大值	GUL	备注
维生素A	μg RE/100kcal	60	180	—	以视黄醇计（RE）。 1μg RE = 3.33 IU 维生素 A = 1μg 所有全反式视黄醇。视黄醇含量应由预制视黄醇提供，此时胡萝卜素的含量不计算在内，也不包括在维生素 A 活性的声称中。
	μg RE/100kJ	14	43	—	
维生素D₃	μg RE/100kcal	1	2.5	—	指钙化醇，1μg 钙化醇 = 40 IU 维生素 D。
	μg RE/100kJ	0.25	0.6	—	
维生素E	mg α－TE/100kcal	0.5	—	5	1mg α－TE（α－生育酚当量）= 1mg d－α－维生素 E；维生素 E 的含量应至少每 g PUFA 中含 0.5mg α－TE，用以下因子调整维生素 E 的最低含量等同于与配方中脂肪酸双键数量：0.5mg－TE/g 亚油酸（18：2 n－6）；0.75 α－TE/g α－亚麻酸（18：3 n－3）；1.0mg－TE/g 花生四烯酸（20：4 n－6）；1.25mg α－TE/g 二十碳五烯酸（20：5 n－3）；1.5mg α－TE/g 二十碳六烯酸（22：6 n－3）。
	mg α－TE/100kJ	0.12	—	1.2	
维生素K	μg/100kcal	4	—	27	
	μg/100kJ	1	—	6.5	
维生素B₁	μg/100kcal	60	—	300	
	μg/100kJ	14	—	72	
核黄素	μg/100kcal	80	—	500	
	μg/100kJ	19	—	119	
烟酸	μg/100kcal	300	—	1500	指烟酸前体。
	μg/100kJ	70	—	360	
维生素B₆	μg/100kcal	35	—	175	
	μg/100kJ	8.5	—	45	
维生素B₁₂	μg/100kcal	0.1	—	1.5	
	μg/100kJ	0.025	—	0.36	
泛酸	μg/100kcal	400	—	2000	
	μg/100kJ	96	—	478	

续表

基本成分	单位	最小值	最大值	GUL	备注
叶酸	μg/100kcal	10	—	50	
	μg/100kJ	2.5	—	12	—
维生素 C	mg/100kcal	10	—	70	1. 以抗坏血酸计 2. 这里设定的 GUL 是根据液态配方食品中超过货架期后可能损失的量计算的；粉状产品应按较低和较高量执行。
	mg/100kJ	2.5	—	17	
生物素	μg/100kcal	1.5	—	10	
	μg/100kJ	0.4	—	2.4	

表 21　婴儿配方食品中矿物质指标

基本成分	单位	最小值	最大值	GUL	备注
铁	mg/100kcal	0.45	—	—	可能需要由国家官方确定水平。
	mg/100kJ	0.1	—	—	
钙	mg/100kcal	50	—	140	
	mg/100kJ	12	—	35	
磷	mg/100kcal	25	—	100	豆基配方适宜的 GUL 较高。
	mg/100kJ	6	—	24	
钙磷比		1：1	2：1		
镁	mg/100kcal	5	—	15	
	mg/100kJ	1.2	—	3.6	
钠	mg/100kcal	20	60	—	
	mg/100kJ	5	14	—	
氯	mg/100kcal	50	160	—	
	mg/100kJ	12	38	—	
钾	mg/100kcal	60	180	—	
	mg/100kJ	14	43	—	
锰	μg/100kcal	1	—	100	
	μg/100kJ	0.25	—	24	
碘	μg/100kcal	10	—	60	
	μg/100kJ	2.5	—	14	
硒	μg/100kcal	1	—	9	
	μg/100kJ	0.24	—	2.2	
铜	μg/100kcal	35	—	120	在供水中含有高含量铜的地区生产的婴儿配方食品，可能需要调整这些值。
	μg/100kJ	8.5	—	29	
锌	mg/100kcal	0.5	—	1.5	—
	mg/100kJ	0.12	—	0.36	

基本成分	单位	最小值	最大值	GUL	备注
其他物质					
胆碱	mg/100kcal	7	—	50	
	mg/100kJ	1.7	—	12	
肌醇	mg/100kcal	4	—	40	
	mg/100kJ	1	—	9.5	
L-肉碱	mg/100kcal	1.2	N.S.	—	
	mg/100kJ	0.3	N.S.	—	

（四）可选择成分

除了上述列出的成分要求外，下列成分可以根据本国法规进行添加。具体请见表22。

表22　婴儿配方食品中可选择成分

基本成分	单位	最小值	最大值	GUL	备注
牛磺酸	mg/100kcal	—	12	—	—
	mg/100kJ	—	3	—	
总核苷酸	—	—	—	—	可能需要由国家官方确定水平。
二十二碳六烯酸	脂肪酸中%含量	—	—	0.5	如果婴儿配方食品中添加二十二碳六烯酸（22:6 n-3），花生四烯酸（20:4 n-6）的含量应至少达到DHA的同等浓度。存在于LC-PUFA源中的二十碳五烯酸（20:5 n-3）含量不应超过二十二碳六烯酸。国家官方机构可根据以上条件，确定营养需要量。

二、安全性指标

此类产品应在良好操作规范下特别小心的配制和生产，在生产、贮存或原料加工及最终食品成分中不允许农药残留，如果技术上不可避免，应最大程度的降低残留量。此类产品不应含有可能对婴儿健康存在足以引起危害的污染物或不良物质（如生物活性物质）。标准规定覆盖的产品应符合国际食品法典委员会制定的最大残留限量和最高水平。

标准规定覆盖的产品建议按推荐性国际操作规范——食品卫生通用原则（CAC/RCP 1-1969）相关章节以及其他相关法典文本，如婴幼儿食品推荐性国际卫生操作规范（CAC/RCP 21-1979）的规定制备和处理。此类产品应符合按食品微生物标准的制定和应用原则（CAC/GL 21-1997）设定的微生物标准。

关于婴幼儿配方食品中污染物限量应遵循GENERAL STANDARD FOR CONTAMINANTS AND TOXINS IN FOOD AND FEED CODEX STAN 193-1995的要求。如之前铅的限量要求是0.02mg/kg，2016年修订的最新版标准中将铅的限量值下调，规定即食状态下婴幼儿配方食品中铅的限量值为 0.01mg/kg。

三、食品添加剂和营养强化剂

1. 食品添加剂

在婴儿配方及特殊医用婴儿配方食品标准（CODEX STAN 72 – 1981）中规定了可以用于婴儿配方食品的食品添加剂种类、名称及限量要求。具体见表23。

表23　允许用于婴儿配方食品的食品添加剂及使用量

添加剂		每100ml 即食产品中的最高含量
增稠剂	瓜尔胶	含有水解蛋白的液体配方食品中为 0.1g
	槐豆胶（刺槐豆胶）	所有婴幼儿配方食品中均为 0.1g
	二淀粉磷酸酯	仅在豆基配方粉中单独或者混合使用，用量为 0.5g 仅在水解蛋白和/或氨基酸为基础的婴儿配方食品中单独或者混合使用，用量为 2.5g
	乙酰化二淀粉磷酸酯	
	磷酸二淀粉磷酸酯	
	羟丙基淀粉	
	卡拉胶	仅在普通乳基和豆基液体婴儿配方食品中使用，用量为 0.03g 仅在水解蛋白和/或氨基酸为基础的液体婴儿配方食品中使用，用量为 0.1g
乳化剂	卵磷脂	在所有的类型的婴儿配方食品中为 0.5g
	单、双甘油酯	在所有的类型的婴儿配方食品中为 0.4g
酸度调节剂	氢氧化钠	在所有类型的婴儿配方食品中单独或者混合使用，用量为 0.1g，应符合 3.1.3（e）部分规定的钠、钾和钙的限量
	碳酸氢钠	
	碳酸钠	
	氢氧化钾	
	碳酸氢钾	
	碳酸钾	
	氢氧化钙	
	L（+）乳酸	GMP
	柠檬酸	
	柠檬酸二氢钠	
	柠檬酸三钠	
	柠檬酸三钾	
抗氧化剂	混合生育酚浓缩物	在所有类型的婴儿配方食品中单独或者混合使用，用量为 1mg
	抗坏血酸棕榈酸酯	在所有类型的婴儿配方食品中单独或者混合使用，用量为 1mg
包装气体	二氧化碳	GMP
	氮气	

2. 营养强化剂

婴儿配方食品的营养素来源应符合标准婴幼儿食品的矿物盐和维生素化合物推荐名单（CAC/GL 10 - 1979）的规定。

四、标签标识

婴幼儿配方食品的标签应符合预包装食品标签的法典通用标准（CODEX STAN 1 - 1985）、营养标签法典指南（CAC/GL 2 - 1985），以及营养与健康声称的使用指南中的要求，同时还应符合 CODEX STAN 146 特殊膳食食品标签通则的相关要求。

第三节　特殊医用婴儿配方食品

国际食品法典委员会关于婴儿配方及特殊医用婴儿配方食品标准 CODEX STAN 72 - 1981 的 SECTION B 对特殊医用婴儿配方食品进行了相应规定。

特殊医用婴儿配方食品是指符合特殊医用食品标签和声称法典标准描述的母乳或婴儿配方食品的替代品，专门用于满足从出生至引入适宜辅食喂养之前最初几个月营养需要期间患有特殊紊乱、疾病或医疗状况婴儿的自身特殊营养需求的产品。

国际食品法典委员会只规定了特殊医用婴儿配方食品总的指导原则，并没有给出具体分类和各营养素限量值，各国可以根据本国法规制定。

一、必需成分

特殊医用婴儿配方食品的必需成分是基于婴儿配方食品的要求，调整配方成分以满足由于疾病、紊乱或医疗状况引起的特殊营养要求，为这些人群的膳食管理而特别设计、标识和生产的产品。

特殊医用婴儿配方食品中特别增加了矿物质铬和钼的含量（见表24）。特殊医用目的的适宜性，以及这些物质的安全性应经过科学证实。该配方应包括足够量的这些物质，以达到预期效用。规定仅产生 L（+）乳酸的培养物可用于特殊医用婴儿配方食品，前提是能证明其在这些敏感人群中的使用是安全和适宜的。

表 24　特殊医用婴儿配方食品中铬和钼的使用

基本成分	单位	最小值	最大值	GUL
铬	μg/100kcal	1.5	—	10
	μg/100kJ	0.4	—	2.4
钼	μg/100kcal	1.5	—	10
	μg/100kJ	0.4	—	2.4

二、安全性指标

其要求同婴儿配方食品。

三、食品添加剂和营养强化剂

其要求同婴儿配方食品。

四、标签标识

应符合预包装食品标签的法典通用标准（CODEX STAN 1 - 1985），营养标签法典指南（CAC/GL 2 - 1985），以及营养与健康声称的使用指南、CODEX STAN 146 特殊膳食食品标签通则的相关要求。此外，特殊医用婴儿配方食品的声称还应严格按照特殊医用食品的标签和声称法典标准（CODEX STAN 180 - 1991）的要求标识。

第四节　较大婴儿和幼儿配方食品

国际食品法典委员会关于较大婴儿和幼儿配方食品标准见 CODEX STAN 156 - 1987。该标准 1987 年采纳为国际标准，1989 年修订。

较大婴儿和幼儿配方食品的适用人群是大于 6 月龄，小于 36 月龄的婴幼儿。较大婴儿和幼儿配方食品可作为该人群断奶过渡期膳食的液体部分食用。较大婴儿配方食品是由牛或其他动物的乳和/或被证明适用于 6 月龄以上的婴幼儿的其他动物和/或植物来源的成分，以及达到下列表中所规定的必需成分所需要的其他合适配料制备而成。

以下介绍该标准的主要技术内容。

一、必需成分

（一）能量

按厂商提供说明书配制的即食较大婴儿和幼儿配方食品，其能量应不低于 60kcal（250kJ）/100ml，能量不高于 85kcal（或 355kJ）/100ml。

（二）宏量营养素

标准中对蛋白质、脂肪、碳水化合物的量进行了详细规定。具体请见表 25。

表 25　蛋白质、脂肪和碳水化合物指标

基本成分	单位	最小值	最大值
蛋白质	g/100kcal	3.0	5.5
	g/100kJ	0.7	1.3
脂肪	g/100kcal	3.0	6.0
	g/100kJ	0.7	1.4
碳水化合物	—	根据能量限值确定。	

（三）维生素和矿物质

除宏量营养素外，较大婴儿和幼儿配方食品标准中对维生素和矿物质的含量也进行了明确的规定。具体见表 26 和表 27。

表26　较大婴儿和幼儿配方食品中维生素指标

基本成分	单位	最小值	最大值
维生素 A	/100kcal	250 I. U. 或 75μg（以视黄醇表示）	750 I. U. 或 225μg（以视黄醇表示）
	/100kJ	60 I. U. 或 18μg（以视黄醇表示）	180 I. U. 或 54μg（以视黄醇表示）
维生素 D	/100kcal	40 I. U. 或者 1μg	120 I. U. 或者 3μg
	/100kJ	10 I. U. 或者 0.25μg	30 I. U. 或者 0.75μg
抗坏血酸（维生素 C）	mg/100kcal	8	N. S. [1]
	mg/100kJ	1.9	N. S. [1]
硫胺素（维生素 B_1）	μg/100kcal	40	N. S. [1]
	μg/100kJ	10	N. S. [1]
核黄素（维生素 B_2）	μg/100kcal	60	N. S. [1]
	μg/100kJ	14	N. S. [1]
烟酰胺	μg/100kcal	250	N. S. [1]
	μg/100kJ	60	N. S. [1]
维生素 B_6 [2]	μg/100kcal	45	N. S. [1]
	μg/100kJ	11	N. S. [1]
叶酸	μg/100kcal	4	N. S. [1]
	μg/100kJ	1	N. S. [1]
泛酸	μg/100kcal	300	N. S. [1]
	μg/100kJ	70	N. S. [1]
维生素 B_{12}	μg/100kcal	0.15	N. S. [1]
	μg/100kJ	0.04	N. S. [1]
维生素 K_1	μg/100kcal	4	N. S. [1]
	μg/100kJ	1	N. S. [1]
生物素（维生素 H）	μg/100kcal	1.5	N. S. [1]
	μg/100kJ	0.4	N. S. [1]
维生素 E（α-生育酚复合物）	/100kcal	0.7 I. U. /g 亚油酸，但不低于 0.7 I. U. /100kcal 可利用能量	N. S. [1]
	/100kJ	0.7 I. U. /g 亚油酸，但不低于 0.15 I. U. /100kJ 可利用能量	N. S. [1]

[1] 未规定。

表27　较大婴儿和幼儿配方食品中矿物质指标

基本成分	单位	最小值	最大值
钠（Na）	mg/100kcal	20	85
	mg/100kJ	5	21

续表

基本成分	单位	最小值	最大值
钾（K）	mg/100kcal	80	N. S.[1]
	mg/100kJ	20	N. S.[1]
氯（Cl）	mg/100kcal	55	N. S.[1]
	mg/100kJ	14	N. S.[1]
钙（Ca）	mg/100kcal	90	N. S.[1]
	mg/100kJ	22	N. S.[1]
磷（P）	mg/100kcal	60	N. S.[1]
	mg/100kJ	14	N. S.[1]
镁（Mg）	mg/100kcal	6	N. S.[1]
	mg/100kJ	1.4	N. S.[1]
铁（Fe）	mg/100kcal	1	2
	mg/100kJ	0.25	0.50
碘（I）	μg/100kcal	5	N. S.[1]
	μg/100kJ	0.2	N. S.[1]
锌（Zn）	μg/100kcal	0.5	N. S.[1]
	μg/100kJ	0.12	N. S.[1]
[1] 未规定。			

（四）可选择成分

除上述表格中所列维生素和矿物质之外，如需要还可添加其他营养素以确保产品适合用于6月龄以上婴幼儿混合喂养膳食的需要。这些成分应在科学上证明有一定的作用。

二、安全性指标

产品应在良好生产规范下进行制备和生产，在生产、贮存或原料加工及最终食品成分中不允许农药残留，如果技术上不可避免，应最大程度的降低残留量。通过统一的分析方法检测，产品中不得有激素和抗生素残留，也不能有其他污染物残留，特别是具有药理活性的物质。

在达到良好生产规范要求的情况下，产品中不得有异物。经合适的采样和分析方法检测，产品要达到以下标准：①不得含有致病性微生物；②不得含有任何其他能达到健康危害水平的来源于微生物的物质；③不得含有任何其他能达到健康危害水平的有毒或有害物质。该类产品应在卫生条件下制备、包装和保存，应符合婴幼儿食品卫生推荐性国际操作规范（CAC/RCP21-1979）的相关规定。

三、食品添加剂和营养强化剂

1. 食品添加剂

在较大婴儿和幼儿配方食品法典标准（CODEX STAN 156-1987）中规定了可以用

于该类食品的食品添加剂种类、名称及限量要求。具体请见表28。

表28 允许用于较大婴儿和幼儿配方食品的食品添加剂及使用量

添加剂		每100ml 即食产品中的最高含量
增稠剂	瓜尔胶	0.1g
	角豆胶	
	二淀粉磷酸酯	0.5g，单独使用或仅和豆基产品联合使用
	乙酰化二淀粉磷酸酯	
	磷酸二淀粉磷酸酯	
	乙酰化二淀粉己二酸酯	2.5g，单独使用或仅和水解蛋白和/或氨基酸基产品联合使用
	卡拉胶	0.03g，单独使用或仅和乳基、豆基产品联合使用； 0.1g，单独使用或仅和水解蛋白和/或氨基酸基液态产品联合使用
	果胶	1g
乳化剂	卵磷脂	0.5g
	单和双甘油酯	0.4g
酸度调节剂	碳酸氢钠	按照良好生产规范使用，并在规定的钠限量范围内
	碳酸钠	
	柠檬酸钠	
	碳酸氢钾	
	碳酸钾	
	柠檬酸钾	
	氢氧化钠	
	氢氧化钾	
	氢氧化钙	
	L（+）乳酸	
	生产L（+）乳酸培养物	
	柠檬酸	
抗氧化剂	混合的生育酚浓缩物	3mg，单独或联合使用
	α–生育酚	
	L–抗坏血酸棕榈酸酯	5mg，单独或联合使用，以抗坏血酸表示
	L–抗坏血酸及其钠、钙盐	
香料	天然水果提取物	GMP
	香草提取物	GMP
	乙基香兰素	5mg
	香兰素	5mg

2. 营养强化剂

其要求同婴儿配方食品。

四、标签标识

较大婴儿和幼儿配方食品的标签要求与婴儿配方食品基本一致。

第五节 婴幼儿配方食品标准最新进展

国际食品法典委员会营养和特殊膳食食品委员会于 2011 年开始启动了较大婴儿和幼儿配方食品（CODEX STAN 156 – 1987）标准的修订工作。该项工作由新西兰牵头，中国作为电子工作组成员参与了标准修订的全部工作。

营养与特殊膳食食品法典委员会（CCNFSDU）关于 CODEX STAN 156 的讨论，最初集中在该标准存在的必要性方面，2014 年第 36 届 CCNFSDU 提出：对 FUF 的定义进行修订；同时以第 12 月龄为区分点对 6～36 个月婴幼儿的营养需求继续分析提出修订草案等意见。随后 CCNFSDU 重点确定了 6～12 月龄产品标准的营养素限量值，截至目前，大部分营养素的含量要求已经确定。

以下是 CAC 目前已经确定的 6～12 月龄较大婴儿配方食品的营养素含量值。

一、能量

当按照制造商的说明准备销售时，产品应包含每 100ml 不低于 60kcal（250kJ）和不超过 70kcal（293kJ）的能量。

二、营养素含量

如表 29。其中蛋白质、VK、VC、Zn 含量是 2016 年 CCNFSDU 讨论确定的部分，尚未通过 CAC 大会。

表 29　确定的较大婴儿配方食品营养素含量值

营养素	单位（每 100kcal）	法典新限量值		单位（每 100kJ）	法典新限量值	
		下限值	上限值或 GUL 值		下限值	上限值
蛋白质[2),3),4)]	g	1.8[5),6)]	3.0	g	0.43[5),6)]	0.72
总脂肪[7),8)]	g	4.4	6.0	g	1.1	1.4
亚油酸	mg	300	1400 *	mg	72	335 *
α 亚麻酸	mg	50	N. S.[1)]	mg	12	N. S.
可利用碳水化合物[9)]	g	9.0	14.0	g	2.2	3.3
维生素 A	μgRE[10)]	75	180	μgRE[10)]	18	43
维生素 D	μg[11)]	1.0	3.0	μg[11)]	0.24	0.72
维生素 E	mgα – TE[12)]	0.5	5 *	mgα – TE[12)]	0.12	1.2 *
维生素 K	μg	4	27 *	μg	1.0	6.5 *
维生素 B_1	μg	60	300 *	μg	14	72 *

营养素	单位 （每100kcal）	法典新限量值		单位 （每100kJ）	法典新限量值	
		下限值	上限值或 GUL 值		下限值	上限值
维生素 B_2	μg	80	500 *	μg	19	119 *
维生素 B_6	μg	35	175 *	μg	8.4	41.8 *
维生素 B_{12}	μg	0.1	1.5 *	μg	0.024	0.36 *
烟酸[14]	μg	300	1500 *	μg	72	360 *
叶酸	μg	10	50 *	μg	2.4	12 *
泛酸	μg	400	2000 *	μg	96	478 *
维生素 C[15]	mg	10	70 * [16]	mg	2.4	17 * [16]
生物素	μg	1.5	10 *	μg	0.4	2.4 *
钠	mg	20	60	mg	5	14
钾	mg	60	180	mg	14	43
铜[19]	μg	35	120 *	μg	8.4	29
镁	mg	5	15 *	mg	1.2	3.6 *
铁[17]	mg	1.0	2.0	mg	0.24	0.48
锌[20]	mg	0.5	1.5 *	mg	0.12	0.36 *
钙	mg	50	180 *	mg	12	43 *
磷	mg	25	100 * [18]	mg	6	24 * [18]
碘	μg	10	60 *	μg	2.4	14.3 *
氯	mg	50	160	mg	12	38
锰	μg	1	100 *	μg	0.24	24 *
硒	μg	2	9 *	μg	0.48	2.2 *

* 为 GUL（指导上限水平）

1）NS 为无特别说明。

a）蛋白质[2],[3],[4]

2）根据本标准的目的，预销售的最终产品的蛋白质含量的计算应基于 N×6.25，除非为特定产品使用不同的转换因子提供科学依据。本标准中设定的蛋白质水平基于6.25的氮转化因子。对于一些6.38的值被用作适用于其他法典标准中牛奶产品的氮转化为蛋白质的特定因子。

3）在能量值相等的情况下配方食品必须至少含有与参考蛋白质等量的必需氨基酸和半必需氨基酸（婴儿配方和特殊医学用途婴儿配方食品的附件I附录I中定义的母乳（CODEX STAN 72 – 1981））；然而为了计算，可以将酪氨酸和苯丙氨酸的浓度加在一起，并将甲硫氨酸和半胱氨酸的浓度加在一起。

4）分离的氨基酸可以添加到较大婴儿配方食品中，仅以改善其对婴儿的营养价值。可加入必需和半必需氨基酸，以改善蛋白质质量，仅为此目的所需的量。只能使用L – 型氨基酸。

5）最小值适用于奶牛和山羊乳蛋白。对于基于非牛奶蛋白的较大婴儿配方食品，可能需要应用其他最小值。对于基于大豆蛋白分离物的较大婴儿配方食品，应使用最小值［2.25g/100kcal（0.5g/100kJ）］。

6）应由国家和/或地区主管机构临床评估基于含有［1.61 – 1.8g］蛋白/100kcal 的非水解蛋白的较大婴儿配方食品。应对基于水解蛋白的含量小于［2.25g 蛋白/100kcal］的较大婴儿配方食品进行临床评价。

b）脂肪[7],[8]

7）部分氢化油和脂肪不得用于较大婴儿配方食品。

8）月桂酸和肉豆蔻酸是脂肪的成分，但组合不超过总脂肪酸的20%。反式脂肪酸的含量不得超过总脂肪酸的3%。反式脂肪酸是乳脂肪的内源成分。婴儿配方食品将接受最高3%的反式脂肪酸的使用。芥酸含量不得超过总脂肪酸的1%。磷脂的总含量不应超过300mg/100kcal（72mg/100kJ）。

亚油酸/α亚麻酸比值

Min	Max
5∶1	15∶1

c）碳水化合物

9）乳糖和葡萄糖聚合物应该是基于牛奶蛋白质和水解蛋白质的配方中优选的碳水化合物。只允许添加预先煮熟的和/或糊化不含麸质的淀粉。不应添加蔗糖和/或果糖，除非需要作为碳水化合物来源，并且这些总和不超过可利用碳水化合物的20%。

d）维生素

10）以视黄醇当量（RE）表示。

1μg RE＝1μg全反式视黄醇（维生素A）＝3.33 IU维生素A。维生素A只包括预先形成的视黄醇，在计算和声称维生素A活性时不包括任何的类胡萝卜素组分。

11）钙化醇，1μg维生素D＝40 IU维生素D。

12）1mg α－TE（α－生育酚当量）＝1mg d－生育酚。

13）每克多不饱和脂肪酸中至少应含有0.5mg α－TE，维生素E含量的最小值应根据配方食品中多不饱和脂肪酸的双键数量进行调整：0.5mg α－TE/g 亚油酸（18∶2 n－6）；0.75mg α－TE/g α－亚麻酸（18∶3 n－3）；1.0mg α－TE/g 花生四烯酸（20∶4 n－6）；1.25mg α－TE/g 二十碳五烯酸（20∶5 n－3）；1.5mg α－TE/g 二十二碳六烯酸（22∶6 n－3）。

14）烟酸是指预先形成的烟酸。

15）以L－抗坏血酸表示。

16）该GUL的设定是考虑了液体配方食品保质期中可能的高损失，对于粉状产品应以下限值为目标。

e）矿物质和微量元素

17）对基于大豆分离蛋白的较大婴儿配方食品，最小值1.5mg/100kcal（0.36/100kJ）和最大值2.5mg/100kcal（0.6mg/100kJ）适用。

18）这种GUL应适应豆基配方食品的更多的需求。

钙/磷比

Min	Max
1∶1	2∶1

19）在这些水平可能需要进行调整，以便在供水中铜含量高的地区使用较大婴儿配方食品。

20）对于基于大豆蛋白分离物的较大婴儿配方食品，最小值为0.75mg/100kcal（0.18mg/100kJ）。

三、可选择成分

除了前述表中列出的组成要求外，还可以添加其他成分或物质到较大婴儿配方食品中，即用于对于特定营养目的的具有安全性和适用性的可选择成分。

当配方食品中加入任何这些成分或物质时，应包含足够的量以达到预期效果，同时考虑到人乳中的含量。

可以按照国家立法加入以下物质，在这种情况下，其预销售的较大婴儿配方食品中每100千卡（100kJ）的含量不得超过下列水平。这不是详尽的列表，而是为国家和/或地区主管当局提供这些物质添加时适当水平的指南。

表30 可选择成分含量

营养素	单位 （每100kcal）	法典新限量值		单位 （每100kJ）	法典新限量值	
		下限值	上限值		下限值	上限值
牛磺酸	mg	—	12	mg	—	3
二十二碳六烯酸[21]	mg		［在脂肪含量达成一致后确定］	mg		

续表

营养素	单位（每100kcal）	法典新限量值		单位（每100kJ）	法典新限量值	
		下限值	上限值		下限值	上限值
胆碱	mg	—	50	mg	—	12
肌醇	mg	—	40	mg	—	9.6

总核苷酸：水平可能需要由国家当局确定。

21) 如果将二十二碳六烯酸（22∶6 n－3）加入到较大婴儿及幼儿配方食品中，应达到最低水平［20mg/100kcal］，花生四烯酸（20∶4 n－6）含量至少达到 与DHA浓度相同。由 LC－PUFA 来源的二十碳五烯酸（20∶5 n－3）的含量不应超过二十二碳六烯酸的含量。主管国家和/或地区当局可能会根据营养需要而适当调整。

左旋肉碱：水平可能需要由国家当局确定。

只有产生 L（＋）乳酸的菌种可用于生产较大婴儿配方食品。酸化的最终配方产品不应含有大量产生 L（＋）乳酸的活菌，残留的活菌量不应该带来任何健康风险。

必须通过临床评估和普遍接受的科学证据来证明在使用水平上添加产生特定 L（＋）乳酸的菌株的特殊有益生理作用的安全性和适用性。当为此目的添加时，准备消费的最终产品应包含足够量的活菌以达到预期的效果。

从总体上看，目前国际食品法典标准修订的方向是 6～12 月龄产品营养素要求向 0～6 月龄的产品标准靠拢，降低了蛋白质和其他一些营养素的含量，以及确定了一些营养素的上限值，以进一步保障该年龄段婴儿的营养和安全。

关于 12～36 月龄产品标准的营养素限量值，目前还在确定过程中，预计 2017 年将会制定大部分营养素含量。中国将持续参与法典标准修订工作并发表中国意见。

执笔人：韩军花　郝利楠　陈　龙　白　莉

第四章　美国婴儿配方食品法规

第一节　婴儿配方食品法规历史与发展

最早颁布于 1938 年的《联邦食品、药品和化妆品法案》（FDC&A，以下简称《联邦食药法案》）是美国食品监管法规的核心，在此基础上，美国总统吉米·卡特在 1980 年签署了《婴儿配方食品法案》，专门针对婴儿配方食品提出了法规要求，并成为《联邦食药法案》第 412 部分（Section 412 of the FDC&A）。该法案的出台源于一次食品安全事件。1978 年美国 Syntex 公司在其生产的豆基婴儿配方食品中减少了盐，将氯化物降低到不安全用量，导致在 1978 年到 1979 年间有 100 多名婴儿发生低氯代谢性碱中毒。为此，美国政府和许多父母、专家、食品行业紧密合作，颁布了《婴儿配方食品法案》，对婴儿配方食品制定了具体的要求，以保护婴儿营养和健康。

1980 年的《婴儿配方食品法案》为美国婴儿食品法规奠定了基础。该法案对婴儿配方食品掺假（Adulteration）进行了定义，设立了对营养素、质量要素和生产过程控制的要求，赋予美国食品药品管理局（以下简称 FDA）定期对产品进行营养成分和质量测试的权力，并可以颁布相应的监管法规。为了保证婴儿配方食品的持续供应，对于法案颁布时已经上市的产品，要求提供合规证明。为了不限制婴儿配方食品的创新和改进，有别于药品的上市前审批模式，该法案提出了通报制度：①对于新产品需要在上市前 90 天通知 FDA；②对于可能影响产品质量的配方变化需要提前通知 FDA；③生产企业如果发现可能发生的食品掺假，需要将情况通知 FDA。法案对企业的召回和销售记录管理制定了强制要求。赋予 FDA 进厂监管和查阅相关记录的权利。为保护先天性代谢障碍、低出生体重及其他特殊医学或者饮食问题的婴儿，法案为这些婴儿所需要的配方食品制定了特别的豁免条款和管理规定。

《婴儿配方食品法案》于 1986 年和 1993 年进行了两次修订，要求 FDA 为婴儿配方食品颁布良好生产规范（GMP）条例，将掺假的定义扩大到包括违反 GMP。这样既扩大了 FDA 检查工厂的权力，也完善了召回及记录管理要求等。

根据法案要求，美国 FDA 制定颁布了相应的实施规章：联邦法规第 21 章 106 部分（21 CFR 106）和联邦法规第 21 章 107 部分（21 CFR 107）。联邦法规第 21 章 106 部分规定了对婴儿配方食品良好操作规范、质量控制过程、质量要素、记录、报告和通知的要求，联邦法规第 21 章 107 部分婴儿配方食品对产品定义、标签、豁免婴儿配方食品、营养成分和召回作了相应的规定。这两个规章在颁布之后也多次进行了修订，不断完善了对婴儿配方食品的监管要求。

第二节 婴儿配方食品主要技术要求

一、定义

《联邦食药法案》将婴儿配方食品定义为："模拟母乳或适合作为母乳的完全替代品或部分替代品的、仅用作婴儿食用的特殊膳食用途食品"［《联邦食药法案》第201（z）条款］。

联邦法规将婴儿定义为："不超过12月龄的人"［联邦法规21章第105.3（e）条款］。豁免的婴儿配方食品是指为先天代谢缺陷或低出生体重及具有其他特殊医学状况或饮食问题的婴儿提供的配方食品。豁免的婴儿配方食品需要符合联邦法规21章第107.50条款的相关要求。豁免的婴儿配方食品针对的人群为12月龄以下婴儿。

二、营养素含量的要求

目前《联邦食药法案》第412部分第（i）项和联邦法规21章第107.100条款中规定了婴儿配方食品中的营养素要求，包括蛋白质、脂肪、维生素和矿物质等营养素。法规规定了30种营养素的最低限量要求和10种营养素的最高限量要求。豁免的婴儿配方食品可以不需要符合上述规定。

具体要求如下：

（1）婴儿配方食品的营养素应符合下表要求，其含量不得低于即食状态下每100kcal含量范围的最低值，也不得高于此含量范围的最高值。见表31。

表31 婴儿配方食品营养素含量范围

营养素	计量单位	最低水平	最高水平
蛋白质	g	1.8	4.5
脂肪	g	3.3	6.0
	能量百分比（％E）	30	54
亚油酸	mg	300	
	能量百分比（％E）	2.7	
维生素			
维生素A	I.U.	250	750
维生素D	I.U.	40	100
维生素E	I.U.	0.7	
维生素K	µg	4	
硫胺素（维生素B_1）	µg	40	
核黄素（维生素B_2）	µg	60	
维生素B_6	µg	35	

续表

营养素	计量单位	最低水平	最高水平
维生素 B_{12}	μg	0.15	
烟酸[1]	μg	250	
叶酸	μg	4	
泛酸	μg	300	
生物素[2]	μg	1.5	
维生素 C（抗坏血酸）	mg	8	
胆碱[2]	mg	7	
肌醇[2]	mg	4	
矿物质			
钙	mg	60	
磷	mg	30	
镁	mg	6	
铁	mg	0.15	3.0
锌	mg	0.5	
锰	μg	5	
铜	μg	60	
碘	μg	5	75
硒	μg	2	7
钠	mg	20	60
钾	mg	80	200
氯化物	mg	55	150

[1] 常用术语"烟酸"包括烟酸（烟碱酸）和烟酰胺（烟酰胺）。
[2] 仅用于非乳基婴儿配方食品。

（2）产品每含 1g 亚油酸，应同时至少含 0.7 I.U. 的维生素 E。

（3）产品中添加的任何维生素 K 应以植物甲萘醌的形式存在。

（4）按婴儿配方食品包装容器上所标示的即食状态下，每 100kcal 至少应含蛋白质 1.8g，超出此量的，每 g 蛋白质至少应同时含有 15μg 维生素 B_6。

（5）在其包装容器上所标示的即食状态下，婴儿配方食品的钙磷比值应不小于 1.1 且不大于 2.0。

（6）按婴儿配方食品包装容器上所标示的即食状态下，不论蛋白质的生物学价值如何，蛋白质在婴儿配方食品中的含量均不得超过 4.5g/100kcal；若蛋白质的生物学价值等同或优于酪蛋白，则蛋白质在婴儿配方食品中的含量不得低于 1.8g/100kcal。如果蛋白质的生物学价值低于酪蛋白，则蛋白质的最低含量应按比例增加，以补偿其较低的生物学价值。例如，某婴儿配方食品中所含的蛋白质，其生物学价值为酪蛋白占蛋白质总量的 75%，则该婴儿配方食品中至少应含有 2.4g 蛋白质（1.8/0.75）。生物学价值低于 70% 的酪蛋白不得用于婴儿配方食品。

三、食品添加物

食品包括婴儿配方食品中使用的物质必须是安全和合法的。在美国，食品添加剂的使用需要符合《联邦食药法案》第 201 部分（s）项和第 409 部分的规定。

联邦法规 21 章 106.40 条款规定，婴儿配方食品中的添加物应符合食品添加剂的要求，或者是公认安全物质（GRAS）（联邦法规 21 章第 170 部分）且这些物质被允许用于婴儿配方食品，或者是在之前得到批准。

四、微生物指标

美国联邦法规 21 章 106.55 条款规定了粉状婴儿配方食品的微生物限量要求。见表 32。

表 32　婴儿配方食品微生物限量要求

微生物	n[1]	样品规格	M 值
Cronobacter spp. 阪崎肠杆菌	30	10g（grams）	0.[2]
Salmonella spp. 沙门氏菌	60	25g	0.[2]

[1] 样品数量。
[2] 不得检出。

对于液态婴儿配方食品的微生物控制，生产商需要遵循联邦法规 21 章第 113 部分对密闭容器包装的热处理低酸食品和联邦法规 21 章第 114 部分对酸化食品的相关操作规定。

五、标签要求

作为食品，婴儿配方食品的标签要符合联邦法规中的食品标签要求，同时美国联邦法规 21 章 107 部分 B 项中规定了婴儿配方食品的额外标签要求，其中豁免的婴儿配方食品标签应符合美国联邦法规 21 章 107.50 条款的相关要求。生产商还可参考美国 FDA 在 2016 年 9 月 16 日发布的《婴儿配方食品标签：行业指导书》（Labeling of Infant Formula：Guidance for Industry），FDA 发布的行业指导书并不需要强制执行，仅作为对业界的建议和参考，但是可以从中反映出 FDA 的一些看法。

（一）营养素信息

根据《联邦食药法案》第 201（z）项定义的婴儿配方食品，其标签应该按照规定的顺序、单位并以表格的形式标注下列按照标签指南配制的供婴儿食用产品的信息：

（1）说明提供 100kcal 能量所需食品的液量盎司数（在食品标签说明中，可用"需食品的液量盎司"代替"食品的液量盎司数"）。

（2）说明在提供 100kcal 能量下，每种营养素以及生厂商添加的其他营养素的含量。

（3）此外应遵循下列规定：

1）维生素 A 的含量也可以用微克视黄醇当量的单位进行标识，维生素 D 含量可以用微克维生素 D_3 的单位，维生素 E 含量用毫克 α – 生育酚当量的单位，钠、钾、氯含量用毫摩尔、微摩尔或毫当量的单位。采用这些单位时，必须紧跟在原来单位后，标注在括号内。

2）当乳基婴儿配方食品中添加生物素、胆碱和肌醇时，应当标识这些营养素。

3）每种列出的营养素和能量密度，也可以根据给婴儿食用的配制方法，按每 100 毫升或每升等其他计量基础标识。

4）根据情况在主要展示板面上标注以下声明之一：

①对于根据标签说明配制的婴儿配方食品，如果每 100kcal 含有不少于 1mg 的铁，需要标示"含铁的婴儿配方食品"或类似的声明。

②对于根据标签说明配制的婴儿配方食品，如果每 100kcal 含有少于 1mg 的铁，需要标示"可能需要额外补充铁"或类似的声明。

5）对于其他添加的维生素可以标识在维生素表格的底部，对于其他添加的矿物质可以标识在碘和钠之间。这些营养素必须是：

①经美国医学研究院的食品与营养委员会在制定膳食营养素摄入参考量时认为是必需的，或者 FDA 在联邦注册发表文献中认为是必需的，并且

②这些文献中有明确的含量范围显示营养素具有生物有效性，添加量在其范围内。

（二）产品属性的声明

FDA 对食品标签包括婴儿配方食品标签上的产品属性的标注进行了规定。《联邦食药法案》403（i）（1）项规定标签上应当标注食品的一般或者通用名称。在联邦法规 21 章第 101.3 条款和第 102 部分中可以找到对食品属性声明的管理要求。

根据相应的法律，预包装食品标签的主要展示版面（PDP）必须标注商品属性的声称，作为其主要特性之一。属性声明必须包括：

—— 相关联邦法律法规中规定的或要求特定的名称［联邦法规 21 章第 101.3（b）（1）条款］；

—— 食品的一般或者通用名称［联邦法规 21 章第 101.3（b）（2）条款］；

—— 一个对属性的恰当的说明项。或者当食品属性非常明显的时候，被公众普遍使用的对这类食品的特殊名称［联邦法规 21 章第 101.3（b）（3）条款］。

此外，如果食品存在各种不同的形态，例如"粉状"或者"液态浓缩的"，必须将产品形态作为产品属性的一部分标注，除非适用于例外，其字体大小相对于其他描述产品属性的字体来说是合理的［联邦法规 21 章第 101.3（c）条款］。同时，产品属性声称必须用粗体字，字体大小相对于主要展示版面中最主要的印刷信息是合理的，位置和产品包装的基线基本平行［联邦法规 21 章第 101.3（d）条款］。

公司品牌名称不被认作是强制标识的信息，也不是产品属性声明的部分。然而，如果公司品牌名称是主要展示版面上最主要的印刷信息（在很多情况下是），产品属性名称的字体大小相对于公司品牌名称的大小必须是合理的。

对于没有标准化的食品，FDA 在联邦法规 21 章第 102.5 条款中制定了确定这类食品一般或者通用名称的原则。食品的一般或者通用名称必须在尽可能简单直接的基础

上，精确的确定或描述食品的基本属性、特征或者原料特征，例如"乳基"或者"豆基"［联邦法规21章第102.5（a）条款］。同时，名称必须和其他相同或者相似的食品一致，并且不能和其他的同一种名称的食品相混淆。因此，例如对豆基婴儿配方食品，仅仅标注"婴儿配方食品"不一定合适。此外，属性声称必须包括所有特征信息，不能零散的标注在主要展示版面的不同位置上。婴儿配方食品的生产商必须确保其产品的属性声明符合相关的法规。

对于豁免婴儿配方食品，FDA认为其适用人群和描述产品特性的信息必须作为产品属性声明的一部分（联邦法规21章第102.5条款）。例如标注为，"适用于早产儿和低出生体重婴儿的高蛋白（3.5g/100kcal）乳基婴儿配方粉"。

（三）营养素含量声称

根据联邦法规21章第101.13（b）条款，美国将营养素含量声称定义为对营养标签中要求的营养素，直接或间接描述其含量水平的声称。《联邦食药法案》403（r）（2）（A）（i）项规定，营养素含量声称只能依照法规要求在食品标签标识上进行标注。根据联邦法规21章第101.13（b）（3）条款，婴儿配方食品只能标注联邦法规21章第101部分、105部分或107部分中特别规定的营养素含量声称，或者联邦法规21章101.13（q）（3）下规定的和维生素或矿物质有关的含量声称。对于用于婴儿的产品，现行FDA法规提供了以下营养素含量声称：

—— 描述婴儿配方奶粉中维生素和矿物质相对于每日摄入参考量（RDIs are based on dietary reference intake recommendations）的百分比的声称，每日摄入参考量在联邦法规21章第101.9条款中进行了规定，《联邦食药法案》403（r）（2）（A）（vi）项中明确禁止的声称除外。

—— 描述食品是不甜的或者不添加甜味剂（在食品本身明显含有大量内源性糖的情况下）的事实性声称［联邦法规21章第101.60（c）（3）条款］。

—— 在维生素或者矿物质膳食补充剂中的特定含糖量声称，例如"没有糖"或者"不添加糖"［联邦法规21章第101.60（c）（4）条款］。

—— 对食品中不加盐的事实性声称，这些声称和食品口味有关并且不是虚假和误导性的。

—— 同时，对于根据标签说明配制的供婴儿食用的婴儿配方乳粉，如果每100kcal含有不少于1mg的铁，需要标示"含铁的婴儿配方食品"。

豁免婴儿配方食品可能含有一些为了特定疾病、紊乱或者医学状况管理的营养素，对于这些产品的标签，可以豁免上述对营养素含量声称的规定［联邦法规21章第101.13（q）（4）（i）条款］。为了避免豁免婴儿配方食品的声称对消费者可能造成误导，所有的声称必须是基于特定配方和豁免婴儿配方食品的使用用途做出的。

对于可以被接受的不会造成误解的豁免婴儿配方食品声称，举例如下：

—— 对于适用于早产儿和低出生体重婴儿的豁免婴儿配方食品，声称添加的蛋白质含量，因为对于这些婴儿，高含量的蛋白质对其生长发育是必要的。

—— 对于适用于患有小儿甲基丙二酸血症或者丙酸血症婴儿的豁免婴儿配方食品，在标签上声称异亮氨酸含量，因为异亮氨酸含量的信息对于喂养这些婴儿的护理者来说是必须的。例如标注"低异亮氨酸"并加星号，在星号对应的脚注中标明产品中异亮氨酸的含量。

（四）健康声称和有条件的健康声称

健康声称是指在食品标签标识上描述某营养素和一种疾病或者健康状况相关的声称［见联邦法规21章第101.14（a）（1）条款］。婴儿配方食品的标签可以标注在联邦法规21章101部分E条款中允许的健康声称［见联邦法规21章第101.14（e）（5）条款及《联邦食药法案》403（r）（1）（B）项］。联邦法规21章第101.70条款中规定了如何向FDA申请使用健康声称。

有条件的健康声称是指尚未被FDA根据"重要科学共识"（Significant Scientific Agreement）标准批准的健康声称，因此在使用上需要有免责声明或者能确保不会误导消费者。

FDA已经允许对于使用100%部分水解乳清蛋白的婴儿配方食品和降低特应性皮炎风险相关的有条件的健康声称，生产商标注以上声称需要满足以下两个条件。

1. 有条件的健康声称应当措辞适当。FDA推荐考虑的有条件的健康声称如下

— 非常少的科学证据表明，对于非全母乳喂养或者有家族过敏史的健康婴儿，从出生至4月龄喂养100%部分水解乳清蛋白婴儿配方食品，相比于喂养全牛乳蛋白的婴儿配方食品，可能降低其在1岁内到3岁期间患特应性皮炎的风险。"

— "非常少的科学证据表明，对于非全母乳喂养或者有家族过敏史的健康婴儿，从出生至4月龄喂养100%部分水解乳清蛋白婴儿配方食品，相比于喂养全牛乳蛋白的婴儿配方食品，可能降低其在1岁内患特应性皮炎的风险。"

— "非常少的科学证据表明，对于非全母乳喂养或者有家族过敏史的健康婴儿，从出生至4月龄喂养100%部分水解乳清蛋白婴儿配方食品，相比于喂养全牛乳蛋白的婴儿配方食品，可能降低其在1岁内至3岁患特应性皮炎的风险。FDA得出的结论是100%部分水解乳清蛋白婴儿配方食品与降低特应性皮炎风险的关系不确定，因为相关科学证据非常少。"

— "非常少的科学证据表明，对于非全母乳喂养或者有家族过敏史的健康婴儿，从出生至4月龄喂养100%部分水解乳清蛋白婴儿配方食品，相比于喂养全牛乳蛋白的婴儿配方食品，可能降低其在1岁内患特应性皮炎的风险。FDA得出的结论是100%部分水解乳清蛋白婴儿配方食品与降低特应性皮炎风险的关系不确定，因为相关科学证据非常少。"

2. 在上述声称中包含以下文字，而且对特定用途部分的文字加粗

部分水解配方不应当提供给对牛奶过敏的婴儿或者存在牛奶过敏症状的婴儿。如果你怀疑你的孩子对牛奶过敏，或者你的孩子正在食用治疗过敏的特殊配方食品，对你孩子的看护和喂养选择应当在医生监督下。

（五）婴儿配方食品标签的额外要求

联邦法规21章107.20条款规定，婴儿配方食品的标签除了要符合联邦法规21章第101部分和105部分的标签要求外，婴儿配方食品生产商要在所有的婴儿配方食品标签上特别标注"使用指南",具体要求如下：

1. 配制和使用指南

联邦法规 21 章 107.20（a）条款中规定，婴儿配方食品标签上必须标注以下使用指南：

—— 在打开产品包装前后的存放，说明避免在过高温度环境下存放过长时间。

—— 对液态婴儿配方食品在打开前摇匀，例如："在开罐前摇匀"。

—— 根据需要在配制奶液前对水、奶瓶和奶嘴进行消毒。

—— 婴儿配方食品在需要时可以稀释。粉状婴儿配方食品的使用指南应包含被复水的粉状产品的重量和体积。

2. 图示

联邦法规 21 章 107.20（b）条款 中规定，在靠近"配制和使用指南"处画上配制婴儿配方食品主要步骤的图示。

3. 使用期限

联邦法规 21 章 107.20（c）条款 中规定，产品标签上应当标注"在＿＿＿＿之前食用"，空格内标注使用期限，用年月表示。使用期限可以由生产商、包装商或者分销商根据实验结果或其他资料决定，表示在该期限之前，婴儿配方食品如果根据标签上规定的条件操作、存放、配制和使用，在食用时所含的各种营养素含量不少于标签上标注的量，其质量也是好的。

4. 加水的说明和图示

联邦法规 21 章 107.20（d）条款中规定，对于浓缩的婴儿配方食品，在主要展示板面适当位置加注"加水"的说明，对即食婴儿配方食品，在主要展示版面适当位置加入"不加水"说明。对于浓缩婴儿配方食品，在靠近"加水"的说明处还应当画上加水的图示，加水的图示需放置在黑色边框的圆圈内，圆圈底板为白色。

5. 警示说明

联邦法规 21 章 107.20（e）中规定，在"配制和使用指南"的下方或者附近，应当标注警示说明，防止对婴儿配方食品的不正确配制和使用。例如："你婴儿的健康取决于你是否认真地按照说明的方法配制和使用"。

6. 医生建议

联邦法规 21 章 107.20（f）中规定，标签中还应当说明家长应向医生咨询婴儿配方食品的使用方法。例如："按医生嘱咐使用"。

这里需要明确说明咨询的对象应当是正式的"医生"，如果标注咨询厂商的热线是不能符合法规要求的。

（六）一般性的标签要求

根据联邦法规 21 章 101.2（e）条款，所有在主要展示版面要求标注的信息必须标注在一起，包括营养素信息也必须和配料声明、生产商、包装商或经销商的品名和地址等法规要求的信息必须标注在主展示版面上；要求使用英文，如果标签中含有任何外语表示的文字、说明和其他《联邦食药法案》要求必须标注的信息，则必须同时标注英文；但对于有些宗教标志，比如 KOSHER 标志和 HALAL 标志，会在标志中部分使用外文的情况，美国 FDA 表示是可以被允许的，而且不用翻译成英文。

关于过敏源声明，《联邦食药法案》第 403（w）项要求标签上标识出主要食品过敏源。一般来说，主要食品过敏源必须用"含"开头的声明标识出来或者在配料表中标注过敏源的一般或者通用名称。《联邦食药法案》第 201（qq）项定义的"主要食品过敏源"涵盖 8 种食品，包括牛奶和大豆，但对来源于这 8 种食品的经高度精炼的油不算在内。对食品原料中含有来源于这 8 种食品的蛋白的，也视作"主要食品过敏源"。

婴儿配方食品和其他食品一样，也必须按上述要求标注主要食品过敏源。例如，在婴儿配方食品的原料中有水解乳清分离蛋白的，应根据《联邦食药法案》第 403（w）1）（A）项，在配料表中标注"水解乳清分离蛋白（牛奶）"，或者在标签上声明："含有牛奶"。

（七）豁免婴儿配方食品的标签

联邦法规 21 章第 107.10 条款规定，婴儿配方食品有特别的营养标签要求，同时联邦法规 21 章 107.100 对规定了婴儿配方食品中必需的特定营养素以及含量范围。但是对于豁免的婴儿配方奶粉，其营养标签和营养素含量规格可以有所区别，具体如下。

豁免婴儿配方食品，相比"普通"婴儿配方食品，尽管其营养标签和营养素含量规格可以有所不同，该类产品依然必须符合联邦法规 21 章第 107.50 条款的规定。例如，在生产豁免婴儿配方食品或者对豁免婴儿配方食品进行配方变更前，生产商必须根据联邦法规 21 章第 107.50（b）（3）和（4）条款，以及 联邦法规 21 章 107.50（c）（4）条款的规定向 FDA 提交标签及其他要求的信息。

除此以外，豁免婴儿配方食品的生产商对营养标签和营养素规格做出的调整，必须基于能够恰当的保护公众健康的情况。FDA 会根据《联邦食药法案》412（g）项中营养素要求和《联邦食药法案》412（a）（2）项中的规定，考虑这些调整对于特定疾病、紊乱或者医学状况的膳食管理是否恰当。FDA 也会考虑这些标签信息，包括图案和标志是否会导致产品的不恰当使用。

六、婴儿配方食品法规最新进展

（一）将硒添加为必需营养素

美国 FDA 于 2015 年 6 月 23 日对联邦法规 107 部分进行修订，将硒作为必需营养素，并设定了最低和最高限量，于 2016 年 6 月 22 日正式实施。

早在 1989 年，美国就为 0 到 6 月龄的婴儿建立了每日硒摄入量的参考值。在 2013 年，美国 FDA 提议将硒列入婴儿配方食品的必须营养素并设定相应的限量值。经过多年的论证和征求意见，最终发布实施。

（二）发布婴儿配方食品标签的行业指导书

2016 年 9 月 16 日，美国 FDA 发布婴儿配方食品标签的行业指导书。旨在帮助婴儿配方食品的制造商和经销商遵守婴儿配方食品产品相应的标签要求，包括对标签的特别声明和恰当的特性说明的要求。其目的是让婴儿看护者在配用婴儿配方产品时必须能够确认标签信息的准确可靠性，而不被误导，且得到科学支持论证。

FDA 强调了对标签内容的要求：属性说明；豁免婴儿配方食品；营养素含量声明；健康声明和有条件的健康声明；附加的婴儿配方产品标签要求，包括制备和使用的指导书，配图，保质期，加水声明和图示，警示说明和医生建议；以及一般性标签要求，外语和宗教符号，特定宗教使用的声明和过敏源声明。

第三节　其　　他

一、注册、通报和验证要求

1. 婴儿配方食品生产商的注册

《联邦食药法案》412（c）（1）项及联邦法规 21 章第 106.110 条款要求对新婴儿配方食品的生产商进行注册。在一个新的婴儿配方食品上市之前，生产商必须向 FDA 进行注册，提交的注册信息包括婴儿配方食品的名称、生产商的名称和经营地址、生产工厂的名称和地址。

"新的婴儿配方食品"的定义包括：

—— 新的生产商生产的产品。

—— 现有婴儿配方食品发生重大变更。

2. 婴儿配方食品的通报

根据联邦法规 21 章第 106.120 条款规定，生产商应至少在新的婴儿配方食品投入或交付州际贸易之前 90 天向 FDA 递交其意向通知书。

通报的材料包括：

（1）婴儿配方食品的名称和描述；

（2）对配方食品为何为新产品的解释；

（3）配方中各种成分的配比，对于配方变更的产品，提供变更的配料表以及这些变更对营养素含量产生的影响的说明。

（4）对于加工工艺变更，详细描述变更前后生产加工工艺信息，包括加工时间和温度。

（5）保证婴儿配方食品在符合《联邦食药法案》的质量要素要求和营养素含量要求之前不会投入市场销售。

（6）保证婴儿配方食品的加工符合《联邦食药法案》关于良好操作规范的规定。

（7）如果生产商提出符合联邦法规 21 章第 106.91（b）（1）ii 条款下的豁免检测要求，需要提供相应的科学证据材料，证明新的婴儿配方食品的稳定性和已经上市的相似的产品的稳定性没有太大区别。

对于仅供出口的婴儿配方食品，生产商还需要申明产品的规格符合相应进口国家的要求，不违反相应进口国家的法律法规。在其婴儿配方产品的运输包装上标明仅供出口，不在美国国内销售。生产商还需要建立有效的控制措施确保产品仅用于出口。

3. 首次销售之前的验证

在新的婴儿配方食品生产之后到首次上市之前，生产商需要向 FDA 提交验证申请，证明产品符合法律法规的要求，没有掺假。

提交的验证申请包括以下资料：

（1）婴儿配方食品的名称。

（2）保证该婴儿配方食品和之前提交的通报信息一致的声明。

（3）产品检测结果汇总，包含联邦法规 21 章第 107.100 条款中规定的所有营养素和生产商添加的其他营养素，按照终产品中每 100kcal 单位标识。

（4）生产商建立了良好的操作规范，包括质量控制措施、检测和预防掺假措施的证明，能够符合法规联邦法规 21 章第 107 B 和 C 部分的要求。

二、婴儿配方食品召回

自 1986 年《婴儿配方食品法案》以来，对于婴儿配方产品的强制性召回要求分为 FDA 要求的召回和公司主动召回。

1. FDA 要求的召回

当 FDA 确认婴儿配方食品不符合产品标准或标签错误威胁消费者健康，生产商应根据 FDA 的要求立即采取一切必要的行动召回婴儿配方食品，范围包括零售市场。

2. 公司主动召回

（1）如果生产商主动从市场上召回婴儿配方食品，其原因不是 FDA 要求的召回，而是在其他方面违反了法律和 FDA 的法规并且可能引起法律纠纷，那生产商应立即通知 FDA，同时按法规的要求主动开展召回工作。

（2）如果生产商已决定主动从市场上小规模地召回不符合法规的和标签错误的婴儿配方食品，且不会引起法律纠纷的，是主动退市。生产商应立即通知 FDA，并可以（但不强制）按召回的有关规定召回相关产品。

三、FDA 对婴儿配方食品的监管

《联邦食药法案》授权 FDA 制定良好生产规范，规定营养成分含量、营养成分质量控制、保存记录，以及报告制度等种种要求。FDA 有权检查生产商记录、质量控制记录以及确定是否符合法案规定所必需的检验结果。FDA 下属的食品安全和应用营养中心负责婴儿配方食品法规。其中产品营养标签和膳食补充办公室（ONPLDS）负责婴儿配方食品，食品添加剂安全办公室（OFAS）负责食品配料和包装。ONPLDS 对婴儿配方食品生产企业是否符合《联邦食药法案》第 412 部分的规定进行评估，OFAS 依据《联邦食药法案》第 201 和 409 部分的要求评估婴儿配方食品中使用物质及接触物质的安全，并且与 ONPLDS 一同决议婴儿配方食品配料与包装材料的安全性并向 FDA 汇报。FDA 鼓励婴儿配方食品生产企业和 OFAS 与 ONPLDS 就添加物质、食品添加剂或 GRAS 申报等问题积极沟通。所有婴儿配方食品必须符合联邦法规规定的营养要求，生产企业在产品上市前必须向 FDA 申报新配方或经过重大变更的配方。如果企业没有提供新研发或改良的婴儿配方食品成分和担保等申报必需的文件就直接上市，FDA 有权就此采取强制行动制止该产品销售。

FDA 对于收到的新婴儿配方食品的通报申请，并不是上市前审批程序，如果提交的资料不能保证婴儿配方不会掺假，则发出异议函。FDA 会对所有的婴儿配方食品生产企业进行年度检查。对于新的生产企业，在早期运营期间就会进行检查。作为对生产企业进行检查的一部分，FDA 会对婴儿配方食品进行抽样检测。此外，如果 FDA 发现婴儿配方食品有掺假或虚假标识，可能对人体健康造成危害的，可以强制生产商进行召回。

执笔人：王　健　师朝霞　韩军花

第五章　欧盟婴儿及较大婴儿配方食品法规

第一节　概　　述

　　欧盟婴儿及较大婴儿配方食品法规以特殊膳食用途食品法规作为基础，以《国际母乳代用品销售守则》作为营销、宣传和责任方面的原则和目标。早在1989年欧盟理事会发布的"成员国关于特殊营养用途食品的指令"（指令89/398/EEC），依据该指令欧盟经济共同体（European Economic Community）于1991年5月14日通过"关于婴儿配方食品和较大婴儿配方食品的特殊指令"（指令91/321/EEC），即欧盟最早的跨成员国婴儿及较大婴儿配方食品指令。该指令要求欧盟各成员国将指令转化为本国的法律、法规或制度，确保各国的婴儿及较大婴儿配方食品符合该指令的要求。2002年1月28日，欧盟议会理事会颁布了欧盟食品的基本法《欧盟通用食品法》（178/2002号法规），该法是欧盟各项食品法规的框架基础，2003年指令91/321/EEC被纳入该法。

　　89/398/EEC颁布以来经历了多次修订以及国际学术界对婴儿膳食的探讨，欧盟委员会（European Cmmission）于2006对指令91/321/EEC进行进一步修订，命名为指令2006/141/EC，即当前欧盟婴儿及较大婴儿配方食品法规。指令2006/141/EC对指令91/321/EEC和指令1999/21/EC的部分内容进行了修订，修改的内容包括，统一不同来源蛋白质的换算系数，增加了以牛乳蛋白、大豆蛋白或二者混合物生产的婴儿及较大婴儿配方食品不同的技术要求以及基于水解蛋白生产的婴儿配方食品的基本要求等。指令2006/141/EC发布后，欧盟委员会（European Cmmission）分别于2008年和2013年发布了两项补充法规，条例（EC）1234/2008和指令2013/46/EU。条例（EC）1234/2008分别对附录Ⅲ和附录Ⅵ进行了补充，包括将L-精氨酸及其氯化物纳入到附录Ⅲ第3条中以及在附录Ⅵ中增加第4条母乳中必需和条件必需氨基酸的标示要求；指令2013/46/EU基于欧洲议会及理事会和委员会关于特殊营养用途食品指令2009/39/EC（代替指令89/398/EEC）增加羊乳作为婴儿及较大婴儿配方食品的蛋白质来源，含量限值要求与牛乳蛋白一致。

　　鉴于指令2006/141/EC最后的修订是在欧洲议会及理事会和委员会关于特殊营养用途食品指令2009/39/EC框架下制定的，而指令2009/39/EC和旧标准已经被欧盟关于特殊膳食品法规（EU）No 609/2013所代替，欧盟委员会于2016年通过了新的对婴儿及较大婴儿配方食品的具体成分和信息要求，即（EU）2016/127。法规（EU）2016/127是在欧盟关于特殊膳食品的新标准法规（EU）No 609/2013框架下对旧标准的修订，已经于2016年2月2日在《欧盟官方公报》中公布，于2月22日生效，并将于2020年2月22日起正式在欧盟成员国执行，其中关于水解蛋白婴儿及较大婴儿配方食品的规定将于2021年2月22日起执行。

欧盟新标准从生效至正式执行，预留了四年的缓冲期，客观上也说明了欧盟新旧标准之间存在着较大的差异。旧标准名称为"指令"（Directive），而新标准为"法规"（Regulation）。二者在性质上存在明显的差别，在欧盟法律体系中的位阶并不相同，因而其效力及适用方式也有较大的差异。指令（Directive）对各成员国具有约束力，但指令的适用依赖于成员国将其转化为国内立法。法规（Regulation）具有普遍适用、统一的约束力，并在所有成员国直接适用。各成员国不需要将法规的规定在国内进行转化，直接适用法规规定即可。并且，应当适用法规的全部规定，不得进行选择或保留。简单而言，相当于各成员国立法机关制定的国内法，融入其国内法律体系。由此可见，在新的标准要求下，欧盟各成员国无须再转化为国家层面的法规，执行日起在各成员国境内直接适用新的法规，无须再单独制定法规，按照其规定及要求对婴儿及较大婴儿配方食品进行统一管理，适用同一规则。相应地，也就避免了各成员国理解不一，导致贸易壁垒的情况。

第二节　婴儿及较大婴儿配方食品的技术要求

指令 2006/141/EC 包含婴儿配方食品标准和较大婴儿配方食品标准两大部分，适宜人群分别对应从出生至引入适宜辅食喂养之前是最初几个月的婴儿和添加辅食后逐步多样化饮食的较大婴儿。法规（EU）2016/127 仍然包含婴儿配方食品标准和较大婴儿配方食品标准两大部分，每个部分所对应的婴儿人群与指令 2006/141/EC 一致，但依据最新的科学证据在蛋白质、部分维生素、矿物质等营养素的技术要求上都进行了修改。下文在介绍欧盟法规的同时，重点将指令 2006/141/EC 与法规（EU）2016/127 的技术指标做了对比，从而详细介绍欧盟关于婴儿及较大婴儿配方食品的规定，以及修订的科学证据。

一、婴儿配方食品

指令 2006/141/EC 在第 2 条中规定，"婴儿"指不满 12 个月的儿童；"婴儿配方食品"指在婴儿出生后前几月内食用的特殊营养食品，该食品能够在添加辅食之前完全满足婴儿的营养需求。指令 2006/141/EC 与法规（EU）2016/127 的附录 I 分别规定了修订前后婴儿配方食品允许添加的必需营养成分和可选营养成分以及各种营养成分添加的技术要求。

（一）必需营养成分

维生素、矿物质、食品添加剂或其他营养物质不能添加在婴儿配方食品中，除非指令 2006/141/EC 或是法规（EU）2016/127 明确允许或是婴儿配方食品原料的天然成分。同时，为避免过敏，婴儿配方食品中不能检测出麸质。必需营养成分主要包含蛋白质、脂肪和碳水化合物、维生素、矿物质以及电解质等。

1. 能量要求

指令 2006/141/EC 规定每 100ml 婴儿配方食品的能量范围是 250～295kJ（60～70kcal），法规（EU）2016/127 规定每 100ml 婴儿配方食品的能量范围也是 250～293kJ

（60～70kcal）。

2. 蛋白质、脂肪和碳水化合物

指令 2006/141/EC 与条例（EU）2016/127 不仅对婴儿配方食品中蛋白质、脂肪和碳水化合物规定了含量限值要求，对质量要求也分别做了详细的规定，如分别规定了不同蛋白质来源的婴儿配方食品各自的蛋白质的含量限值要求和对应的 L - 肉碱的含量要求，以及亚油酸和 α - 亚麻酸的比值要求等。还特别规定了蛋白质含量在最低值和 0.5g/100kJ（2g/100kcal）之间水解蛋白婴儿配方食品适用性证明的研究方法等。

新、旧标准对婴儿配方食品蛋白质、脂肪、碳水化合物的技术要求如表 33 所示：蛋白质成分指标最显著的差异体现在蛋白质限量值的下调和增加了牛乳或羊乳作为蛋白质来源时婴儿配方食品中 L - 肉碱的含量最低限量要求，以及根据最新的科学证据提高了胆碱的下限值；脂肪成分最显著的差异体现在，二十二碳六烯酸（DHA）由可选择添加的成分调整为必须强制添加的成分，并明确规定了限量，取消了对肉豆蔻酸和月桂酸的比例限值的规定；碳水化合物成分的差异主要体现在新标准直接规定了葡萄糖浆和干葡萄糖浆以葡萄糖当量计算的限量，限量值与单独添加葡萄糖是一致的，不同的是葡萄糖只能在水解蛋白婴儿配方食品中添加，而葡萄糖浆和干葡萄糖浆可以在所有乳基和豆基婴儿配方食品中添加。

表 33　欧盟新旧法规中婴儿配方食品蛋白质、脂肪和碳水化合物指标的比对

营养素	单位	2006/141/EC		（EU）2016/127	
		下限值	上限值	下限值	上限值
牛乳或羊乳蛋白	g/100kJ	0.45	0.7	0.43	0.6
	g/100kcal	1.8	3	1.8	2.5
大豆分离蛋白[1]	g/100kJ	0.56	0.7	0.54	0.67
	g/100kcal	2.25	3	2.25	2.8
水解蛋白	g/100kJ	0.45[2]	0.7	0.44	0.67
	g/100kcal	1.8[2]	3	1.86	2.8
氮转换系数		6.25	6.25		
L - 肉碱（牛乳或羊乳蛋白）	mg/100kJ	—	—	0.3	NS
	mg/100kcal	—	—	1.2	NS
L - 肉碱（水解蛋白或大豆分离蛋白）	mg/100kJ	0.3	NS	0.3	NS
	mg/100kcal	1.2	NS	1.2	NS
蛋氨酸/半胱氨酸[3]	比值	<2；>2 且 <3，需适用性证明		<2，否则需适用性证明	
苯丙氨酸/赖氨酸[3]	比值	<2；>2 且 <3，需适用性证明		<2，否则需适用性证明	
胆碱	mg/100kJ	1.7	12	6	12
	mg/100kcal	7	50	25	50
脂肪[4]	g/100kJ	1.05	4	1.1	1.4
	g/100kcal	4.4	6	4.4	6

营养素	单位	2006/141/EC		（EU）2016/127	
		下限值	上限值	下限值	上限值
亚油酸（18:2 n-6）	mg/100kJ	70	285	120	300
	mg/100kcal	300	1200	500	1200
α-亚麻酸（18:3 n-3）	mg/100kJ	12	—	12	24
	mg/100kcal	50	—	50	100
亚油酸/α-亚麻酸	比值	5	15	—	—
肌醇	mg/100kJ	1	10	0.96	9.6
	mg/100kcal	4	40	4	40
二十二碳六烯酸（22:6 n-3）	mg/100kJ	—	—	4.8	12
	mg/100kcal	—	—	20	50
反式脂肪酸	FA%	NS	3	NS	3
芥酸	FA%	NS	1	NS	1
磷脂	g/L	NS	2	NS	2
月桂酸+肉豆蔻酸	FA%	NS	20	—	—
碳水化合物[5]	g/100kJ	2.2	3.4	2.2	3.3
	g/100kcal	9	14	9	14
乳糖[6]	g/100kJ	1.1	NS	1.1	NS
	g/100kcal	4.5	NS	4.5	NS
蔗糖（水解蛋白）	CHO%	NS	20	NS	20
葡萄糖（水解蛋白）	g/100kJ	NS	0.5	NS	0.5
	g/100kcal	NS	2	NS	2
预糊化淀粉和凝胶淀粉（天然不含谷蛋白）	g/100ml	NS	2	NS	2
	CHO%	NS	30	NS	30
葡萄糖浆或干葡糖浆（以葡萄糖当量计）	g/100kJ	NS	NS	NS	0.2
	g/100kcal	NS	NS	NS	0.84

[1] 单独大豆分离蛋白或大豆分离蛋白与牛乳或羊乳蛋白混合。

[2] 蛋白质含量在最低值和0.5g/100kJ（2g/100kcal）之间，则婴儿配方食品为婴儿提供特殊营养的适用性，应通过适当研究加以证明，研究应根据通常可接受的、关于该类研究的方案和操作的专家指南进行，以及应根据附录VI规定的适用规范进行（来自指令2013/46/EU对2006/141/EC的修订）。

[3] 两种氨基酸的含量加和计算的条件。

[4] 禁止添加芝麻籽油和棉籽油。

[5] 允许使用的碳水化合物包括：乳糖、麦芽糖、蔗糖、葡萄糖、淀粉提取糖、葡萄糖浆或干铺糖浆、天然不含谷蛋白的预糊化淀粉和凝胶淀粉。

[6] 不适用于大豆分离蛋白含量占总蛋白质比例超过50%的婴儿配方食品；条例（EU）2016/127中增加了不适用于做"无乳糖"声称的婴儿配方食品。

3. 维生素、矿物质

指令2006/141/EC与条例（EU）2016/127不仅规定了婴儿配方食品维生素、矿物质的一般含量限值要求，还考虑到大豆植酸对吸收率的影响，为铁、磷等矿物质元素特别规定了在含有大豆分离蛋白的婴儿配方食品中的含量限值要求。新旧标准对婴儿配方食品维生素、矿物质的技术要求如表34所示：维生素指标除泛酸和维生素 B_{12} 的限量一致外，其他的维生素的限量均发生了变化，如维生素 A 和叶酸上限值的下调；矿物质指标除钙、磷、镁、铁、氟的限量一致外，其他矿物质元素的限量均发生了变化，如锌和碘上限值的下调，以及增加了锌在含有大豆分离蛋白的婴儿配方食品中不同的限量要求等。

表34 婴儿配方食品维生素、矿物质指标的比对

营养素	单位	2006/141/EC		（EU）2016/127	
		下限值	上限值	下限值	上限值
维生素 A	μg－RE/100kJ	14	43	16.7[1]	27.2[1]
	μg－RE/100kcal	60	180	70[1]	114[1]
维生素 D	μg/100kJ	0.25	0.65	0.48	0.72
	μg/100kcal	1	2.5	2	3
维生素 B_1	μg/100kJ	14	72	9.6	72
	μg/100kcal	60	300	40	300
维生素 B_2	μg/100kJ	19	95	14.3	95.6
	μg/100kcal	80	400	60	400
烟酸	mg/100kJ	0.072	0.375	0.1[2]	0.36[2]
	mg/100kcal	0.3	1.5	0.4[2]	1.5[2]
泛酸	mg/100kJ	0.095	0.475	0.1	0.48
	mg/100kcal	0.4	2	0.4	2
维生素 B_6	μg/100kJ	9	42	4.8	41.8
	μg/100kcal	35	175	20	175
生物素	μg/100kJ	0.4	1.8	0.24	1.8
	μg/100kcal	1.5	7.5	1	7.5
叶酸	μg－DFE/100kJ	2.5	12	3.6[3]	11.4[3]
	μg－DFE/100kcal	10	50	15[3]	47.6[3]
维生素 B_{12}	μg/100kJ	0.025	0.12	0.02	0.12
	μg/100kcal	0.1	0.5	0.1	0.5
维生素 C	mg/100kJ	2.5	7.5	0.96	7.2
	mg/100kcal	10	30	4	30
维生素 K	μg/100kJ	1	6	0.24	6
	μg/100kcal	4	25	1	25

营养素	单位	2006/141/EC		（EU）2016/127	
		下限值	上限值	下限值	上限值
维生素 E[4]	mg α–tocopherol/100kJ		1.2	0.14	1.2
	mg α–tocopherol/100kcal	0.5/g 多不饱和脂肪酸	5	0.6	5
钠	mg/100kJ	5	14	6	14.3
	mg/100kcal	20	60	25	60
钾	mg/100kJ	15	38	19.1	38.2
	mg/100kcal	60	160	80	160
氯	mg/100kJ	12	38	14.3	38.2
	mg/100kcal	50	160	60	160
钙	mg/100kJ	12	33	12	33.5
	mg/100kcal	50	140	50	140
磷[5]	mg/100kJ	6	22	6	21.5
	mg/100kcal	25	90	25	90
磷[5,6]	mg/100kJ	7.5	25	7.2	24
	mg/100kcal	30	100	30	100
镁	mg/100kJ	1.2	3.6	1.2	3.6
	mg/100kcal	5	15	5	15
铁	mg/100kJ	0.07	0.3	0.07	0.31
	mg/100kcal	0.3	1.3	0.3	1.3
铁[6]	mg/100kJ	0.12	0.5	0.11	0.48
	mg/100kcal	0.45	2	0.45	2
锌	mg/100kJ	0.12	0.36	0.12	0.24
	mg/100kcal	0.5	1.5	0.5	1
锌[6]	mg/100kJ	—	—	0.18	0.3
	mg/100kcal	—	—	0.75	1.25
铜	μg/100kJ	8.4	25	14.3	24
	μg/100kcal	35	100	60	100
碘	μg/100kJ	2.5	12	3.6	6.9
	μg/100kcal	10	50	15	29
硒	μg/100kJ	0.25	2.2	0.72	2
	μg/100kcal	1	9	3	8.6
锰	μg/100kJ	0.25	25	0.24	24
	μg/100kcal	1	100	1	100

续表

营养素	单位	2006/141/EC		（EU）2016/127	
		下限值	上限值	下限值	上限值
钼	μg/100kJ	—	—	—	3.3
	μg/100kcal	—	—	—	14
氟	μg/100kJ	—	25	—	24
	μg/100kcal	—	100	—	100

[1] 预先形成的维生素 A；RE = 全反式视黄醇当量。
[2] 预先形成的尼克酸。
[3] 膳食叶酸当量：1μgDFE = 1μg 食物叶酸 = 0.6μg 配方叶酸。
[4] 基于活性维生素 E，RRR – α – 生育酚。
[5] 总磷，钙：磷有效值的比例，不得小于1，不得大于2。牛乳或羊乳蛋白生产的较大婴儿配方食品以及水解蛋白婴儿配方食品中磷的有效值计算方法为总磷的80%；以大豆分离蛋白或大豆分离蛋白与牛乳或羊乳蛋白混合作为蛋白质来源的婴儿配方食品中磷的有效值计算方法为总磷的70%。
[6] 以大豆分离蛋白或大豆分离蛋白与牛乳或羊乳蛋白混合作为蛋白质来源的婴儿及较大婴儿配方食品。

（二）可以选择添加的成分

指令 2006/141/EC 与条例（EU）2016/127 对牛磺酸、低聚果糖和低聚半乳糖以及核苷酸等成分不做强制要求，为可以选择添加的成分。新旧标准对婴儿配方食品可选择添加成分的技术要求如表35所示；差异体现在二十二碳六烯酸（DHA）由可选择添加的成分调整为必须强制添加的成分。

表35　婴儿配方食品可选择添加成分指标的比对

营养素	单位	2006/141/EC		（EU）2016/127	
		下限值	上限值	下限值	上限值
牛磺酸	mg/100kJ	NS	2.9	NS	2.9
	mg/100kcal	NS	12	NS	12
n – 3 多不饱和脂肪酸	FA%	NS	1	NS	—
n – 6 多不饱和脂肪酸	FA%	NS	2	NS	2
花生四烯酸（20：4 n – 6）	FA%	NS	1	NS	1
二十碳五烯酸/二十二碳六烯酸	比值	NS	1	NS	1
二十二碳六烯酸/n – 6 多不饱和脂肪酸	比值	NS	1	—	—
低聚果糖和低聚半乳糖[1]	g/100ml	NS	0.8	NS	0.8
胞苷酸[2]	mg/100kJ	NS	0.6	NS	0.6
	mg/100kcal	NS	2.5	NS	2.5
鸟苷酸[2]	mg/100kJ	NS	0.42	NS	0.42
	mg/100kcal	NS	1.75	NS	1.75

续表

营养素	单位	2006/141/EC		（EU）2016/127	
		下限值	上限值	下限值	上限值
腺苷酸[2]	mg/100kJ	NS	0.36	NS	0.36
	mg/100kcal	NS	1.5	NS	1.5
鸟苷酸[2]	mg/100kJ	NS	0.12	NS	0.12
	mg/100kcal	NS	0.5	NS	0.5
肌苷酸[2]	mg/100kJ	NS	0.24	NS	0.24
	mg/100kcal	NS	1	NS	1

[1] 90%低聚半乳糖和10%高分子量低聚果糖混合液。
[2] 核苷酸总浓度不得超过1.2mg/100kJ（5mg/100kcal）。

二、较大婴儿配方食品

指令2006/141/EC在第2条中规定，"较大婴儿配方食品"指供添加辅食后的婴儿食用的特殊营养食品，是该阶段婴儿逐步多样化膳食中的主要液体营养食品。指令2006/141/EC与法规（EU）2016/127的附录Ⅱ分别规定了修订前后较大婴儿配方食品允许添加的必需营养成分和可选营养成分以及各种营养成分添加的技术要求。

（一）必需营养成分

维生素、矿物质、食品添加剂或其他营养物质不能添加在较大婴儿配方食品中，除非指令2006/141/EC或是法规（EU）2016/127明确允许或是婴儿配方食品原料的天然成分。必需营养成分主要包含蛋白质、脂肪和碳水化合物、维生素、矿物质以及电解质等。

1. 能量要求

指令2006/141/EC规定每100ml较大婴儿配方食品的能量范围是250～295kJ（60～70kcal），法规（EU）2016/127规定每100ml较大婴儿配方食品的能量范围是250～293kJ（60～70kcal）。

2. 蛋白质、脂肪和碳水化合物

指令2006/141/EC与条例（EU）2016/127规定了较大婴儿配方食品中蛋白质、脂肪和碳水化合物的技术要求，这一阶段已经不再对L-肉碱、胆碱、肌醇进行强制要求，允许添加的碳水化合物种类也扩大到蔗糖、果糖和灭活的蜂蜜。新旧标准对较大婴儿配方食品蛋白质、脂肪、碳水化合物的技术要求如表36所示：蛋白质成分指标最显著的差异体现在蛋白质限量值的下调；脂肪成分最显著的差异体现在二十二碳六烯酸（DHA）由可选择添加的营养成分调整为必须强制添加的营养成分，并明确规定了限量以及取消了对肉豆蔻酸和月桂酸的比例限值的规定；碳水化合物成分的差异主要体现在新标准直接规定了葡萄糖浆和干葡萄糖浆以葡萄糖当量计算的限量，限量值与单独添加葡萄糖是一致的，不同的是葡萄糖只能在水解蛋白较大婴儿配方食品中添加，而葡萄糖浆和干葡萄糖浆可以在所有乳基和豆基较大婴儿配方食品中添加。

表36　较大婴儿配方食品蛋白质、脂肪和碳水化合物指标的比对

营养素	单位	2006/141/EC		（EU）2016/127	
		下限值	上限值	下限值	上限值
牛乳或羊乳蛋白	g/100kJ	0.45	0.8	0.43	0.6
	g/100kcal	1.8	3.5	1.8	2.5
大豆分离蛋白[1]	g/100kJ	0.56	0.8	0.54	0.67
	g/100kcal	2.25	3.5	2.25	2.8
水解蛋白	g/100kJ	0.56	0.8	0.44	0.67
	g/100kcal	2.25	3.5	1.86	2.8
氮转换系数		6.25	6.25		
蛋氨酸/半胱氨酸[2]	比值	不超过3	无		
苯丙氨酸/赖氨酸[2]	比值	不超过2	无		
脂肪[3]	g/100kJ	0.96	1.4	1.1	1.4
	g/100kcal	4	6	4.4	6
亚油酸（18：2 n-6）	mg/100kJ	70	285	120	300
	mg/100kcal	300	1200	500	1200
α-亚麻酸（18：3 n-3）	mg/100kJ	12	—	12	24
	mg/100kcal	50	—	50	100
亚油酸：α-亚麻酸	比值	5	15	—	—
二十二碳六烯酸（22：6 n-3）	mg/100kJ	—	—	4.8	12
	mg/100kcal	—	—	20	50
反式脂肪酸	FA%	NS	3	NS	3
芥酸	FA%	NS	1	NS	1
磷脂	g/L	NS	2	NS	2
月桂酸+肉豆蔻酸	FA%	—	20	—	—
碳水化合物[4]	g/100kJ	2.2	3.4	2.2	3.4
	g/100kcal	9	14	9	14
乳糖[5]	g/100kJ	1.1	NS	1.1	NS
	g/100kcal	4.5	NS	4.5	NS
葡萄糖（水解蛋白）	g/100kJ	NS	0.5	—	0.5
	g/100kcal	NS	2	—	2
蔗糖、果糖、蜂蜜单独或混合使用[6]	CHO%	NS	20	NS	20
	CHO%	NS	20	NS	20
葡萄糖浆或干葡萄糖浆（以葡萄糖当量计）	g/100kJ	—	—		0.2
	g/100kcal	—	—		0.84

[1] 单独大豆分离蛋白或大豆分离蛋白与牛乳或羊乳蛋白混合。

[2] 两种氨基酸的含量加和计算的条件。

[3] 禁止添加芝麻籽油和棉籽油。

[4] 禁止添加含有麸质的配料。

[5] 不适用于大豆分离蛋白含量占总蛋白质比例超过50%的较大婴儿配方食品；条例（EU）2016/127中增加了不适用于做"无乳糖"声称的较大婴儿配方食品。

[6] 蜂蜜应经过灭活处理以消除肉毒杆菌的孢子。

3. 维生素、矿物质

指令 2006/141/EC 与条例（EU）2016/127 不仅规定了较大婴儿配方食品维生素、矿物质的一般含量限值要求，还考虑到中大豆植酸对吸收率的影响，为铁、磷等矿物质元素特别规定了在含有大豆分离蛋白的较大婴儿配方食品中的含量限值要求。新旧标准对较大婴儿配方食品维生素、矿物质的技术要求如表 37 所示：维生素指标除泛酸和维生素 B_{12} 的限量一致外，其他的维生素的限量均发生了变化，如维生素 A 和叶酸上限值的下调；矿物质指标除钙、磷、镁、铁、氟的限量一致外，其他矿物质元素的限量均发生了变化，如锌和碘上限值的下调以及增加了锌在含有大豆分离蛋白的较大婴儿配方食品中不同于其他蛋白质来源较大婴儿配方食品的含量限值要求。

表 37　较大婴儿配方食品维生素、矿物质指标的比对

营养素	单位	2006/141/EC		（EU）2016/127	
		下限值	上限值	下限值	上限值
维生素 A	µg－RE/100kJ	14	43	16.7	27.2
	µg－RE/100kcal	60	180	70[1]	114[1]
维生素 D	µg/100kJ	0.25	0.75	0.48	0.72
	µg/100kcal	1	3	2	3
维生素 B_1	µg/100kJ	14	72	9.6	72
	µg/100kcal	60	300	40	300
维生素 B_2	µg/100kJ	19	95	14.3	95.6
	µg/100kcal	80	400	60	400
烟酸	mg/100kJ	0.072	0.375	0.1	0.36
	mg/100kcal	0.3	1.5	0.4[2]	1.5[2]
泛酸	mg/100kJ	0.094	0.475	0.1	0.48
	mg/100kcal	0.4	2	0.4	2
维生素 B_6	µg/100kJ	9	42	4.8	41.8
	µg/100kcal	35	175	20	175
生物素	µg/100kJ	0.4	1.8	0.24	1.8
	µg/100kcal	1.5	7.5	1	7.5
叶酸	µg－DFE/100kJ	2.5	12	3.6	11.4
	µg－DFE/100kcal	10	50	15[3]	47.6[3]
维生素 B_{12}	µg/100kJ	0.025	0.12	0.02	0.12
	µg/100kcal	0.1	0.5	0.1	0.5
维生素 C	mg/100kJ	2.5	7.5	0.96	7.2
	mg/100kcal	10	30	4	30
维生素 K	µg/100kJ	1	6	0.24	6
	µg/100kcal	4	25	1	25

续表

营养素	单位	2006/141/EC		（EU）2016/127	
		下限值	上限值	下限值	上限值
维生素E[4]	mg αtocopherol/100kJ		1.2	0.14	1.2
	mg α-tocopherol/100kcal	0.5/g 多不饱和脂肪酸	5	0.6	5
钠	mg/100kJ	5	14	6	14.3
	mg/100kcal	20	60	25	60
钾	mg/100kJ	15	38	19.1	38.2
	mg/100kcal	60	160	80	160
氯	mg/100kJ	12	38	14.3	38.2
	mg/100kcal	50	160	60	160
钙	mg/100kJ	12	33	12	33.5
	mg/100kcal	50	140	50	140
磷[5]	mg/100kJ	6	22	6	21.5
	mg/100kcal	25	90	25	90
磷[5,6]	mg/100kJ	7.5	25	7.2	24
	mg/100kcal	30	100	30	100
镁	mg/100kJ	1.2	3.6	1.2	3.6
	mg/100kcal	5	15	5	15
铁	mg/100kJ	0.14	0.5	0.14	0.48
	mg/100kcal	0.6	2	0.6	2
铁[6]	mg/100kJ	0.22	0.65	0.22	0.6
	mg/100kcal	0.9	2.5	0.9	2.5
锌	mg/100kJ	0.12	0.36	0.12	0.24
	mg/100kcal	0.5	1.5	0.5	1
锌[6]	mg/100kJ	—	—	0.18	0.3
	mg/100kcal	—	—	0.75	1.25
铜	μg/100kJ	8.4	25	14.3	24
	μg/100kcal	35	100	60	100
碘	μg/100kJ	2.5	12	3.6	6.9
	μg/100kcal	10	50	15	29
硒	μg/100kJ	0.25	2.2	0.72	2
	μg/100kcal	1	9	3	8.6
锰	μg/100kJ	0.25	25	0.24	24
	μg/100kcal	1	100	1	100

营养素	单位	2006/141/EC		（EU）2016/127	
		下限值	上限值	下限值	上限值
钼	μg/100kJ	—	—	—	3.3
	μg/100kcal	—	—	—	14
氟	μg/100kJ	—	25	—	24
	μg/100kcal	—	100	—	100

[1] 预先形成的维生素 A；RE = 全反式视黄醇当量。
[2] 预先形成的尼克酸。
[3] 膳食叶酸当量：1μgDFE = 1μg 食物叶酸 = 0.6μg 配方叶酸。
[4] 基于活性维生素 E，RRR-α-生育酚。
[5] 总磷，钙：磷有效值的比例，不得小于 1，不得大于 2。牛乳或羊乳蛋白生产的较大婴儿配方食品以及水解蛋白婴儿配方食品中磷的有效值计算方法为总磷的 80%；以大豆分离蛋白或大豆分离蛋白与牛乳或羊乳蛋白混合作为蛋白质来源的婴儿配方食品中磷的有效值计算方法为总磷的 70%。
[6] 以大豆分离蛋白或大豆分离蛋白与牛乳或羊乳蛋白混合作为蛋白质来源的婴儿及较大婴儿配方食品。

（二）可以选择添加的成分

指令 2006/141/EC 与条例（EU）2016/127 对牛磺酸、低聚果糖和低聚半乳糖以及核苷酸等成分不做强制要求，为可以选择添加的成分。新旧标准对较大婴儿配方食品可选择添加成分的技术要求如表 38 所示：差异体现在二十二碳六烯酸（DHA）由可选择添加的成分调整为必须强制添加的成分。

表 38 较大婴儿配方食品可选择添加成分指标的比对

营养素	单位	2006/141/EC		（EU）2016/127	
		下限值	上限值	下限值	上限值
牛磺酸	mg/100kJ	NS	2.9	NS	2.9
	mg/100kcal	NS	12	NS	12
n-3 多不饱和脂肪酸	FA%	NS	1	NS	—
n-6 多不饱和脂肪酸	FA%	NS	2	NS	2
花生四烯酸（20:4 n-6）	FA%	NS	1	NS	1
二十碳五烯酸/二十二碳六烯酸	比值	NS	1	NS	1
二十二碳六烯酸/n-6 多不饱和脂肪酸	比值	NS	1	—	—
低聚果糖和低聚半乳糖[1]	g/100ml	NS	0.8	NS	0.8
胞苷酸[2]	mg/100kJ	NS	0.6	NS	0.6
	mg/100kcal	NS	2.5	NS	2.5
鸟苷酸[2]	mg/100kJ	NS	0.42	NS	0.42
	mg/100kcal	NS	1.75	NS	1.75
腺苷酸[2]	mg/100kJ	NS	0.36	NS	0.36
	mg/100kcal	NS	1.5	NS	1.5

续表

营养素	单位	2006/141/EC		（EU）2016/127	
		下限值	上限值	下限值	上限值
鸟苷酸[2]	mg/100kJ	NS	0.12	NS	0.12
	mg/100kcal	NS	0.5	NS	0.5
肌苷酸[2]	mg/100kJ	NS	0.24	NS	0.24
	mg/100kcal	NS	1	NS	1
[1]90%低聚半乳糖和10%高分子量低聚果糖混合液。 [2]核苷酸总浓度不得超过1.2mg/100kJ（5mg/100kcal）。					

三、母乳中的必需氨基酸和条件必需氨基酸

法规规定，为了获得等量的营养值，婴儿及较大婴儿配方食品至少应含有与参考蛋白（指令2006/141/EC附录Ⅴ与条例（EU）2016/127附录Ⅲ所规定的）等量的必需氨基酸和条件必需氨基酸。为便于计算，蛋氨酸和胱氨酸的浓度可以相加，苯基丙氨酸和酪氨酸的浓度可以相加。在任何情况下，只有为提高蛋白质的营养值才可以向婴儿及较大婴儿配方食品中添加氨基酸，并且以该目的所需的比例为限。

（1）指令2006/141/EC以及相关条例、指令与法规（EU）2016/127对牛乳或羊乳蛋白生产的婴儿和较大婴儿配方食品，以及由大豆分离蛋白或大豆分离蛋白与牛乳或羊乳蛋白的混合物生产的婴儿及较大婴儿配方食品（下面称"乳基和豆基婴儿及较大婴儿配方食品"），母乳必需氨基酸和条件必需氨基酸参考值如表39所示。除新标准不再要求精氨酸的添加外，其他必需和条件必需氨基酸的种类及参考值均一致。

表39　乳基和豆基婴儿及较大婴儿配方食品中母乳中的必需氨基酸和条件必需氨基酸参考值

氨基酸	2006/141/EC		（EU）2016/127	
	mg/100kJ[1]	mg/100kcal	mg/100kJ[1]	mg/100kcal
精氨酸[2]	16	69	—	—
半胱氨酸	9	38	9	38
组氨酸	10	40	10	40
异亮氨酸	22	90	22	90
亮氨酸	40	166	40	166
赖氨酸	27	113	27	113
蛋氨酸	5	23	5	23
苯基丙氨酸	20	83	20	83
苏氨酸	18	77	18	77
色氨酸	8	32	8	32
酪氨酸	18	76	18	76
缬氨酸	21	88	21	88
[1]1kJ=0.293kcal [2]条例（EC）/1234/2008				

（2）指令 2006/141/EC 以及相关条例、指令与法规（EU）2016/127 对水解蛋白生产的婴儿和较大婴儿配方食品，母乳必需氨基酸和条件必需氨基酸参考值如表 40 所示。新旧标准除对精氨酸的参考值要求一致外，其他必需和条件必需氨基酸的参考值均进行了修订。新旧标准差异的主要原因是新标准依据最新的科学证据规定了符合水解蛋白婴儿和较大婴儿配方食品蛋白质质量要求的母乳中的必需氨基酸和条件必需氨基酸参考值。

表 40   水解蛋白婴儿及较大婴儿配方食品中母乳中的必需氨基酸和条件必需氨基酸参考值

氨基酸	2006/141/EC		（EU）2016/127	
	mg/100kJ[1]	mg/100kcal	mg/100kJ[1]	mg/100kcal
精氨酸	16[2]	69[2]	16	69
半胱氨酸	9	38	6	24
组氨酸	10	40	11	45
异亮氨酸	22	90	17	72
亮氨酸	40	166	37	156
赖氨酸	27	113	29	122
蛋氨酸	5	23	7	29
苯基丙氨酸	20	83	15	62
苏氨酸	18	77	19	80
色氨酸	8	32	7	30
酪氨酸	18	76	14	59
缬氨酸	21	88	19	80

[1] 1kJ = 0.293kcal
[2] 条例（EC）/1234/2008

四、许可的营养物质来源

添加到婴儿配方食品和较大婴儿配方食品中的营养物质必须能够满足婴儿的特殊营养需求，如果有必要，该产品的适用性还必须得到相关研究的证实。针对适当研究的方案和操作指南已由诸如包括欧洲食品安全局、英国医疗食品及营养政策委员会，以及欧洲儿科胃肠、肝脏病学和营养学协会等科学专家小组公布。（EU）No 609/2013 的附录中列出了可在各类特殊食品中使用的化合物名单。对于婴儿及较大婴儿配方食品，名单如下。

1. 维生素（表 41）

表 41   允许使用的维生素及来源

维生素	许可的来源形式
维生素 A	视黄醇乙酸酯
	棕榈酸视黄酯
	视黄醇

续表

维生素	许可的来源形式
维生素 D	维生素 D_2（钙化醇）
	维生素 D_3（胆钙化醇）
维生素 B_1	盐酸硫胺素
	硝酸硫胺
维生素 B_2	核黄素
	核黄素 – 5′ – 磷酸钠
烟酸	烟酰胺
	烟酸
维生素 B_6	盐酸吡哆醇
	磷酸吡哆醇
叶酸	叶酸
泛酸	D – 泛酸钙
	D – 泛酸钠
	右泛醇
维生素 B_{12}	氰钴维生素
	羟钴胺
生物素	D – 生物素
维生素 C	L – 抗坏血酸
	L – 抗坏血酸钠
	L – 抗坏血酸钙
	棕榈酸抗坏血酸酯
	抗坏血酸钾
维生素 E	D – α – 生育酚
	DL – α – 生育酚
	D – α – 生育酚乙酸酯
	DL – α 生育酚乙酸酯
维生素 K	叶绿醌（维生素 K_1）

2. 矿物质（表42）

表42　允许使用的矿物质来源

矿物质	许可的来源形式
钙（Ca）	碳酸钙
	氯化钙
	柠檬酸钙盐
	葡萄糖酸钙
	甘油磷酸钙
	乳酸钙
	磷酸钙盐
	氢氧化钙
镁（Mg）	碳酸镁
	氯化镁
	氧化镁
	磷酸镁盐
	硫酸镁
	葡萄糖酸镁
	氢氧化镁
	柠檬酸镁盐
铁（Fe）	柠檬酸亚铁
	葡萄糖酸亚铁
	乳酸亚铁
	硫酸亚铁
	柠檬酸铁
	富马酸亚铁
	二磷酸铁（焦磷酸铁）
	甘氨酸亚铁
铜（Cu）	柠檬酸铜
	葡萄糖酸铜
	硫酸铜
	赖氨酸络合铜
	碳酸铜
碘（I）	碘化钾
	碘化钠
	碘酸钾

续表

矿物质	许可的来源形式
锌（Zn）	醋酸锌
	氯化锌
	乳酸锌
	硫酸锌
	柠檬酸锌
	葡萄糖酸锌
	氧化锌
锰（Mn）	碳酸锰
	二氯化锰
	柠檬酸锰
	硫酸锰
	葡萄糖酸锰
钠（Na）	碳酸氢钠
	氯化钠
	柠檬酸钠
	葡萄糖酸钠
	碳酸钠
	乳酸钠
	磷酸钠盐
	氢氧化钠
钾（K）	碳酸氢钾
	碳酸钾
	氯化钾
	柠檬酸钾盐
	葡萄糖酸钾
	乳酸钾
	磷酸钾盐
	氢氧化钾
硒（Se）	硒酸钠
	亚硒酸钠

3. 氨基酸及其他氮化合物（表43）

表43　允许使用的氨基酸及其他氮化合物来源

名称	许可的来源形式
精氨酸	L-精氨酸及其氢氯化物
胱氨酸	L-胱氨酸及其氢氯化物
组氨酸	L-组氨酸及其氢氯化物
异亮氨酸	L-异亮氨酸及其氢氯化物
亮氨酸	L-亮氨酸及其氢氯化物
赖氨酸	L-赖氨酸及其氢氯化物
半胱氨酸	L-半胱氨酸及其氢氯化物
蛋氨酸	L-蛋氨酸
苯基丙氨酸	L-苯基丙氨酸
苏氨酸	L-苏氨酸
色氨酸	左旋色氨酸
酪氨酸	左旋酪氨酸
缬氨酸	L-缬氨酸
L-肉碱	左旋肉碱及其氢氯化物
	左旋肉碱酒石酸盐
牛磺酸	牛磺酸
胞苷酸	胞苷酸及其钠盐
尿苷酸	尿苷酸及其钠盐
腺苷酸	腺苷酸及其钠盐
鸟苷酸	鸟苷酸及其钠盐
肌苷酸	肌苷酸及其钠盐

4. 其他营养物质（表44）

表44　允许使用的其他营养物质来源

名称	许可的来源形式
胆碱	胆碱
	氯化胆碱
	柠檬酸胆碱
	酒石酸胆碱
肌醇	肌醇

五、安全性指标

考虑到2006/141/EC指令的附录已有相关规定，在（EU）No 609/2013条例中，委员会已经在婴儿及较大婴儿配方食品中作出了限制或禁止含有杀虫剂残留的规定。

（一）允许使用的杀虫剂及其限量要求

婴儿和较大婴儿配方食品，含有的杀虫剂残留活性成分不得超过 0.01mg/kg（指即食婴儿和较大婴儿配方食品或是按照制造商的说明复配后的婴儿和较大婴儿配方食品的重量），残留物含量的分析应采用可接受的标准化方法，该限量水平不包含表 45 所示的杀虫剂或其代谢产物。

表 45　婴儿和较大婴儿配方食品中杀虫剂或杀虫剂代谢物的残留物最大限量

物质的化学名称	残留最大限值（mg/kg）[1]
硫线磷	0.006
甲基内吸磷/甲基内吸磷砜/亚砜吸磷（单独或组合、以甲基内吸磷表示）	0.006
灭线磷	0.008
氟虫腈（氟虫腈和去硫酰氟虫腈之和，以氟虫腈表示）	0.004
丙森锌/甲基代森锌（丙森锌和甲基代森锌之和）	0.006

[1] 指即食婴儿和较大婴儿配方食品或是按照制造商的说明复配后的婴儿和较大婴儿配方食品的重量。

（二）禁止使用的杀虫剂

某些禁用杀虫剂在婴儿及较大婴儿配方食品中不能确保一定不含有，一些杀虫剂和杀虫剂残留物留存在环境中，即使未被使用，也可能在食品中检出。基于这一原因，这些杀虫剂低于一定的限值被认定为没有使用，表 46 所示的杀虫剂不得在用于生产婴儿和较大婴儿配方食品的农产品中使用。为便于监管，婴儿及较大婴儿配方食品所包含表 46 所列出的农药的残留物含量未超过 0.03mg/kg（指即食婴儿和较大婴儿配方食品或是按照制造商的说明复配后的婴儿和较大婴儿配方食品的重量），则可认为未使用。

表 46　禁止在用于生产婴儿和较大婴儿配方食品的农产品中使用的杀虫剂

物质的化学名称（残留物定义）
艾氏剂、狄氏剂，以狄氏剂表示
乙拌磷（乙拌磷、砜拌磷、乙拌磷砜之和，以乙拌磷表示）
异狄氏剂
丰索磷（丰索磷及其氧基和砜类之和，以丰索磷表示）
三苯锡，以三苯基锡阳离子表示
氟吡甲禾灵（氟吡甲禾灵，包括轭合物在内的盐合酯类之和，以氟吡甲禾灵表示）
七氯和反式‑七氯环氧化物，以七氯表示
六氯苯
除草醚
氧化乐果
特丁磷（特丁磷、特丁磷亚砜和特丁磷砜类之和，以特丁磷表示）

三、污染物限量要求

欧盟关于污染物限量的要求也是各国中要求最多的。总结如表47。

表 47　婴幼儿配方食品污染物限量要求

指标	食品类别	欧盟（即食状态）
铅（mg/kg）	粉状婴幼儿配方食品	0.050
	液态婴幼儿配方食品	0.010
镉（mg/kg）	以牛乳蛋白为原料的粉状婴幼儿配方食品	0.010
	以牛乳蛋白为原料的液态婴幼儿配方食品	0.005
	添加大豆分离蛋白的粉状婴幼儿配方食品	0.020
	添加大豆分离蛋白的液态婴幼儿配方食品	0.010
亚硝酸盐（mg/kg）	婴幼儿配方食品	无
黄曲霉毒素 M_1（μg/kg）	婴儿配方食品	0.025
	较大婴儿和幼儿配方食品	0.025
	特殊医学用途婴儿配方食品	0.025
赭曲霉毒素 A（μg/kg）	特殊医学用途婴儿配方食品	0.50
展青霉素（μg/kg）	除婴幼儿谷类辅助食品以外的婴幼儿食品	10.0
二噁英总量（pg/g 湿重）（WHO – PCDD/F – TEQ）	婴幼儿食品	0.1
二噁英和二噁英类多氯联苯总量（pg/g 湿重）（WHOPCDD/F – PCB – TEQ）	婴幼儿食品	0.2
多氯联苯（pg/g 湿重）（PCB28，PCB52，PCB101，PCB138，PCB153，PCB180）	婴幼儿食品	1.0
苯并（a）芘（μg/kg）	婴幼儿谷类辅助食品	1.0
	特殊医学用途婴儿配方食品	1.0
多环芳烃（μg/kg）［苯并（a）芘、苯并（a）蒽、苯并（b）荧蒽和菌的总量］	婴幼儿谷类辅助食品	1.0
	特殊医学用途婴儿配方食品	1.0

第三节　婴儿及较大婴儿配方食品的标签标示要求

指令 2006/141/EC 根据委员会指令 89/398/EEC 第 7 款第 1 条的规定，本指令所涵盖的婴儿营养品应遵循欧洲议会和理事会指令 2000/13/EC 关于产品标签、介绍和广告的一般规则，为了促进和保护母乳喂养，一般原则的基础上适当增加一些补充条款和例外情况；条例（EU）2016/127 根据（EU）609/2013 的规定婴儿及较大婴儿配方食品必须遵守欧洲议会和理事会条例（EU）No 1169/2011，考虑婴儿及较大婴儿配方食品的特殊性，为了推广和保护母乳喂养，规定了对一般规则的附加条款与例外情况。

本节内容将就指令 2006/141/EC 和条例（EU）2016/127 增加的补充、附加条款与例外情况进行比对介绍。

一、关于商品名称的要求

条例（EU）2016/127 未对指令 2006/141/EC 规定的婴儿及较大婴儿配方食品的销售通用名称进行修改，新旧标准对由牛乳或羊乳以及非完全由牛乳或羊乳生产的婴儿及较大婴儿配方食品的销售通用名称要求是一致的。条例规定了欧盟不同语言对该产品的商品名称，在此不一一列举。

二、强制性标示要求

为确保婴儿母亲或其他照护者正确使用婴儿和较大婴儿配方食品，保护婴儿的健康，对必要的婴儿喂养指导信息指令 2006/141/EC 和条例（EU）2016/127 分别规定了强制性标示要求（表48）。

表 48　婴儿和较大婴儿配方食品的强制性标示要求

指令 2006/141/EC	条例（EU）2016/127
1. 除指令 2000/13/EC 第 3（1）条所规定的强制性标示之外，标签还应强制性标示如下内容： （a）对于婴儿配方食品，声明该产品能够为没有母乳喂养的婴儿自出生时提供所需的特殊营养。 （b）对于较大婴儿配方食品，声明只能为 6 个月以上的婴儿提供特殊的营养，它仅是该阶段婴儿多元化膳食的一部分，它是不能作为婴儿出生前 6 个月的母乳替代品；同时声明，考虑到每个婴儿个体特殊的生长发育需求，应该在具有医学，营养学，药剂学资质或其他妇幼保健方面的专业人士的建议下，才可以决定开始添加辅食，包括给 6 月龄以内的婴儿添加辅食。 （c）对于较大婴儿配方食品，有效的能量值可以使用 kJ 或 kcal 来标示；蛋白质、碳水化合物和脂肪的含量，可以每 100ml 可食用产品中的数值来标示。 （d）对于婴儿配方食品和较大婴儿配方食品，附录 I 和附录 II 中分别列出了每一种矿物质和维生素的以及其中所含的胆碱、肌醇和 L-肉碱的含量平均值，可以每 100ml 可食用产品中的数值来标示。 （e）对于婴儿配方食品和较大婴儿配方食品，应标示产品的制备、储存、配制的说明以及制备和储存不当可能导致的健康危害的警告； 2. 另外，婴儿配方食品的标签还应强制标注下列内容，前面冠以"重要提示"或类似的词语： （a）有关母乳喂养的优势； （b）声明建议仅在得到具有医学，营养学，药剂学资质或其他妇幼保健方面的专业人士的建议下，使用产品。	1. 除了条例（EU）第 1169/2011 第 9（1）条所列的强制性标示外，婴儿配方食品还应强制标示如下内容。 （a）声明产品适用于出生时得不到母乳喂养的婴儿。 （b）产品的适当制备，储存和配制说明，以及对不适当的制备和储存对健康危害的警告。 （c）关于母乳喂养优势的陈述，以及建议仅在具有医学，营养或药学资格的专业人士或其他母婴保健方面的专业人员的建议下使用该产品的声明。在婴儿配方食品的标签上，在该点声明前面应冠以"重要提示"或类似的词语。 2. 除了条例（EU）第 1169/2011 第 9（1）条所列的强制性标示外，较大婴儿配方食品还应强制标示如下内容。 （a）声明该产品只能为 6 个月以上的婴儿提供特殊的营养，它仅是该阶段婴儿多元化膳食的一部分，它是不能作为婴儿出生后前 6 个月的母乳替代品；考虑到每个婴儿个体特殊的生长发育需求，应该在具有医学，营养学，药剂学资质或其他妇幼保健方面的专业人士的建议下，才可以决定开始添加辅食。 （b）产品的适当制备，储存和配制说明，以及不适当的制备和储存对健康危害的警告。 3. 除了条例（EU）第 1169/2011 第 30（1）条所述的信息外，婴儿配方食品和较大婴儿配方食品的强制性营养声明还应包括附录 I 和附录 II 中所列出的每种矿物质和维生素的含量平均值（钼除外），婴儿配方的强制性营养声明还应包括胆碱，肌醇和 L-肉碱的含量平均值（盐除外）。 4. 在条例（EU）1169/2011 第 31 条第 3 款、第 32 条第 2 款和第 33 条第 1 款减损的基础上，婴儿配方食品和较大婴儿配方食品的能量值和营养素含量值，以每 100ml 按照制造商的说明书复配的可食用产品中的数值标示。适当情况下，可以增加 100g 市售产品中的数值。

三、可选择标示的内容

对于婴儿及较大婴儿配方食品的一些非强制性的技术要求，法规在标示要求上也将其作为可选择标示的内容，如乳清蛋白与酪蛋白的比例。指令2006/141/EC和条例（EU）2016/127可选择标示的内容的比对如表49所示。

表49　婴儿和较大婴儿配方食品的可选择标示内容

指令2006/141/EC	条例（EU）2016/127
1. 对于较大婴儿配方食品，除标示每100ml可食用产品中的数值外，还可根据附件Ⅲ列出的每种矿物质和维生素的参考摄入量，标示出每100ml可食用产品中每种矿物质和维生素的含量占参考摄入量的百分比。	1. 除了条例（EU）第1169/2011第30（2）（a）至（e）条提及的信息外，还可补充婴儿及较大婴儿配方食品进行如下营养声明的一个或多个： （a）蛋白质，碳水化合物或脂肪的不同组分的含量。 （b）乳清蛋白与酪蛋白的比例。 （c）本规则附件Ⅰ或附件Ⅱ所列出的或条例（EU）609/2013附录中所列的任何营养素的含量值，除强制标示所包含的营养素外。 （d）根据第3条（在条例（EU）1169/2011第30条第3款减损的基础上，包含于婴儿配方食品和较大婴儿配方食品强制标示的信息不应在标签中重复）添加到产品中的任何营养素的含量值。 2. 对于较大婴儿配方食品，除标示每100ml可食用产品中的数值外，还可根据附录Ⅶ列出的每种矿物质和维生素的参考摄入量，标示出每100ml可食用产品中每种矿物质和维生素的含量占参考摄入量的百分比。

四、禁止标示的内容

母乳是从出生到6个月婴儿最好的食品，欧盟将持续推进执行2006/141/EC指令所基于的世界卫生组织《国际母乳代用品销售守则》。世界卫生组织《国际母乳代用品销售守则》在第34届世界卫生大会上通过，宗旨是为婴儿提供安全而充足的营养做贡献，其办法是保护并促进母乳喂养，保证正确地使用这些母乳代用品。为此，指令2006/141/EC和条例（EU）2016/127规定了婴儿配方食品标签禁止标示的内容，如表50所示。禁止事项，以及限制也适用于有关产品的相关展示（尤其是其独特的形状，外观，包装，及包装材料，都应该考虑到如何安排展示）和广告。

表50　婴儿配方食品的禁止标示内容

指令2006/141/EC	条例（EU）2016/127
1. 婴儿配方食品和较大婴儿配方食品的标签设计，应提供正确使用产品的必要信息，以免阻碍母乳喂养，但禁止使用"人性化"、"母乳化"、"适应"等类似词语。 2. 婴儿配方食品的标签将不得包含婴儿的图片，也不得包含可能使消费者对产品产生理想期望的文本。但是可以包含建议辨别产品以及说明制备方法的图示。	1. 婴儿配方食品和较大婴儿配方食品的标签，介绍和广告不得使用"人性化"，"母性化"，"适应"或类似术语。 2. 婴儿及较大婴儿配方食品的标签、外观和广告不能做过度设计以免阻碍母乳喂养。 3. 禁止对婴儿配方食品进行营养和健康声称。

五、关于婴儿配方和较大婴儿配方食品的声称

遵照欧洲议会和理事会（EC）No 1924/2006 条例，在可选范围内的营养声称是食品生产经营者促进商业交流的重要手段。指令 2006/141/EC 和条例（EU）2016/127 关于婴儿配方食品营养声称比对如表 51 所示。条例（EU）2016/127 关于婴儿配方食品乳糖的声称同样适用于较大婴儿配方食品。

表51　婴儿配方食品的营养健康声称

指令 2006/141/EC		条例（EU）2016/127	
营养声称	保证该营养声称的条件	营养声称	保证该营养声称的条件
1. 全乳糖 2. 无乳糖 3. 添加 LCP 或二十二碳六烯酸（DHA）的等量营养声称 4. 以下可选择添加的营养成分：牛磺酸、低聚果糖和低聚半乳糖、核苷酸	碳水化合物中仅有乳糖乳糖含量不得高于 2.5mg/100kJ（10mg/100kcal）二十二碳六烯酸（DHA）含量不得低于总脂肪酸含量的 0.2%根据婴儿食品特定用途自愿适量添加，见附件 I 所列情况	1. 全乳糖 2. 无乳糖 3. 二十二碳六烯酸（DHA）	碳水化合物中仅有乳糖乳糖含量不得高于 2.5mg/100kJ（10mg/100kcal）；用于由除大豆蛋白分离物之外的蛋白质来源的婴儿配方食品和较大婴儿配方食品时，应附有"不适合于患有半乳糖血症的婴儿"的声称，字体大小和突程度可与"无乳糖"一致，并在排版位置上靠近它。只有在 2025 年 2 月 22 日前投放到市场的产品中仍然可以对二十二碳六烯酸（DHA）进行声称。

六、其他标签要求

（1）指令 2006/141/EC 和条例（EU）2016/127 均要求婴儿和较大婴儿配方食品的标签、外观和广告，应使消费者能够清晰辨别这两种产品，以避免由于混淆婴儿配方食品和较大婴儿配方食品而产生任何风险。

（2）条例（EU）2016/127 在指令 2006/141/EC 的基础上增加的标签标示要求：①婴儿配方食品和较大婴儿配方食品的所有强制性标示内容应以消费者容易理解的语言出现。②通过减损条例（EU）1169/2011 号 30（3）条，婴儿配方食品和较大婴儿配方食品强制性营养声明中的信息不应在标签上重复。③无论包装或容器最大表面的尺寸如何，对所有婴儿配方食品和较大婴儿配方食品的营养声明必须是强制性的。④（欧盟）第 1169/2011 号条例第 31 至 35 条应适用于婴儿配方食品和较大婴儿配方食品营养声明中包括的所有营养素。⑤未列入（欧盟）第 1169/2011 号条例附件 XV 的婴儿配方食品和较大婴儿配方食品营养声明中包含的详细信息应在其所属的附件最相关条目之后提供，或其成分的。⑥未列入（欧盟）第 1169/2011 号条例附件 XV 中不属于或不属于该附件任何条目的组成部分的细节应在该附件营养声明中提出。

七、商业促销与广告

有证据显示，广告和其他市场营销手段直接影响到婴儿父母和照护者做出如何喂养婴儿的决定。因此，指令 2006/141/EC 和条例（EU）2016/127 对婴儿配方食品的广告和其他市场营销手段做出特别的规定。对婴儿配方食品商业促销与广告的允许与禁

止做出了具体的规定，包括促销与广告允许与禁止的途径和方式。新标准在原标准基础上增加了第4条对向机构或组织捐赠或低价销售婴儿配方食品的行为规范。

（1）婴儿配方食品的广告应限于专门用于婴儿护理和科学出版物，成员国可以进一步限制或禁止此类广告。这种广告应只包含科学和事实信息，这些信息不应明示或暗示人工喂养等于或优于母乳喂养。

（2）在零售网点直接提供给消费者的婴儿配方食品，不得包含销售网点广告，不得赠送赠品，不得以诸如特别展示、优惠券、奖品、特卖、打折、搭配销售等任何其他手段进行销售。

（3）婴儿配方食品的制造商和分销商不得向公众或孕妇，婴儿母亲或其家人提供免费或低价产品，样品或任何其他促销礼品，直接或间接通过医疗保健系统或卫生工作者。

（4）向机构或组织捐赠或低价销售婴儿配方食品，不论是用于机构或在机构外部分发，其对象人群仅限于必须以婴儿配方食品喂养的婴儿，并且仅能按照该婴儿的需求使用或分发。

八、关于婴儿喂养信息的传播

为保证家庭和涉及婴儿喂养领域的人士可以获得客观可靠的信息，指令2006/141/EC和条例（EU）2016/127还规定了关于婴儿喂养信息的传播的规范。新旧标准对婴儿喂养信息的传播的规定是一致的，详细内容如下文。

（1）各成员国应确保向家庭和涉及婴儿喂养领域的人士，提供有关婴儿喂养的客观可靠的信息，包括计划、规定、设计、信息的传播及控制。

（2）各成员国应确保，计划向孕妇和婴儿母亲提供的有关婴儿喂养的信息和教育资料，无论是书面的还是试听形式的，应包括以下各点的明确信息：①母乳喂养的好处和优势；②母乳营养和母乳喂养的准备和维持；③母乳和人工喂养混合可能带来的不利影响；④非母乳喂养可能带来的困难；⑤必要时正确的使用婴儿配方食品。

如果这些资料含有使用婴儿配方食品的信息，则这些资料中应包括使用婴儿配方食品的社会和经济影响、不当的食品或喂养方法的健康危害，特别是不正确使用婴儿配方食品的危害。此类材料不得使用任何可能理想化使用婴儿配方食品的照片。

（3）成员国应确保，必须经过请求并且获得国家机构的书面批准或遵守了国家机构为此制定的指南之后，制造商或经销商才可发放相关宣教信息的设备或资料。该设备或资料上可标有发放公司的名称或标志，但不得涉及婴儿配方食品的商标，并且该设备或资料只能通过卫生保健系统分发。

（4）各成员国应确保，向公共机构或组织捐赠的或低价出售的婴儿用品，无论是用于该机构还是向该机构之外分发，其对象人群仅限于必须以婴儿配方食品喂养的婴儿，并且仅能按照该婴儿的需求使用或分发。

九、较大婴儿配方食品维生素和矿物质的参考摄入量

可选择标示的内容中提到对于较大婴儿配方食品，除标示每100ml可食用产品中

的数值外，还可标示出每100ml可食用产品中每种矿物质和维生素的含量占参考摄入量的百分比。指令2006/141/EC附录Ⅲ和条例（EU）2016/127附录Ⅶ规定了较大婴儿配方食品维生素和矿物质的参考摄入量（表52），新旧标准对该参考摄入量的数值规定是一致的。

表52　较大婴儿配方食品维生素和矿物质的参考摄入量

营养素	摄入参考值
维生素 A（μg）	400
维生素 D（μg）	7
维生素 E（mg TE）	5
维生素 K（μg）	12
维生素 C（mg）	45
硫胺素（mg）	0.5
核黄素（mg）	0.7
烟酸（mg）	7
维生素 B_6（mg）	0.7
叶酸（μg）	125
维生素 B_{12}（μg）	0.8
泛酸（mg）	3
生物素（μg）	10
钙（mg）	550
磷（mg）	550
钾（mg）	1000
钠（mg）	400
氯化物（mg）	500
铁（mg）	8
锌（mg）	5
碘（μg）	80
硒（μg）	20
铜（mg）	0.5
镁（mg）	80
锰（mg）	1.2

执笔人：康玲玲　牛犁天　张子婷　韩军花

第六章 澳大利亚/新西兰婴儿及较大婴儿配方食品标准

第一节 概 述

1991 年，澳大利亚/新西兰两国政府联合颁布《澳新食品标准法案 1991》（Food Standards Australia New Zealand Act 1991），旨在通过建立一个高效、透明和负责的技术框架，保护食品生产、加工、销售和出口等环节的质量和安全。依据该法案，澳新两国共同成立澳新食品标准局（Food Standards Australia New Zealand，FSANZ）。FSANZ 分别在澳大利亚的堪培拉和新西兰的惠灵顿设立办公室，由来自这两个国家的食品专家组成的机构管理。该机构负责依据《澳新食品标准法案 1991》制定《澳大利亚新西兰食品标准法典》（Australia New Zealand Food Standards Code，ANZFSC），进行与食品标准内容有关问题的研究和科学的食品安全风险评估等方面的工作，包括食品政策制定、评估、修订澳新食品产品标准以及相关原辅料、添加剂、污染物标准；协调国内标准与国际、国外标准之间的一致性，避免贸易壁垒等。FSANZ 的愿景是保证澳大利亚和新西兰食品链的安全，以保护两国消费者健康，使命是与澳大利亚和新西兰政府联合开发食品标准。其每年至少要召开 8 次会议（4 次现场会议和 4 次电话视频会议），讨论标准制定、修订问题。

目前《澳大利亚新西兰食品标准法典》共分四章，第一章是食品通用标准，包括食品添加剂、维生素和矿物质、加工助剂、污染物、真菌毒素、微生物等限量要求及包装标签要求等；第二章是食品产品标准，将食品分为谷物、肉蛋鱼、乳制品、特殊用途食品等 10 个大类，并分别规定了产品标准；这两章在澳新两国各州强制执行。第三章和第四章分别是仅在澳大利亚使用的食品安全标准和食品初级生产标准。

澳大利亚/新西兰关于婴幼儿配方食品的标准为 STANDARD 2.9.1 INFANT FOR-MULA PRODUCTS，是第二章第九类"特殊用途食品"的一个章节。本章将对澳大利亚/新西兰 STANDARD 2.9.1 主要内容及最新进展进行介绍。

澳新婴儿及较大婴儿配方食品标准（STANDARD 2.9.1）于 2002 年首次制定，并于 2002 年 6 月 20 日在澳大利亚联邦公报上发表，最近一次修订的生效日期为 2016 年 3 月 1 日。该标准经过 15 年的发展，中间经过四十几次的修订，涉及定义、增加注释、可选择成分等，例如批准了一批允许添加到婴儿及较大婴儿配方食品中的可选成分，包括叶黄素、菊粉和低聚半乳糖。但是，多次修订中强制性营养成分并没有进行过修改。

标准 2.9.1 既规定了婴儿及较大婴儿配方食品的技术要求，也规定了特殊医学用途婴儿配方食品的技术要求。标准适用于所有的婴儿及较大婴儿配方食品产品包括粉状、液态浓缩和即饮形式。

第二节　主要技术内容

标准2.9.1第一部分详细的规定了婴儿及较大婴儿配方食品的必需营养成分、可选营养成分、安全性指标、食品添加剂和营养强化剂以及标签和广告要求；第二部分规定了各种特殊医学用途婴儿配方食品在营养成分和标签上的特别要求。

一、婴儿及较大婴儿配方食品

（一）必需营养成分

标准2.9.1规定每100ml婴儿配方食品允许含有的能量范围是250~315kJ，每100ml较大婴儿配方食品允许含有的能量范围是250~355kJ，维生素、矿物质、食品添加剂或其他营养物质不能添加在婴儿配方食品中，除非本法典明确允许或是婴儿配方食品原料的天然成分。同时，为避免过敏发生，婴儿配方食品中不能检测出麸质。必需营养成分主要包含宏量营养素（蛋白质、脂肪和碳水化合物）、维生素、矿物质等（表53、表54）。

表53　必需营养成分——宏量营养素

营养素	单位	婴儿配方食品	较大婴儿配方食品
蛋白质含量	g/100kJ	0.45 – 0.7	0.45 – 1.3
氮换算系数（牛乳或羊乳蛋白）		6.38	6.38
氮换算系数（其他蛋白质来源）		6.25	6.25
组氨酸	mg/100kJ	10	10
异亮氨酸	mg/100kJ	21	21
亮氨酸	mg/100kJ	42	42
赖氨酸	mg/100kJ	30	30
半胱氨酸与胱氨酸	mg/100kJ	合计19。半胱氨酸或胱氨酸与半胱氨酸结合物不少于6	
蛋氨酸	mg/100kJ		
苯丙氨酸	mg/100kJ	合计32。苯丙氨酸不少于17	
酪氨酸	mg/100kJ		
苏氨酸	mg/100kJ	19	19
色氨酸	mg/100kJ	7	7
缬氨酸	mg/100kJ	25	25
潜在肾溶质负荷	mOsm/100kJ	—	< 8
总脂肪[1]	mg/100kJ	1.05 – 1.5	1.05 – 1.5
亚油酸（18:2）	总脂肪%	9 – 26	9 – 26
α – 亚麻酸（18:3）	总脂肪%	1.1 – 4	1.1 – 4

续表

营养素	单位	婴儿配方食品	较大婴儿配方食品
亚油酸/α-亚麻酸	比值	5-15	5-15

[1]总脂肪中分反式脂肪酸的含量不应超过4%，芥酸的含量不应超过1%；除非在特定婴儿和较大婴儿配方食品中乳基成分的天然组成成分，或用于制备脂溶性维生素的加工助剂，否则不得添加中链脂肪酸甘油三酯（含有8-10个碳原子）。

表54 必需营养成分——维生素、矿物质

营养素	单位	婴儿配方食品	较大婴儿配方食品
维生素A	µg-RE/100kJ	14-43	14-43
维生素D	µg/100kJ	0.25-0.63	0.25-0.63
维生素 B_1	µg/100kJ	≥10（48）[1]	≥10（48）[1]
维生素 B_2	µg/100kJ	≥14（86）[1]	≥14（86）[1]
烟酸	µg/100kJ	≥130（480）[1]	≥130（480）[1]
泛酸	µg/100kJ	≥70（360）[1]	≥70（360）[1]
维生素 B_6	µg/100kJ	9-36	9-36
生物素	µg/100kJ	≥0.36（2.7）[1]	≥0.36（2.7）[1]
叶酸	µg-DFE/100kJ	≥2（8.0）[1]	≥2（8.0）[1]
维生素 B_{12}	µg/100kJ	≥0.025（0.17）[1]	≥0.025（0.17）[1]
维生素C	mg/100kJ	≥1.7（5.4）[1]	≥1.7（5.4）[1]
维生素K	µg/100kJ	≥1（5.0）[1]	≥1（5.0）[1]
维生素E	mg α-tocopherol/100kJ	0.11-1.1	0.11-1.1
	mgα-tocopherol/gPUFA	≥0.5	≥0.5
钠	mg/100kJ	5-15	5-15
钾	mg/100kJ	20-50	20-50
氯	mg/100kJ	12-35	12-35
钙	mg/100kJ	≥12（33）[1]	≥12（33）[1]
磷	mg/100kJ	6-25（22）[1]	6-25（22）[1]
钙/磷	比值	1.2-2	1.2-2
镁	mg/100kJ	1.2-4	1.2-4
铁	mg/100kJ	0.2-0.5	0.2-0.5
锌	mg/100kJ	0.12-0.43	0.12-0.43
铜	µg/100kJ	14-43	14-43
锌/铜	比值	≤15:1	≤20:1
碘	µg/100kJ	1.2-10	1.2-10
硒	µg/100kJ	0.25-1.19	0.25-1.19
锰	µg/100kJ	0.24-24	0.24-24

[1]指导上限水平（GUL）。

（二）允许添加的可选择成分

澳新现行婴儿及较大婴儿配方食品标准规定允许添加胆碱、肌醇、L-肉碱等营养成分，这些物质被确定为存在于母乳中，可以提供一定的生理功能，但不是健康所必需的。在此基础上这些营养素被允许自愿添加，并规定了含量限值表55。高限值可以防止婴儿过量摄入带来的安全风险；低限值可以确保如果这些营养成分，能提供足够的水平以达到预期的目的。例如，L-肉碱已经被列为婴儿必需的一种营养素，牛乳中含有一定量的天然L-肉碱，但豆基婴儿配方食品的蛋白质原料自身不含肉碱，需要添加L-肉碱达到一个必需的水平。

表55　允许添加的可选营养成分

营养素	允许来源	单位	婴儿配方食品	较大婴儿配方食品
牛磺酸	牛磺酸	mg/100kJ	0.8－3.0	0.8－3.0
叶黄素	万寿菊提取叶黄素	µg/100kJ	1.5－5.0	1.5－5.0
L-肉碱	左旋肉碱	mg/100kJ	0.21－0.8	0.21－0.8
胆碱	氯化胆碱	mg/100kJ	1.7－7.1	1.7－7.1
	酒石酸氢胆碱			
肌醇	肌醇	mg/100kJ	1.0－9.5	1.0－9.5
n-6多不饱和脂肪酸	—	总脂肪%	≤2	≤2
花生四烯酸（20：4 n-6，AA）	点脂及1%	≤1	≤1
n-3多不饱和脂肪酸	—	总脂肪%	≤1	≤1
n-6多不饱和脂肪酸/n-3多不饱和脂肪酸	—	比值	≥1	≥1
二十碳五烯酸（20：5 n-3，EPA）/二十二碳六烯酸（22：6 n-6，DHA）	—	比值	≤1	≤1
胞苷酸	5′-磷酸嘧啶核苷酸	mg/100kJ	0.22－0.6	0.22－0.6
尿苷酸	5′-磷酸尿苷核苷酸钠	mg/100kJ	0.13－0.42	0.13－0.42
腺苷酸	5′-磷酸腺苷核苷酸	mg/100kJ	0.14－0.38	0.14－0.38
鸟苷酸	5′-磷酸鸟苷酸核苷酸	mg/100kJ	0.04－0.12	0.04－0.12
	5′-磷酸鸟苷酸核苷酸钠			
肌苷酸	5′-磷酸肌苷核苷酸 5′-磷酸肌苷核苷酸钠	mg/100kJ	0.08－0.24	0.08－0.24
5种核苷酸总量		mg/100kJ	≤0.38	≤0.38
菊粉类低聚糖		mg/100kJ	≤110	≤110
低聚半乳糖		mg/100kJ	≤290	≤290
低聚果糖和低聚半乳糖[1]		mg/100kJ	≤290 其中菊粉类低聚糖≤110	≤290 其中菊粉类低聚糖≤110

[1]低聚果糖与低聚半乳糖最大允许限值也适用于自然含有的及添加的营养物质总和。

（三）安全性指标

婴儿及较大婴儿配方食品的安全性指标并不包含在标准2.9.1中。标准2.9.1引用了法典标准1.4.1中对婴儿及较大婴儿配方食品的铅污染物限量规定；法典标准1.6.1中对各种食品的微生物限量进行了统一的规定，婴儿及较大婴儿配方食品允许的最大微生物限量可以查看在标准1.6.1第5条的列表部分。详细要求如表56、表57所示。

表56 铅污染允许最大限值

产品类型	铅污染的允许最大限值
除早产儿配方食品或豆基婴儿配方食品外的婴儿及较大婴儿配方食品	0.05mg/100ml
早产儿、低体重儿婴儿配方食品	0.02mg/100ml
豆基婴儿及较大婴儿配方食品	0.1mg/100ml

表57 允许的最大微生物限量

第1列	第2列	第3列	第4列	第5列	第6列
食品	微生物	n	c	m	M
粉状婴儿及较大婴儿配方食品	蜡样芽孢杆菌/g	5	0	100	
	凝固酶阳性葡萄球菌/g	5	1	0	10
	大肠菌群/g	5	2	<3	10
	沙门氏菌/25g	10	0	0	
	SPC/g	5	2	103	104
添加益生菌的粉状婴儿及较大婴儿配方食品[1]	蜡样芽孢杆菌/g	5	0	100	
	凝固酶阳性葡萄球菌/g	5	1	0	10
	大肠菌群/g	5	2	<3	10
	沙门氏菌/25g	10	0	0	
	SPC/g	5	2	103	104

[1] 在粉状婴儿配方奶粉中添加益生菌时，标准平板计数（SPC）微生物限度适用于益生菌添加之前。

（四）食品添加剂和营养强化剂

1. 食品添加剂

婴儿及较大婴儿配方食品的添加剂使用要求并不包含在标准2.9.1中。澳新法典标准1.3.1中对各种食品的添加剂使用要求进行了统一的规定，婴儿及较大婴儿配方食品的添加剂使用要求规定可查看标准1.3.1的第13条（13.1）。详细要求如表58所示。

表58 允许添加的添加剂种类和允许最大限值

食品添加剂	INS 编码	单位（mg/l）
乳基婴儿及较大婴儿配方食品		
卵磷脂	322	5000
瓜尔豆胶	412	1000
氢氧化钙	526	
氢氧化钠	524	GMP
碳酸氢钠	500ii	

续表

食品添加剂	INS 编码	单位（mg/l）
碳酸钠	500i	
氢氧化钾	525	
碳酸氢钾	501 ii	
碳酸钾	501i	
豆基婴儿及较大婴儿配方食品		
二淀粉磷酸酯	1412	5000
磷酸化二淀粉磷酸酯	1413	5000[1]
乙酰化二淀粉磷酸酯	1414	5000[1]
羟丙基淀粉；	1 440	25000[1]
即食（液态）婴儿及较大婴儿配方食品		
角叉（菜）胶	407	300

[1] 根据标准 1.3.1 第 6 条（1）可以单独或混合使用，但各自用量占其最大使用量的比例之和不应超过 1。

2. 营养强化剂

婴儿和较大婴儿作为脆弱需要保护的人群，其特殊的生理特点决定它们的食物既需要充足的营养，又必须保证安全和低肾溶质负荷。标准 2.9.1 在附表 1 中特别规定了婴儿及较大婴儿配方食品中维生素、矿物质及电解质的允许来源（表59），以保证营养素在婴儿和较大婴儿体内的生物利用率和安全、低肾溶质负荷要求。

表59　婴儿配方食品中维生素、矿物质及电解质的允许来源

维生素、矿物质及电解质	允许来源
维生素 A	视黄醇形式 　维生素 A（视黄醇） 　醋酸维生素 A（醋酸视黄酯） 　棕榈酸维生素 A（棕榈酸视黄酯） 　丙酸视黄酯 类胡萝卜素形式 　β–胡萝卜素
维生素 C	L–抗坏血酸 L–抗坏血酸棕榈酸酯 抗坏血酸钙 抗坏血酸钾 抗坏血酸钠
维生素 D	维生素 D_2（麦角钙化醇） 维生素 D_3（胆钙化醇） 维生素 D（胆钙化醇胆固醇）
硫胺素	盐酸硫胺素 硝酸硫胺素
核黄素	核黄素 核黄素–5′–磷酸钠
烟酸	尼克酸（烟酰胺）
维生素 B_6	盐酸吡哆醇 5′–磷酸吡哆醇

维生素、矿物质及电解质	允许来源
叶酸	叶酸
泛酸	泛酸钙 D－泛醇
维生素 B_{12}	氰钴胺 羟钴胺
生物素	D－生物素
维生素 E	dl－α－生育酚 d－α－生育酚浓缩物 混合生育酚浓缩物 d－α－醋酸生育酚 dl－α－醋酸生育酚 d－α－琥珀酸生育酚 dl－α－琥珀酸生育酚
维生素 K	维生素 K_1，作为叶绿醌（植物甲萘醌） 植物醌
钙	碳酸钙 氯化钙 柠檬酸钙 葡萄糖酸钙 甘油磷酸钙 氢氧化钙 乳酸钙 氧化钙 磷酸氢钙 磷酸二氢钙 磷酸三钙 硫酸钙
氯化物	氯化钙 氯化镁 氯化钾 氯化钠
铬	硫酸铬
铜	葡萄糖酸铜 硫酸铜 柠檬酸铜
铁	柠檬酸铁铵 焦磷酸铁 柠檬酸铁 富马酸亚铁 葡萄糖酸亚铁 乳酸铁 琥珀酸铁 硫酸铁 硫酸亚铁

续表

维生素、矿物质及电解质	允许来源
镁	碳酸镁 氯化镁 葡萄糖酸镁 氧化镁 磷酸氢镁 磷酸镁 硫酸镁
锰	氯化镁 葡萄糖酸锰 硫酸锰 碳酸锰 柠檬酸锰
钼	钼酸钠
磷	甘油磷酸钙 磷酸氢钙 磷酸二氢钙 磷酸三钙 磷酸氢镁 磷酸氢二钾 磷酸二氢钾 磷酸三钾 磷酸二氢钠 偏磷酸钠 磷酸钠
钾	碳酸氢钾 碳酸钾 氯化钾 柠檬酸钾 甘油磷酸钾 葡萄糖酸钾 氢氧化钾 磷酸氢二钾 磷酸二氢钾 磷酸三钾
硒	蛋氨酸硒 硒酸钠 亚硒酸钠
钠	碳酸氢钠 碳酸钠 氯化钠 氯化钠碘 柠檬酸钠 葡萄糖酸钠 氢氧化钠 碘化钠 乳酸钠 磷酸氢二钠 偏磷酸钠 磷酸钠 硫酸钠 酒石酸钠

续表

维生素、矿物质及电解质	允许来源
锌	醋酸锌 氯化锌 葡萄糖酸锌 氧化锌 硫酸锌

（五）标签标示

食品可以标示为婴儿及较大婴儿配方食品的条件是执行本标准，产品规范名称为"婴儿配方食品"及"较大婴儿配方食品"，紧邻产品名称应有蛋白质的特定来源或原料的声明。澳新法典中的一些通用标签标准并不适用于婴儿配方食品，例如，法典标准特殊医学用途食品标准（STANDARD 2.9.5）和营养、法典标准健康相关的声称（STANDARD 1.2.7）。标签标示具体要求见表60。

表60　婴儿及较大婴儿配方食品标签标识的要求

项目	要求
母乳喂养声明[1,2]	"母乳是婴儿最好的食物。使用本产品前，请咨询医生或其他医疗专业人员的意见"； (1) 声明应排列在"重要提示"或其他任何具有相同或近似效果的文字提示下； (2) 该声明不适用于代谢、免疫、肾脏、肝脏或吸收不良等问题的婴儿配方食品。
喂养提示	"婴儿配方食品中的婴儿配方产品可以从婴儿出生开始食用；婴儿配方食品中的较大婴儿配方产品不适用于6个月以下的婴儿食用；除早产儿外，可以向6个月以上的婴儿提供除婴儿配方食品以外的食品。"
营养标签[3]	(1) 以"kJ/100ml"的方式表述（粉状婴儿配方食品按照说明书复配后的婴儿配方食品的）平均含能量值； (2) 以"g/100ml"的方式表述（粉状婴儿配方食品按照说明书复配后的婴儿配方食品的）蛋白质、脂肪及碳水化合物的平均含量值； (3) 以"重量单位/100ml"的方式表述（粉状婴儿配方食品按照说明书复配后的婴儿配方食品的）每种维生素、矿物质以及本标准允许添加的其他任何营养物质的平均含量值； (4) 下述声明： (a) 粉状婴儿配方食品每勺产品的重量（除含有独立包外，包装内必须含有与外包装标签上的使用说明一致的测量勺，并应密封包装）； (b) 根据说明书复配粉状或浓缩配方食品应遵循的调制比例； (5) 以"重量单位/100ml"的方式表述的（在按照说明书复配的食品中）添加的下述物质的平均值： (a) 菊粉来源低聚果糖和低聚半乳糖的混合物； (b) 菊粉来源低聚果糖； (c) 低聚半乳糖。
配制、食用指导及相关警示语[1,2]（需有图片说明配合文字指导）	1. 配制、食用指导： (1) 每一瓶都应单独配制； (2) 配制好的配方食品若需要在食用前储存，应当冷藏并且在24小时内食用完毕； (3) 应使用煮沸再冷却至适宜温度的饮用水配制； (4) 单次喂养剩余的配方食品应当丢弃。 2. 警示语： (1) 粉状和浓缩婴儿配方食品："警告：请严格遵照使用指导的要求准备奶瓶及奶嘴，除非遵照医生指导，不得改变冲调比例，不正确使用可能危害宝宝健康"； (2) 即食婴儿配方食品："警告：请严格遵照使用指导的要求准备奶瓶及奶嘴，除非遵照医生指导，不得稀释或者在即食配方食品中添加任何物质，不正确使用可能危害宝宝健康"。

续表

项目	要求
保质期及贮藏指导	法典标准 1.2.5 的第 2 段落（1）（c）及（d）条款不适用于本标准，在确定有效及适当的贮藏指示时可能需要考虑澳大利亚及新西兰存在的所有类型的气候条件。
氟牙症的声明	粉状或浓缩婴儿配方食品在复配前的氟化物含量超过 17μg/kJ 或即食婴儿配方食品的氟化物含量超过 0.15mg/100ml 的标签必须包含声明 "使用配方食品有引起氟牙症的可能"；氟牙症的风险建议应当与医生或其他医疗专业人员进行讨论。
禁止声称	婴儿配方食品的包装标签不得包含： （1）婴儿照片或理想化的表现婴儿配方食品使用的照片； （2）"人乳化"或"母乳化"或其他任何具有相同或类似效果的文字； （3）声称配方食品适合所有婴儿的文字； （4）有关营养满足人乳的信息； （5）关于营养素和营养物质的声称，除非： （a）无乳糖、低乳糖婴儿配方食品关于'无乳糖'或'低乳糖'的声称； （b）与标准 1.2.4 成分标注一致的成分声称； （c）关于营养素和营养物质的声明； （6）菊粉来源低聚果糖和低聚半乳糖的声称，除非是无乳糖、低乳糖婴儿配方食品，或关于营养素和营养物质的声明，或与标准 1.2.4 成分标注一致的成分声称； （7）该食品适用于特殊体质、疾病或营养失调的声称，特殊用途婴儿配方食品除外；

[1]婴儿配方食品产品的包装净重超过 500g 的，文字尺寸应不小于 3mm，早产儿和低体重儿配方食品的附加声明文字尺寸要求于此一致；

[2]婴儿配方食品产品的包装净重在 500g 及以下的，文字尺寸应不小于 1.5mm，早产儿和低体重儿配方食品的附加声明文字尺寸要求于此一致；

[3]营养成分信息标示的指导，请参考本标准后的婴儿配方食品指导原则。这些原则不是具有法律效力的标准的组成部分。

二、特殊用途婴儿配方食品

（一）早产儿和低体重儿婴儿配方食品

早产儿和低体重儿婴儿配方食品，是为早产儿和低体重儿专门定制的特殊婴儿配方食品，除标签标示有特别要求以外，其他方面应符合本标准各方面的规定。

标签标示要求如下：

对于早产儿和低体重儿婴儿配方食品，"早产儿"一词需作为食品标准化名称的一部分；同时，必须声明"为早产儿或低体重儿专门定制的婴儿配方食品"；必须包含警告声明，"仅在医生监督指导下使用"。

（二）代谢、免疫、肝、肾和吸收不良婴儿配方食品

代谢、免疫、肝、肾和吸收不良婴儿配方食品，是为代谢、免疫、肝、肾和吸收不良婴儿专门定制的特殊婴儿配方食品，除个别指标和标签标示有特别要求以外，其他方面应符合本标准各方面的规定。

1. 营养成分要求

无乳糖、低乳糖婴儿配方食品，是婴儿配方食品的一个类别，除了不含有乳糖或乳糖含量不得超过规定限值表 61 外，其他组成成分和标签需遵守婴儿配方食品的要求。

表 61　无乳糖、低乳糖婴儿配方食品的营养成分特别要求

营养素	单位	无乳糖配方	低乳糖配方
乳糖	g/100ml	0	≤0.3

2. 标签标示（表 62）

表 62　代谢、免疫、肝、肾和吸收不良婴儿配方食品标签标示特别要求

项目	要求
一般声明	（a）'该产品不适合一般的婴儿食用，仅在医生监督指导下食用'； （b）'该产品是针对为疾病、紊乱和特殊身体状况婴儿的婴儿配方食品'； （c）'该产品对婴儿配方食品的营养进行了相应的调整'。
无乳糖、低乳糖婴儿配方食品附加声明	无乳糖、低乳糖婴儿配方食品必需声称无乳糖、低乳糖或相近的意思的词语，无乳糖、低乳糖婴儿配方食品包装上需包含如下声明： （a）'无乳糖'需作为无乳糖婴儿配方食品名称的一部分； （b）'低乳糖'需作为低乳糖婴儿配方食品名称的一部分； （c）如下声明： （i）每 100 ml 产品的乳糖含量；和 （ii）每 100 ml 产品中低聚半乳糖的含量。

（三）基于蛋白质替代的特殊膳食用途婴儿配方食品

1. 必需营养成分

基于蛋白质替代的特殊膳食用途婴儿配方食品是特殊用途婴儿配方食品的一类，其蛋白质以蛋白质替代品的形式存在，对部分必需营养素有不同于普通婴儿配方食品的特殊要求（表 63）。除此之外，能量、其他必需营养素及营养素质量技术要求与婴儿配方食品一致。

表 63　基于蛋白质替代的特殊膳食用途婴儿配方食品必需营养成分要求

营养素	单位	含量限值
蛋白质	g/100kJ	0.45 – 1.4
脂肪	g/100kJ	0.93 – 1.5
铬	g/100kJ	0.35 – 2.0
钼	g/100kJ	0.36 – 3.0

2. 可选择营养成分

基于蛋白质替代的特殊膳食用途婴儿配方食品，允许额外添加中链甘油三酯，以满足这一婴儿群体特殊的营养需求。

3. 食品添加剂

在普通婴儿配方食品中添加剂的基础上，允许使用的其他添加剂如表 64。

表 64　允许添加的其他添加剂种类和允许最大限值

食品添加剂	INS 编码	单位（mg/l）
脂肪酸单甘油酯和双甘油酯	471	5000
柠檬酸和脂肪酸甘油酯	472c	9000

续表

食品添加剂	INS 编码	单位 （mg/l)
二乙酰酒石酸甘油和脂肪酸甘油酯	472e	400
二淀粉磷酸酯	1412	25000
磷酸化二淀粉磷酸酯	1413	25000[1]
乙酰化二淀粉磷酸酯	1414	25000[1]
羟丙基淀粉	1 440	25000[1]

[1] 根据标准 1.3.1 第 6 条 （1） 可以单独或混合使用，但各自用量占其最大使用量的比例之和不应超过 1。

第三节　婴儿配方食品指导原则

本指导原则包括婴儿配方食品的维生素及矿物质的指导上限水平（GUL）和营养成分表推荐格式两部分内容（表 65、表 66），均不作为具有法律效力的标准的组成部分。婴儿配方食品的维生素及矿物质的指导上限水平（GUL）是经过科学论证的最大推荐摄入量，同时，推荐生产者在婴儿配方食品的包装标签上提供建议，摄入维生素及矿物质制剂不是必需的。

表 65　婴儿配方食品的维生素及矿物质的指导上限水平（GUL）

营养物	指导上限水平（GUL）（含量/100kJ）
维生素	
维生素 C	5. 4mg
硫胺素	48μg
核黄素	86μg
预制的烟酸	480μg
叶酸	8. 0μg
泛酸	360μg
维生素 B_{12}	0. 17μg
维生素 K	5. 0μg
生物素	2. 7μg
矿物质	
钙	33mg
磷	22mg
锰	7. 2μg 仅添加到代谢、免疫、肝、肾和吸收不良婴儿配方食品中
铬	2. 0μg
钼	3μg

表66 营养成分表推荐格式

	每100ml平均含量（配制乳）[1]	每100g乳粉或每100ml浓缩液平均含量[2]
能量	kJ	kJ
蛋白质	g	g
脂肪	g	g
碳水化合物	g	g
维生素A	μg	μg
维生素B	μg	μg
维生素B$_{12}$	μg	μg
维生素C	mg	mg
维生素D	μg	μg
维生素E	μg	μg
维生素K	μg	μg
生物素	μg	μg
烟酸	mg	mg
叶酸	μg	μg
泛酸	μg	μg
核黄素	μg	μg
硫胺素	μg	μg
钙	mg	mg
铜	μg	μg
碘	μg	μg
铁	mg	mg
镁	mg	mg
锰	μg	μg
磷	mg	mg
硒	μg	μg
锌	mg	mg
氯化物	mg	mg
钾	mg	mg
钠	mg	mg
添加需要声明的任何其他营养物或菊粉类果聚糖和低聚半乳糖	g，mg，μg	g，mg，μg

[1] 按照"即食"形式销售时删除"配制乳"文字。
[2] 按照"即食"形式销售时删除此列。

第四节 婴儿配方食品相关标准的最新修订进展

2011年5月澳新食品法规部长论坛（Forum）已向澳新食品标准局（FSANZ）发布对婴儿配方食品相关标准修订的政策指导。政策指导包含解决特殊膳食食品产品组成成分、标签与广告问题的原则。政策要求以更严格的标准对婴儿配方食品产品组成成分进行评估；对澳新婴儿配方食品标准与国际法典婴儿配方食品标准（codex 72 - 1981）"最大程度上的一致性"；考虑政策方针的前瞻性和政策原则在未来婴幼儿配方食品监管工作中的应用。对特殊用途婴儿配方食品其他的方面则坚持澳新食品安全局当前的标签和法规要求，暂不修订。根据政策指导需要修订的标准包括：标准2.9.1

婴儿配方食品标准部分；标准 1.3.1 食品添加标准中婴儿配方食品添加剂部分；标准 1.4.1 污染物和天然毒素标准中婴儿配方食品相关部分；标准 1.6.1 食品中的微生物限值中婴儿配方食品相关部分；以及各种标签相关的标准。

2012 年 9 月 26 日，澳新食品标准局（FSANZ）向各方利益相关者发出澳新食品法典婴儿配方食品标准咨询文件，以及澳新婴儿配方食品标准与国际法典婴儿配方食品标准（codex 72 - 1981）比对的支持文件。针对各利益相关者对现行标准的使用情况和澳新标准在各项技术指标上是否需要与国际法典标准保持一致等方面问题征求意见。咨询文件介绍了澳新婴儿配方食品标准的国内国际背景，并从澳新婴儿配方食品的贸易进出口、标准结构、术语定义、组成成分、安全指标、标签、广告七个方面进行分析，并针对其中的关键点向利益相关者提出咨询问题（共 18 个问题）。通过该次咨询澳新食品标准局（FSANZ）共收到 56 份来自食品企业、卫生机构以及消费者的反馈意见文件，经过整理，于 2013 年 3 月发布对反馈意见的总结报告。报告指出意见主要集中在希望能与国际法典标准的一致性，产品组成成分、标签、分类与术语、广告营销几个方面，并表示澳新食品标准局（FSANZ）下一步将进一步对澳新婴儿配方食品标准进行评估。

经过专家组对澳新婴儿配方食品标准的审查评估，2016 年 2 月 23 日澳新食品标准局（FSANZ）发布《对澳新婴儿配方食品标准修订咨询文件的科学建议 P1028》，并于 5 月 4 日发布修改版，澳新食品标准局（FSANZ）表示该《建议》并非是对澳新婴儿配方食品标准修订的最终建议，只是一个阶段性的评估结果。《建议》肯定了国际法典婴儿配方食品标准（codex 72 - 1981）的先进性以 codex 72 - 1981 的对照，根据 EFSA、FAO 等的最新报告和其他科学证据对澳新婴儿配方食品标准进行了详细的审查评估。《建议》附有 3 个咨询文件，分别是定义术语与组成成分、食品安全与技术、信息要求。

2015 年 10 月 9 日，澳新食品标准局（FSANZ）向各方利益相关者发出澳新婴儿配方食品微生物标准的咨询文件 P1039，附有两个支持文件分别是婴儿配方食品标准微生物标准的科学证据信息和关于粉状婴儿配方食品加工危害的建议。该咨询暂时没有公布新的工作进展。

执笔人：康玲玲　郭春雷　韩军花

第七章　日本婴儿配方乳粉法规

第一节　概　　述

日本主要负责监管食品安全的部门包括食品安全委员会（FSC）、厚生劳动省（MHLW）和农林水产省（MAFF）。FSC 成立于 2003 年 7 月，是内阁管理食品安全风险评估和协调的主要机构。主要功能包括实施食品安全风险评估，风险管理部门（MHLW 和 MAFF 等）的政策指导和监督以及风险沟通和宣传。MHLW 和 MAFF 负责食品安全管理。

日本食品安全法律制度由基本法和一系列专业法律法规组成。《食品卫生法》和《食品安全基本法》是两项基本法。《食品安全基本法》于 2003 年制定，法律要求通过建立"消费者第一""科学风险评估"和"农场监测"的食品安全概念，确保食品安全。另外《日本农业标准化法》（《JAS 法》）《营养标签标准》中也有关于食品的标准规定。

为了改善公共卫生和营养，2002 年日本制定了《健康增进法》（2002 年法律第 103 号），法规规定了促进健康，营养调查，健康指导，具体服务，特殊用途标签和营养标签标准的基本原则等。根据《健康增进法》，日本的食品包含一般食品，健康食品（FHC）和特别用途食品（FOSDU）。

《健康增进法》第 26 条第 1 项，要求对特别用途食品进行许可，包括了以下几类：病患用食品、孕产期·哺乳期妇女用奶粉、婴儿配方乳粉及吞咽困难者用食品（含糊状冲调食品）。

第二节　婴儿配方乳粉法规

日本婴儿配方乳粉技术规格及标签标示相关的国内法规主要包括《乳及乳制品成分规格相关省令》和《健康增进法》（旧营养改善法）中的"特别用途食品的表示许可标准"中关于婴儿配方乳粉的内容。

一、技术指标

根据日本婴儿配方乳粉法规，其营养成分的要求见表 67。

表 67 婴儿配方乳粉中营养成分要求

	标准浓度的热量（每100ml）
能量	60～70kcal
成分	每100kcal的组成
蛋白质（氮换算系数为6.25）	1.8～3.0g
脂质	4.4～6.0g
碳水化合物	9.0～14.0g
烟酸[※1]	300～1500µg
泛酸	400～2000µg
生物素	1.5～10µg
维生素 A[※2]	60～180µg
维生素 B_1	60～300µg
维生素 B_2	80～500µg
维生素 B_6	35～175µg
维生素 B_{12}	0.1～1.5µg
维生素 C	10～70mg
维生素 D	1.0～2.5µg
维生素 E	0.5～5.0mg
叶酸	10～50µg
肌醇	4～40mg
锌	0.5～1.5mg
氯	50～160mg
钾	60～180mg
钙	50～140mg
铁	0.45mg 以上
铜	35～120µg
钠	20～60mg
镁	5～15mg
磷	25～100mg
α-亚麻酸	0.05 以上
亚油酸	0.3～1.4g
钙/磷	1～2
亚油酸/α-亚麻酸	5～15

[※1] 烟酸和烟酰胺的合计量。[※2] 视黄醇当量。

二、必需表示事项

作为婴儿用配方奶粉被批准，其必须标示事项如下所示：

（1）"婴儿用配方奶粉"的文字。

（2）该食品可作为母乳替代食品使用（但是，需记载对婴儿来说母乳是最好的相关内容）。

（3）适合在得到医生、管理营养士等的咨询、指导后使用。

（4）标准的冲调方法。

（5）在考虑婴儿的个体差异后使用。

第三节　婴儿配方乳粉的管理

《健康增进法》第六章规定了特别用途食品许可，检测程序，检验，许可证的批准和撤销，标签的适用等。婴儿配方乳粉许可证的申请程序：

（1）申请人向食品卫生署提交许可证申请和审查申请。如果申请获得批准，它将直接提交给 MHLW 进行审查。

（2）国家卫生与营养研究所负责抽检，并向 MHLW 提交报告。

由于日本以前对于无限量标准的农业化学品缺乏控制，2006 年 5 月，日本正式实施"肯定列表制度"，在日本食品添加剂肯定列表制度下，只有健康，劳动和福利部指定为安全的添加剂才可用于食品。日本《食品添加剂规范（第 7 版）》规定了通用公告，一般检测，存储标准，制造标准和标签标准等的要求。

为了促进婴儿的健康发展，生产或销售婴儿食品的公司于 1961 年组织了日本的婴儿食品协会。婴儿食品协会出版的《婴儿食品自愿标准（第 4 版）》规定了婴儿食品的规格，如质量，保质期，微生物，重金属和农药残留的卫生用品，原材料（包括转基因原料），食品添加剂，并要求婴儿食品的试验方法，规范包装质量和标签规格。这些标准将婴儿食品分为干式和潮湿型婴儿食品，并对卫生用品进行了详细的要求、监督多氯联苯（PCB）等多种农药的标准要求，对外源性内分泌干扰物质进行鉴定，还要求限制苹果原料中的展青霉素，小麦原料中的脱氧雪腐镰刀菌烯醇，玉米原料中的伏马菌素等，并禁止婴儿食品中含有黄曲霉毒素。

婴儿配方乳粉的销售和制造应符合《食品安全基本法》《食品卫生法》《JAS 法》《健康增进法》，MHLW 的指令和通知，食品法典等。除了这些规定外，还有"婴儿食品自愿标准"来指导生产。这些法规、条例及通知共同构成了日本较为完善的婴儿配方乳粉安全管理体系。

执笔人：韩军花　吴　坚　管旭俊　陈　龙　丁　灏

第八章 中国台湾婴幼儿配方食品标准

第一节 概 述

中国台湾婴幼儿配方食品的主要监管部门为卫生福利部门,该部门发布了婴幼儿配方食品相关的食品安全与危害物限量标准、食品添加剂和营养强化剂的使用标准以及标签标识等法规规定。此外台湾还发布 CNS 标准,涉及婴幼儿配方食品的主要为产品标准和检验方法。

目前中国台湾发布的关于婴幼儿配方食品的主要法规标准目录见表68。

表 68 婴幼儿配方食品相关标准法规列表

标准号/文号	标题	发布日期
产品标准		
CNS 6849 N5174	婴儿配方食品	1980－12－30
CNS 13235 N5229	较大婴儿配方辅助食品	1993－08－23
CNS 15224 N5253	特殊医疗用途婴儿配方食品	2008－11－21
检验方法		
部授食字第 1041900545 号	订定"婴儿谷物类辅助食品中黄曲毒素 B_1 之检验方法(MOHWT0017.00)"	2015－04－22
CNS 12869 N6231	婴儿配方食品中矿物质之检验方法——铜、铁、镁、锰、钾、钠、锌之检验	1991－05－20
CNS 12725 N6230	婴儿配方食品中维生素 A 含量测定法	1990－05－09
CNS 12723 N6228	婴儿配方食品中维生素 E 含量测定法	1990－05－09
CNS 8860 N6169	食品中抗菌性物质残留检验法(婴儿食品用)	1982－05－20
标签标识		
卫署食字第 636524 号	婴儿配方食品及供四个月以上婴儿食用之完整配方食品应加标示事项	1986－12－31
	婴儿与较大婴儿配方食品广告及促销管理办法	2014－03－24
部授食字第 1041302169 号	市售包装婴儿与较大婴儿配方食品及特定疾病配方食品营养标示应遵行事项	2015－08－14
部授食字第 1041302265 号	修正"经本署查验登记许可之婴儿配方食品及较大婴儿配方辅助食品,应以直接印制方式显著标示辨识标记于容器上,以利消费者辨识",名称并修正为"特殊营养食品之婴儿与较大婴儿配方食品,应以直接印制方式显著标示辨识标记于容器上,以利消费者辨识"	2015－08－11

续表

标准号/文号	标题	发布日期
限　量		
卫署食字第0970405591号	食品添加物使用范围及限量暨规格标准	2008 - 11 - 20
部授食字第1051300758号	发布修正"禽畜产品中残留农药限量标准"，名称并修正为"动物产品中农药残留容许量标准"	2016 - 03 - 18
卫署食字第0940406466号	食品中多氯联苯限量标准	2005 - 08 - 18
部授食字第1031301798号	婴儿食品类卫生及残留农药安全容许量标准	2014 - 07 - 15
卫署食字第619418号	食品中原子尘或放射能污染安全容许量标准	1986 - 09 - 01
卫署药字第103816号	婴儿食品类卫生标准	1976 - 02 - 20

婴幼儿配方食品的产品标准主要遵循台湾 CNS 标准，包含了婴儿配方食品、较大婴儿配方辅助食品、特殊医疗用途婴儿配方食品。本章将就上述三个标准进行阐述，涉及的添加剂、强化剂、标签等有关要求将在各节中一并叙述。

第二节　婴儿配方食品

一、定义

婴儿配方食品是指特制的母乳替代品，在采用适当的辅助食品之前，单独食用即可满足出生至 6 个月内婴儿的营养需要。本品仅限以物理方法加工制造，其制作、包装、储存及配送等过程均需防污染及腐败。

二、技术要求

1. 原料要求

婴儿配方食品是以牛乳或其他经证实适合喂养婴儿的原料为基础的产品。在营养上的安全性及充足性，应经科学实验证明其成分足供婴儿生长与发育，所有原料及食品添加物不应含有麸质（gluten - free）。

根据 CNS6849 标准的规定，产品不得使用工业化生产的氢化油脂。产品及其成分不得经游离辐照处理。

2. 必需成分

供即食用的婴儿配方食品每 100ml 的能量应在 60kcal（250kJ）以上，70kcal（295kJ）以下。

供即食用的婴儿配方食品每100kcal（或100kJ应含下列营养素），并应符合表69～表72所列最低限量及最高限量或指引。表中指引上限（GUL）是指其营养素尚无充分科学性风险评估资料，此限量值是以符合婴儿的营养需要并以曾有明显的食用安全记录为依据计算而得。所列数值根据新的科学研究证据调整。GUL 是为制造商提供指导，不宜作为目标值。婴儿配方食品中的营养素含量通常不宜超过 GUL，除非是制造商的婴儿配方食品中某种成分含量偏高或变异性大，在生产中无法用技术手段进行克服；另外，当某一产品类型或剂型已有比 GUL 更低的营养素含量时，制造商不宜增加这些营养素的含量以达到 GUL 的值。

表 69　婴儿配方食品中蛋白质、脂肪、碳水化合物含量范围

营养素	指标					
	每 100kJ			每 100kcal		
	最小值	最大值	指引上限	最小值	最大值	指引上限
蛋白质[a] 乳基蛋白质/（g） 豆基蛋白质/（g）	0.45 0.5	0.7 0.7	— 	1.8 2.25	3.0 3.0	—
脂肪/（g）[b] 亚油酸/（mg） α－亚麻酸/（mg） 亚油酸:α－亚麻酸	1.05 70 12 5:1	1.4 — — 15:1	— 330 — 	4.4 300 50 5:1	6.0 — — 15:1	— 1400 —
碳水化合物/（g）[c]	2.2	3.3		9.0	14.0	

　　a：蛋白质含量以 N∗6.25 计算；与参考蛋白质等能量的婴儿配方食品，其中所含的各种必需及半必需氨基酸的可用量不得低于参考蛋白质的含量。酪氨酸与苯丙氨酸的浓度要相加合计。甲硫氨酸与半胱氨酸的浓度比小于 2:1 时，此两种氨基酸应相加合计，若比例介于 2:1 与 3:1 之间，此食品须经临床试验证明；非水解乳清蛋白含量低于 2g/100kcal，水解蛋白含量低于 2.25g/100kcal 时，须进行临床验证。
　　b：不得使用工业化生产的氢化油脂；月桂酸与肉豆蔻酸的总量≤总脂肪酸 20%；反式脂肪酸≤总脂肪酸 3%；芥酸≤总脂肪酸 1%；总磷脂≤300mg/100kcal（72mg/100kJ）。
　　c：以牛乳蛋白质和水解蛋白质为基础的配方食品，主要碳水化合物应为乳糖及葡萄糖聚合物；只允许添加煮熟及/或经糊化的天然无麸质淀粉。

表 70　婴儿配方食品中维生素含量范围

营养素	指标					
	每 100kJ			每 100kcal		
	最小值	最大值	指引上限	最小值	最大值	指引上限
维生素 A/（μg RE）[a]	14	43	—	60	180	—
维生素 D_3/（μg）[b]	0.25	0.6	—	1	2.5	
维生素 E/（mg α－TE）[c]	0.12	—	1.2	0.5		5
维生素 K/（μg）	1	—	6.5	4		27
硫胺素/（μg）	14	—	72	60		300
核黄素/（μg）	19	—	119	80		500
烟酸/（μg）[d]	70	—	360	300		1500
维生素 B_6/（μg）	8.5	—	45	35		175
维生素 B_{12}/（μg）	0.025	—	0.36	0.1		1.5
泛酸/（μg）	96	—	478	400		2000

营养素	指标					
	每100kJ			每100kcal		
	最小值	最大值	指引上限	最小值	最大值	指引上限
叶酸/（μg）	2.5	—	12	10	—	50
维生素 C/（mg）e	2.5	—	17	10	—	70
生物素/（μg）	0.4	—	2.4	1.5	—	10

a：RE 为视黄醇当量，1μg RE =1μg 全反式视黄醇（维生素 A）=3.33 IU 维生素 A。维生素 A 只包括预先形成的视黄醇，在计算和声称维生素 A 活性时不包括任何的类胡萝卜素组分。

b：钙化醇，1μg 维生素 D = 40 IU 维生素 D。

c：1mg α–TE（α–生育酚当量）=1mg d–α–生育酚。每克多不饱和脂肪酸中至少应含有 0.5mg α–TE，维生素 E 含量的最小值应根据配方食品中多不饱和脂肪酸的双键数量进行调整：0.5mg α–TE/g 亚油酸（18：2 n–6）；0.75mg α–TE/g α–亚麻酸（18：3n–3）；1.0mg α–TE/g 花生四烯酸（20：4 n–6）；1.25mg α–TE/g 二十碳五烯酸（20：5 n–3）；1.5mg α–TE/g 二十二碳六烯酸（22：6 n–3）。

d：指预先形成的（preformed）烟酸。

e：以抗坏血酸（Ascorbic acid）表示。指引上限的设定是因为维生素 C 在液态配方的货架期间可能有大量的衰减，粉末状产品宜设定较低的指引上限。

表 71　婴儿配方食品中矿物质含量范围

营养素	指标					
	每100kJ			每100kcal		
	最小值	最大值	指引上限	最小值	最大值	指引上限
铁/（mg）	0.1	—	—	0.45	—	2.5
钙/（mg）	12	—	35	50	—	140
磷/（mg）	6	—	24	25	—	100
钙/磷比值	1：1	2：1		1：1	2：1	
镁/（mg）	1.2	—	3.6	5	—	15
钠/（mg）	5	14		20	60	
氯/（mg）	12	38	—	50	160	—
钾/（mg）	14	43	—	60	180	—
锰/（μg）	0.25	—	24	1	—	100
碘/（μg）	2.5	—	14	10	—	60
硒/（μg）	0.24	—	2.2	1	—	9
铜/（μg）	8.5	—	29	35	—	120
锌/（mg）	0.12	—	0.36	0.5	—	1.5

表 72　婴儿配方食品中其他物质含量范围

营养素	指标					
	每100kJ			每100kcal		
	最小值	最大值	指引上限	最小值	最大值	指引上限
胆碱/（mg）	1.7	—	12	7	—	50
肌醇/（mg）	1	—	9.5	4	—	40
左旋肉碱/（mg）	0.3	—	—	1.2	—	—

3. 可选择性成分

婴儿配方食品可选择性成分的添加情况见表73。

表73　婴儿配方食品中可选择性成分含量范围

营养素	指标					
	每100kJ			每100kcal		
	最小值	最大值	指引上限	最小值	最大值	指引上限
牛磺酸/（mg）	—	3	—	—	12	—
总核苷酸	按台湾卫生主管机关的规定					
二十二碳六烯酸/（% 总脂肪酸）[a]	—	—	0.5	—	—	0.5

a：如果婴儿配方食品中添加了二十二碳六烯酸（22∶6 n–3），至少要添加相同量的二十碳四烯酸（20∶4 n–6）。长链不饱和脂肪酸中二十碳五烯酸（20∶5 n–3）的量不应超过二十二碳六烯酸的量。

4. 包装

（1）产品应包装于能确保食品卫生及品质的容器中，液态产品应包装于密闭的容器中，并应使用氮气及二氧化碳作为填充介质。

（2）容器（包括包装材料）仅限以安全并适合其用途的原料制成。

容器填充量：即食型态产品的容器填充量应符合以下规定：

产品重量150g（5 oz.）以下者，填充量不得少于容器容水量的80%（V/V）。

产品重量为150g至250g（5 oz. 至 8 oz.）者，填充量不得少于容器容水量的85%（V/V）。

产品重量250g（8 oz.）以上者，填充量不得少于容器容水量的90%（V/V）。容器容水量至密封容器完全充满时，所能容纳的20℃蒸馏水的体积。

三、标签

除应符合 CNS3192（包装食品标示）及台湾地区相关卫生法令的规定外，以下各项标示规定亦适用于本产品。

食品标签应符合食品安全卫生管理法第22条的规定。

婴儿配方食品的标识应符合《包装食品营养标示应遵行事项》《市售包装婴儿与较大婴儿配方食品及特定疾病配方食品的营养标示》及《婴儿配方食品及供四个月以上婴儿食用之完整配方食品应加标示事项》。标准未规定的按照《包装食品营养标示应遵行事项》的规定。

1. 营养标示

市售包装婴儿配方食品的营养标示，应与包装或容器外的明显处按照附表的格式，提供下列标示内容：

《营养标示》的标题；

能量；

蛋白质含量；

脂肪、饱和脂肪、反式脂肪、亚油酸、α‑亚麻酸；

碳水化合物、糖含量；

钠含量；

水分含量；

维生素含量；

胆素含量；

肌醇含量；

左旋肉碱含量；

灰分含量；

矿物质（不包括钠）及微量元素含量；

厂商自愿标示的其他营养素含量。

2. 营养素含量标示

市售包装婴儿配方食品应以"每100克（或千卡）"及"每100毫升"标示。

3. 营养标示单位

市售包装婴儿与较大婴儿配方食品及特定疾病配方食品营养标示的单位，应依下列规定办理：

（1）能量以千卡标示。

（2）蛋白质、脂肪、饱和脂肪、反式脂肪、碳水化合物、糖、膳食纤维、水分、灰分以克标示。

（3）脂肪酸、氨基酸以克或毫克标示。

（4）钠、胆固醇、胆素、肌醇、左旋肉碱以毫克标示。

（5）维生素、矿物质的单位标示应按照《包装食品营养标示应遵行事项》的附表二规定办理。只有市售包装婴儿与较大婴儿配方食品之维生素 B_1、维生素 B_2、维生素 B_6 以微克标示，烟酸应以毫克标示。

（6）其他营养素以通用单位标示。

4. 营养标示的数据修正方式

市售包装婴儿配方食品营养标示的数据修整方式，应依下列规定办理：

（1）每包装所含的份数、钠含量，以整数标示。

（2）每一份量、能量、蛋白质、氨基酸、脂肪、饱和脂肪、反式脂肪、脂肪酸、胆固醇、碳水化合物、糖、膳食纤维、水分、灰分、胆素、肌醇、左旋肉碱含量，以整数或至小数点后一位标示。当产品之分量值较小，其能量、蛋白质、脂肪、饱和脂肪、反式脂肪、碳水化合物、糖含量，标示至小数点后一位时，仍无法符合以"0"标示的条件时，应至小数点后二位标示。

（3）维生素、矿物质含量以有效数字不超过三位为原则。

（4）其他营养素含量以整数或至小数点后一位标示。

（5）数据修整原则应参照台湾标准 CNS 2925《规定极限值之有效位数指示法》规定。

市售包装婴儿与较大婴儿配方食品及特定疾病配方食品各项营养素含量标示的标

示值产生方式，应根据检验分析或计算方式的实际需要，见表74；其标示值的误差允许范围应符合表75之规定。

表74　市售包装婴儿配方食品营养标示格式

营养标示		
	每100克（或每100千卡）	每100毫升
能量	千卡	千卡
蛋白质	克	克
脂肪	克	克
饱和脂肪	克	克
反式脂肪	克	克
亚油酸	克或毫克	克或毫克
α－亚麻酸	克或毫克	克或毫克
碳水化合物	克	克
糖	克	克
钠	毫克	毫克
水分	克	克
维生素	毫克或微克	毫克或微克
胆素	毫克	毫克
肌醇	毫克	毫克
左旋肉碱	毫克	毫克
灰分	克	克
矿物质（不包括钠）及微量元素	毫克或微克	毫克或微克
厂商自愿标示的其他营养素含量	克、毫克或微克	克、毫克或微克
注：总表面积小于100平方厘米的包装食品应用以下横式格式。		

营养标示
每100克或每100千卡（每100毫升）：能量○千卡（○千卡）、蛋白质○克（○克）、脂肪○克（○克），饱和脂肪○克（○克）、反式脂肪○克（○克）、亚油酸○克或毫克（○克或毫克）、α－亚麻酸＊○克或毫克（○克或毫克）、碳水化合物○克（○克）、糖○克（○克）、钠○毫克（○毫克）、水分○克（○克）、维生素○毫克或微克（○毫克或微克）、胆素＊○毫克（○毫克）、肌醇＊○毫克（○毫克）、左旋肉碱＊○毫克（○毫克）、灰分○克（○克）、矿物质（不包括钠）及微量元素○毫克或微克（○毫克或微克）、厂商自愿标示的其他营养素含量○克、毫克或微克（○克、毫克或微克）
＊α－亚麻酸、胆素、肌醇、左旋肉碱含量对于较大婴儿配方食品属于自愿标示的营养素。

维生素 A 以微克 RE（Retinol Equivalent，视黄醇当量）、维生素 E 以毫克α－TE（α－Tocopherol Equivalent，生育醇当量）标示。

表75　市售包装婴儿配方食品营养标示值误差允许范围

项目		误差允许范围	备注	
			婴儿配方食品 *、特殊医疗用途婴儿配方食品 *	较大婴儿配方辅助食品 *
蛋白质、碳水化合物、能量、脂肪、水分†、灰分		标示值的80% – 120%	1. CNS 6849 订有最低限量的营养素，检验值≥标示值的80%，且不得小于CNS 6849 的最低限量。 2. CNS 6849 未定有最低限量的营养素，则使用左列误差允许范围。 3. CNS 6849 定有最高限量或指引上限的营养素，检验值应小于CNS 6849 最高限量或指引上限。 4. CNS 6849 未定最高限量或指引上限的营养素，则适用左列误差允许范围。 5. 特殊医疗用途婴儿配方食品，营养素的检验值应符合左列误差允许范围。铬与钼的检验值应同时符合下列规定：①≥标示值的80%。②不得小于CNS 15224 的最低限量。③小于CNS 15224 的指引上限。	1. CNS 13235 定有最低限量的营养素，检验值应≥标示值的80%，且不得小于CNS 13235 的最低限量。 2. CNS 13235 未定有最低限量的营养素，则适用左列误差允许范围。 3. CNS 13235 定有最高限量或指引上限的营养素，检验值应小于CNS 13235 最高限量或指引上限。 4. CNS 13235 未定有最高限量或指引上限的营养素，检验值的上限值应于婴儿配方食品或左列误差允许范围择一认定。
饱和脂肪、反式脂肪、胆固醇、糖		≤标示值的120%		
维生素	维生素 A、维生素 D、维生素 E、维生素 K	标示值的80% – 180%		
	维生素 B₁、维生素 B₂、烟酸、维生素 B₆	标示值的80% – 250%		
	维生素 C、维生素 B₁₂、叶酸、泛酸、生物素	标示值的80% – 300%		
矿物质及微量元素	钠、钾、氯、钙、磷、镁	标示值的80% – 150%		
	铁、锌、铜、锰、硒、碘	标示值的80% – 200%		
氨基酸、多元/单元不饱和脂肪、膳食纤维、胆素、肌醇、左旋肉碱		标示值的80% – 300%		
其他营养素		≥标示值的80%	误差允许范围上限不得超过原制造厂规定的营养成分规格上限。	

　　* 按照食品安全卫生管理法施行细则第 2 条，婴儿与较大婴儿配方食品包括婴儿配方食品、较大婴儿配方辅助食品及特殊医疗用途婴儿配方食品。

　　† 市售包装粉状婴儿与较大婴儿配方食品的水分检验值与标示值误差允许范围应小于或等于标示值的120%。

5. 辨识标记

　　婴儿与较大婴儿配方食品，应以直接印制方式显著标示辨识标记于容器上，以利消费者辨识。

　　依据《食品安全卫生管理法》第二十二条第一项第十款规定确定。

　　经中国台湾相关部门查验登记许可的婴儿与较大婴儿配方食品，应使用本辨识标记，该辨识标记的设计应以推动母乳哺育之图样及其倡导文字同时出现的方式呈现。

　　辨识标记之规格如图2：

　　（1）"喂母乳的婴儿最健康"及"卫生福利部关心您"文字至少为 8 号之字体。

　　（2）推动母乳哺育之图样使用 CMYK 之色彩：绿色 Y100 C60、橘色 Y100 M60。

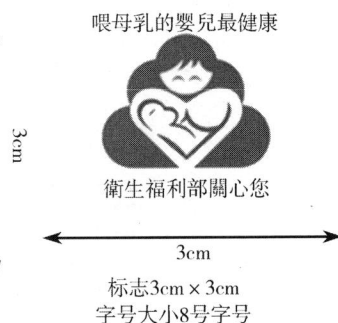

图 2　中国台湾婴儿及较大婴儿配方食品辨识标记规格

标志 3cm × 3cm
字号大小 8 号字号

（3）辨识标记的尺寸大小，由用户视需要自行决定，惟不得小于 3 厘米（高）×3 厘米（宽）。

四、营养素来源

《食品添加物使用范围及限量暨规格标准》主要是针对一般食品中的食物营养强化（包括化合物来源和强化量）。中国台湾婴儿配方食品中营养强化剂的使用应选择该标准中列出的化合物名单。如维生素 A 来源包括维生素 A 粉末、维生素 A 油溶液、维生素 A 脂肪酸酯油溶液等。

五、食品添加剂

婴儿配方食品可以使用的食品添加剂，应符合食品添加物使用范围及限量暨规格标准中的规定（表 76）。

表 76　婴儿配方食品可以使用的食品添加剂

INS	食品添加物及原料名称	每 100ml 供即食用产品中最高限量
黏稠剂		
412	瓜尔胶	0.1g（含水解蛋白质的液态配方） 0.1g（所有形态的婴幼儿配方食品） 0.5g 单独或并用（限用于大豆为基础的婴儿配方食品） 2.5g 单独或并用（限用于以水解蛋白质及/或氨基酸为基础的婴儿配方食品）
410	刺槐豆胶	
1412	磷酸二淀粉	
1414	乙酰化磷酸二淀粉	
1413	磷酸化磷酸二淀粉	
1440	羟丙基淀粉	
407	鹿角菜胶	0.03g（限用于一般乳汁或大豆为基础的液态婴儿配方食品） 0.1g（限用于以水解蛋白质及/或氨基酸为基础的液态婴儿配方食品）
乳化剂		
322	大豆卵磷脂	0.5g（所有形态的婴儿配方食品）
471	单酸及双酸脂肪酸甘油酯	0.4g（所有形态的婴儿配方食品）
酸度调节剂		
524	氢氧化钠	0.2g，单独或并用，且钠、钾、钙应该规定限量内
500ii	碳酸氢钠	
500i	碳酸钠	
525	氢氧化钾	
501ii	碳酸氢钾	
501i	碳酸钾	
526	氢氧化钙	
270	L（＋）乳酸	以 GMP 条件限制（所有形态的婴儿配方食品）
330	柠檬酸	
331i	柠檬酸二氢钠	
331ii	柠檬酸钠	
332	柠檬酸钾	

INS	食品添加物及原料名称	每100ml供即食用产品中最高限量
	抗氧化剂	
307b	混合浓缩生育酚	1mg，单独或并用（所有形态的婴儿配方食品）
304i	L-抗坏血酸棕榈酸酯	1mg，单独或并用（所有形态的婴儿配方食品）

六、卫生标准

根据《婴儿食品类卫生及残留农药安全容许量标准》，婴儿配方食品的主要卫生标准要求如下。

婴儿食品应具原有的良好风味及色泽，不得有腐败、不良变色、异臭、异味、污染、发霉或含有异物、寄生虫。

婴儿配方食品的微生物限量见表77。

表77 婴儿配方食品微生物限量要求

项目/单位	采样计数[1]		限量[2]		备注
	n	c	m	M	
大肠杆菌群（Coliform）MPN/g	5	2	<3[3]	10	在n个样品中，允许有≤c个样品其微生物检验值介于m和M之间，但不允许检验值≥M
阪崎肠杆菌（Enterobacter saka-zakii，Cronobacter species）	10	0	阴性		仅规范粉状婴儿配方食品
沙门氏菌（Salmonella spp.）	10	0	阴性		
李斯特菌（Listeria monocyto-genes）	10	0	阴性		
（1）n＝同一批次产品应采的样品件数，c＝允许超过m值的最大样品数 （2）m＝可接受的微生物限量值，M＝最大安全限量值 （3）m值＝（<3）为依据大肠杆菌群检验结果最确数表的表示方式。					

婴儿配方食品的真菌毒素限量见表78。

表78 婴儿配方食品真菌毒素限量要求

项目	婴儿食品类别	限量（ppb）
黄曲毒素 B_1（Aflatoxin B_1）	婴儿谷物类辅助食品	0.1[1]
	特殊医疗用途婴儿配方食品	0.1[2]
黄曲毒素 M_1（Aflatoxin M_1）	婴儿配方食品及较大婴儿配方辅助食品	0.025[2]
	特殊医疗用途婴儿配方食品	0.025[2]
赭曲毒素A（OchratoxinA）	婴儿谷物类辅助食品	0.5[1]
玉米赤霉毒素（Zearlenone）	婴儿谷物类辅助食品	20[1]
脱氧雪腐镰刀菌烯醇（Deoxyni-valenol）	婴儿谷物类辅助食品	200[1]

续表

项目	婴儿食品类别	限量（ppb）
伏马毒素 $B_1 + B_2$（Fumonisins）	以玉米为主原料的婴儿谷物类辅助食品	200[1]

（1）干重计。
（2）乳或乳制品适用于即食或依标签指示调配后供食的状态，其他类产品以干重计。

婴儿配方食品的重金属限量见表79。

表79 婴儿配方食品重金属限量要求

项目	限量（ppm）
铅	0.02[1]
锡	50[2]

（1）适用于即食或依标签指示调配后供食的状态。
（2）适用于销售时的形态，限于以金属罐装的食品，不包括干燥或粉状产品。

此类产品应在良好操作规范下特别小心的配制和生产，在生产、贮存或原料加工及最终食品成分中不允许农药残留，如果技术上不可避免，应最大程度的降低残留量，不超过0.01ppm，如农药检验的定量极限大于或小于0.01ppm时，则以定量极限为准。

七、检测方法

婴儿配方食品微生物、生物毒素、污染物及其他指标检测方法见表80。

表80 婴儿配方食品微生物、生物毒素、污染物及其他指标检测方法

内容	检测方法
微生物	
大肠杆菌	CNS 10951
李斯特菌	CNS 14508
大肠杆菌 O157：H7	CNS 14507
沙门氏杆菌	CNS 10952
金黄色葡萄球菌	CNS 10891
生物毒素	
黄曲霉毒素	CNS 4090
污染物	
铅	CNS 4090
铜	CNS 4090
镉	CNS 4090

续表

内容	检测方法
其他	
防腐剂	CNS 10949
杀菌剂	CNS 10893
抗生物质残留	CNS 5916
异物	CNS 5629
水分活性	CNS 5255
粗纤维	CNS 5037
粗脂肪	CNS 5036
粗蛋白质	CNS 5035
粗灰分	CNS 5034
水分	CNS 5033
钙、磷	CNS 9638
铜、铁、镁、锰、钾、钠、锌	CNS 12869
维生素 A	CNS 12725
维生素 E	CNS 12723
抗菌型物质残留	CNS 8860

第三节　较大婴儿配方辅助食品

一、定义

较大婴儿配方辅助食品适用于 6 月龄以上 12 月龄以下人群。较大婴儿配方辅助食品是指一种以牛或其他动物乳汁及（或）其他动物可食部分或适当的植物性食物作为基础的食品。仅能以物理方式加工，避免在正常操作、贮存及运送过程中所造成的腐败和污染。产品若为粉状，则需要用水调制，若为液态，则可直接加水稀释后喂食。当产品按指示使用时，应可补充食用对象的生长和发育的营养需求。

二、技术要求

1. 原料要求
本产品及成分不得经辐射线处理。

2. 营养素组成
按照使用方法冲调时，产品每 100ml 即可食用部分，应至少含有 60 千卡且至多不超过 85 千卡的能量。各营养素含量范围见表 81、表 82。

表81　较大婴幼儿配方辅助食品中蛋白质、脂肪含量范围

营养素	指标	
	每100kcal	
	最小值	最大值
蛋白质/（g）	1.8[a]	4.5
脂肪/（g）	3	6
亚油酸/（mg）	300	—

a：每100大卡所含蛋白质以期蛋白质效率（PER）相当于酪蛋白（PER = 2.5）（产品的蛋白质效率以不低于酪蛋白的85%为限）。

表82　较大婴幼儿配方辅助食品中维生素及矿物质含量范围

维生素及矿物质	单位	下限（每100kcal）	上限（每100kcal）
维生素 A[a]	μg RE	7.5	225
维生素 D[b]	μg	1.0	
维生素 E[c]	mgα – TE[f]	0.5	—
维生素 K$_1$	μg	4.0	
维生素 B$_1$	mg	0.04	
维生素 B$_2$	mg	0.06	
维生素 B$_6$[d]	μg	45	—
维生素 B$_{12}$	μg	0.15	
生物素	μg	1.5	—
叶酸	μg	4	—
烟酸	mg	0.25	—
泛酸	μg	300	—
维生素 C	mg	8.0	—
钠	mg	20	85
钾	mg	80	—
氯	mg	55	—
钙[e]	mg	90	—
磷	mg	60	—
镁	mg	6	—
铁	mg	1	2
锌	mg	0.5	—
碘	μg	5	

a：视黄醇当量 = 1μg 视黄醇 = 6μgβ 胡萝卜素；

b：维生素 D：包括维生素 D$_2$ 及维生素 D$_3$；

c：维生素 E 包括全外消旋 α – 生育酚及全外消旋 α – 生育酚醋酸酯，其单位以 α – 生育酚当量表示。计算方法：

1mg RRR – α – tocopherol = 1mg α – TE；1mg RRR – α – tocopherol acetate = 0.91mg α – TE；

1mg all – rac – α – tocopherol = 0.74mg α – TE；1mg all – rac – α – tocopherol acetate = 0.67mg α – TE；

d：每1g 蛋白质至少要 0.015mg 以上的维生素 B$_6$；

e：钙/磷 = 1.2 至 2.0；

f：α – TE 为 α – tocopherol equivalent 的缩写。

3. 包装

同第二节第二部分 4 包装。

三、标签

（一）标示

除应符合 CNS3192（包装食品标示）及中国台湾相关卫生法令的规定外，以下各项标示规定并适用于本产品。

1. 食品名称

产品名称应标示为"较大婴儿配方辅助食品"；

产品中蛋白质的来源应清楚标示；

若 90% 以上的蛋白质来自全脂牛乳、脱脂牛乳或其加工品，可标示为"以牛乳为基础的较大婴儿配方食品"；

所有蛋白质来源必须依据其含量的多少由高至低排列，清楚标示；

既不含乳又不含任何乳的衍生物的产品，应标示"不含乳或乳制品"或类似的词句。

2. 成分标示

完整的成分清单应名列于标示上，除添加的维生素及矿物质外，各成分应按其含量多少由高至低排列，添加的维生素及矿物质应整理成各类维生素与矿物质，在此等分类中，维生素及矿物质应依含量多少由高至低排列；

应明列源自动物或植物的成分及食品添加物的个别名称。此外，也可另加标示上述成分及食品添加物的类别名称。

3. 营养标示

营养标示应符合下列要求，并按下列顺序标明。

以每 100ml 及每 100 克或每 100 千卡标示产品或依标示说明调配后供即食用产品所含能量（以千卡或千焦耳表示）、蛋白质、脂肪、碳水化合物（以克表示）及钠（以毫克表示）；

以每 100ml 及每 100 克或每 100 千卡标示产品或依标示说明调配后供即食用产品所含维生素、矿物质、胆碱及其他添加成分的重量。

4. 净重

若为粉状产品，应以重量表示，若为液态，应以容积表示，容量与重量均应以公制表示。

5. 原产地

产品原产地应标明；

当产品在原产地以外再加工制造时，该加工地区应被视为原产地。

6. 批号

每个容器应标有永久性的标示以便能够确认出品工厂和批号；

制造日期、保存期限与保存方法均应在包装上标明。为了保存开封后产品的完整性及营养价值，应标示开封后的保存方法。若产品开封后不适宜保存或储存于该产品的包装容器中应另加警示语。

7. 使用方法

产品使用之前调配及使用方法和开罐后的保存方法；

本品不适宜 6 个月以下的婴儿食用；

喂食较大婴儿配方辅助食品的 6 个月以上较大婴儿应另喂食其他食物。

（二）其他

同第二节第三部分。

四、营养素来源

同婴儿配方食品。

五、食品添加剂

较大婴儿配方辅助食品中可以使用的食品添加剂基本同婴儿配方食品。另外，增加了允许使用的香料名单，如表 83。

表 83 较大婴幼儿配方辅助香料名单

香料	最大使用量
天然果实抽出物	符合 GMP
香草抽出物	符合 GMP
乙基香草醛 香草醛	5mg

六、卫生标准

同婴儿配方食品。

第四节 特殊医疗用途婴儿配方食品

一、定义

特殊医疗用途婴儿配方食品是指可替代母乳或婴儿配方食品，符合因失调、病症或医疗状况所引发之特殊营养需要，并为处理其饮食而调配之产品，适用于出生至 12 月龄内的人群。特殊医疗用途婴儿配方食品是指特制的母乳或婴儿配方食品的替代品，单独食用即可满足出生数月内患有失调、疾病或其他医疗状况的婴儿的特殊营养需要，直至较大时再采用适当的辅助食品。

二、技术要求

1. 原料要求

所有原料及食品添加物均应不含麸质；

本产品及其成分不得经游离辐射处理。

2. 必需成分

特殊医疗用途婴儿配方食品的成分组成应根据医学及营养学原理，其在营养上的安全性和充足性，应经科学试验及临床研究证明足够能供应婴儿生长与发育的需要。

特殊医疗用途婴儿配方食品的能量与营养组成，应以 CNS6849《食品安全国家标准 婴儿配方食品》的要求为基准，但特殊调配并标示供应给疾病、失调或其他医疗状况的婴儿产品，其成分应视情况纳入考量。

除《食品安全国家标准 婴儿配方食品》中规定外，下列营养素也应视情况纳入考量，见表84。

表84 特殊医疗用途婴儿配方食品中铬和钼的使用

营养素	指标					
	每100kJ			每100kcal		
	最低限量	最高限量	指引上限	最低限量	最高限量	指引上限
铬（μg）	0.4	—	2.4	1.5	—	10
钼（μg）	0.4	—	2.4	1.5	—	10

3. 选择性成分

除必需成分外，为提供一般母乳中所含的营养素来确保此配方适用为婴儿营养的唯一来源，及其疾病、失调或医疗状况的膳食处理，需另添加其他成分。

作为特殊医疗用途及婴儿特定营养用途的适用性，以及此类物质的安全性应经科学证明，配方食品中应含足量的此类物质以达到产品的功效。

三、标签

（一）标示

除应符合 CNS3192《包装食品标示》及台湾相关规定外，以下各项标示规定并适用于本产品。

1. 食品名称

产品名称应标示为"特殊医疗用途婴儿配方食品"。

2. 成分标示

完整的成分清单应列明于标示上，除添加维生素及矿物质外，各成分应按其含量多少由高至低排列；添加的维生素及矿物质的整理成各类维生素与矿物质，在此等分类中，维生素及矿物质应依含量多少由高至低排列。

应列明源自动物或植物成分及食品添加物的个别名称。此外，也可另加标示上述成分及食品添加物的类别名称。

3. 营养标示

营养标示应符合下列要求，并按下列顺序标明。

以每100ml 及每100 克或每100 千卡标示产品或依标示说明调配后供即食用产品所含能量（以千卡或千焦耳表示）、蛋白质、脂肪、碳水化合物（以克表示）及钠（以毫克表示）；

以每 100ml 及每 100 克或每 100 千卡标示产品或依标示说明调配后供即食用产品所含维生素、矿物质、胆碱及其他添加成分的重量。

4. 日期标记及贮存方法

日期的标示应印刷与容器或包装上，并依习惯能辨明的方式标明年月日，但保存期限在 3 个月以上的产品，其有效日期仅标明年月，并推定为当月月底。

除日期外，若产品需用特殊保存条件才能保存至保存期限的，应同时标明其保存条件。

5. 使用方法

液态产品可直接供喂食，若为浓缩的液态产品，喂食前应按使用说明用安全的水或经煮沸的水进行调配。粉状产品应加安全的水或经煮沸的水进行调配；

标示"调配时，水、奶瓶、奶嘴应煮沸消毒"之类的警示语；

适当的调配与使用产品的方法应详细说明，包括贮存与调配之后的处理方法，如喂食后剩余的产品应抛弃，这些应载明于标示及任何随附的纸中；

标示应载明倾斜的图示，以产品调配的方法；

各项说明应载明关于不当的调配、贮存及使用方法可能对健康造成危害的警示语；

产品开封后如何保存的说明应载明于标示及任何随附的纸中。

6. 附加的标示要求

特殊医疗用途婴儿配方食品应另加表明以下信息：

应以粗体字标示"须在医护人员指导下使用"的警示语，并与其他书写、印刷或图片分离开；

应标明适用对象；

以特殊医疗用途婴儿配方食品喂养未患有该产品所针对的失调、疾病或医疗状况的婴儿，有可能导致健康危害，应另加粗体字标示类似上述说明的警示语，并与其他书写、印刷或图片分离开；

本产品不得使用于不经消化系统喂食的陈述；

"为——者饮食处理之用"的陈述，空格部分填入本产品所适用的特定疾病、失调或医疗状况的名称。

以下信息也应包含在标示中或包装之外另以其他方式提供。

包含详细的预防措施，已知的副作用、禁忌证及产品与药物之间的交互作用等。

使用本品的基本理由。

喂食方法说明，包括食用方法及食用量。

在包装之外另行提供的信息，内容不能导致人不想喂食母乳，除非就医学观点而言，喂食母乳对该产品所针对的疾病、失调或医疗状况有禁忌。

（二）其他要求

应按《婴儿配方食品及供四个月以上婴儿食用之完整配方食品应另加标事项》的规定，具体见表85、表86。

表 85　市售包装特定疾病配方食品营养标示格式

营养标示		
每一份量克（或毫升） 本包装含　份		
	每份	每 100 克（或每 100 毫升）
能量	千卡	千卡
蛋白质	克	克
脂肪	克	克
饱和脂肪	克	克
反式脂肪	克	克
碳水化合物	克	克
糖	克	克
钠	毫克	毫克
其他经台湾主管机关公告指定标示的营养素含量	克、毫克或微克	克、毫克或微克
宣称的营养素含量	克、毫克或微克	克、毫克或微克
厂商自愿标示的其他营养素含量	克、毫克或微克	克、毫克或微克

注：总表面积小于 100 平方公分的包装食品应适用以下横式格式

营养标示
每一份量○克（或毫升），本包装含○份。每份（每 100 克或每 100 毫升）：能量○千卡（○千卡）、蛋白质○克（○克）、脂肪○克（○克），饱和脂肪○克（○克）、反式脂肪○克（○克）、碳水化合物○克（○克）、糖○克（○克）、钠○毫克（○毫克）、其他经台湾主管机关公告指定标示之营养素含量○克、毫克或微克†（○克、毫克或微克†）、宣称的营养素含量○克、毫克或微克†（○克、毫克或微克†）、厂商自愿标示的其他营养素含量○克、毫克或微克†（○克、毫克或微克†）
†维生素 A 以微克 RE（Retinol Equivalent，视黄醇当量）、维生素 E 以毫克 α—TE（α—Tocopherol Equivalent，生育醇当量）标示，烟酸以毫克 NE（Niacin Equivalent，烟酸当量）标示。

表 86　市售包装特定疾病配方食品营养标示值误差允许范围

项目	误差范围	备注
蛋白质、碳水化合物、能量、脂肪	标示值的 80% －120%	
饱和脂肪、反式脂肪、胆固醇、钠、糖	≤标示值的 120%	
氨基酸、多元/单元不饱和脂肪、维生素（不包括维生素 A、维生素 D）、矿物质（不包括钠）、膳食纤维	≥标示值的 80%	1. 检验值仍须受到以 1500kcal 为基准，不得超过国人膳食营养素参考摄取量 51 岁以上群族的上限摄取量的限制；若因应适用对象的特殊营养需求，必须超过 DRIs51 岁以上族群的 UL 者，应检附相关文献，在个案被查时评估。 2. DRIs 未订有 51 岁以上族群的 UL 营养素，其误差允许范围上限不得超过原制造厂规定的营养素成分规格上限。
维生素 A、维生素 D	标示值的 80% －180%	
其他营养素	≥标示值的 80%	

四、营养素来源

根据《食品添加物使用范围及限量暨规格标准》，中国台湾特殊医学婴儿配方食品中营养强化剂使用要求基本同婴儿配方食品。

五、食品添加剂

同婴儿配方食品部分。

六、卫生标准

同婴儿配方食品部分。

执笔人：刘洁蓉　汤雅婷　师朝霞　韩军花

第九章 中国香港特区婴幼儿配方食品法规标准

中国香港特区《2014 年食物及药物（成分组合及标签）（修订）（第 2 号）规例》（以下简称修订规例）是对于婴儿配方食品、较大婴儿和幼儿配方食品及预包装婴幼儿食品的法律法规。内容涵盖营养素含量要求、标签标识等内容。因香港特区几乎所有的婴幼儿配方食品都依赖进口，因此其很多规定都较为简单，主要参考了国际食品法典委员会的指标要求。

第一节 婴儿配方食品

一、定义

婴儿配方食品是符合以下说明的产品：该产品按照其描述或使用指示，是拟作母乳的替代品食用的，且经过特别制造，以在目标人群获得喂养的补充食品之前，单独食用产品本身即可满足 12 月龄以下人群的营养需求；或该产品标签中加上"婴儿配方食品"，或类似意思的任何其他文字。

二、必需成分

该规例中对婴儿配方食品中的能量、宏量营养素、维生素和矿物质等含量的上下限进行了规定（表 87）。

表 87 婴儿配方食品中必需成分量指标

营养素	每 100Kcal		每 100kJ		每 100Kcal 最高指导水平	每 100kJ 最高指导水平
	最低含量	最高含量	最低含量	最高含量		
蛋白质						
蛋白质（g）（以牛奶蛋白质为基础）	1.8	3	0.45	0.7	—	—
蛋白质（g）（以大豆分离蛋白质为基础）	2.25	3	0.5	0.7	—	—
脂肪						
总脂肪（g）	4.4	6	1.05	1.4	—	—
亚油酸（mg）	300	—	70	—	1400	330
α-亚麻酸（mg）	50	—	12	—		
碳水化合物						
总碳水化合物（g）	9	14	2.2	3.3	—	—

续表

营养素	每100Kcal		每100kJ		每100Kcal 最高指导水平	每100kJ 最高指导水平
	最低含量	最高含量	最低含量	最高含量		
维生素						
VA（μg）	60	180	14	43	—	—
VD^3（μg）	1	2.5	0.25	0.6	—	—
VE（mg）	0.5	—	0.12	—	5	1.2
VK（μg）	4	—	1	—	27	6.5
VB_1（μg）	60	—	14	—	300	72
VB_2（μg）	80	—	19	—	500	119
烟酸（μg）	300	—	70	—	1500	360
VB_6（μg）	35	—	8.5	—	175	45
VB_{12}（μg）	0.1	—	0.025	—	1.5	0.36
泛酸（μg）	400	—	96	—	2000	478
叶酸（μg）	10	—	2.5	—	50	12
VC（mg）	10	—	2.5	—	70	17
生物素（μg）	1.5	—	0.4	—	10	2.4
矿物质						
铁（mg）	0.45	—	0.1	—	—	—
钙（mg）	50	—	12	—	140	35
磷（mg）	25	—	6	—	100	24
镁（mg）	5	—	1.2	—	15	3.6
钠（mg）	20	60	5	14	—	—
氯化物（mg）	50	160	12	38	—	—
钾（mg）	60	180	14	43	—	—
锰（μg）	1	—	0.25	—	100	24
碘（μg）	10	—	2.5	—	60	14
硒（μg）	1	—	0.24	—	9	2.2
铜（μg）	35	—	8.5	—	120	29
锌（mg）	0.5	—	0.12	—	1.5	0.36
其他						
胆碱（mg）	7	—	1.7	—	50	12
肌 – 肌醇（mg）	4	—	1	—	40	9.5
L – 肉碱（mg）	1.2	—	0.3	—	—	—

　　上表中最高指导水平为国际食品法典委员会《婴儿配方及特殊医学用途婴儿配方食品》（codex stan 72 – 1981）中的规定，当规例中没有对营养素的上限值进行规定，可参照该指导值。

　　此外，对于婴儿配方食品中的宏量营养素质量和个别营养素也进行了额外规定，包括以下六个方面。①亚油酸与α – 亚麻酸的比例最小值为 5∶1，最大值为 15∶1；

②钙磷比为 1∶1 – 2∶1；③月桂酸和肉豆蔻酸（十四烷酸）的混合含量不能超过总脂肪酸的 20%；④反式脂肪酸含量不能超过总脂肪酸的 3%；⑤芥酸含量不能超过总脂肪酸的 1%；⑥在任何情况下，每克多不饱和脂肪酸中至少应含有 0.5mg α – TE，维生素 E 含量的最小值应根据配方食品中多不饱和脂肪酸的双键数量进行调整：0.5mg α – TE/g 亚油酸（18∶2 n – 6）；0.75mg α – TE/g α – 亚麻酸（18∶3 n – 3）；1.0mg α – TE/g 花生四烯酸（20∶4 n – 6）；1.25mg α – TE/g 二十碳五烯酸（20∶5 n – 3）；1.5mg α – TE/g 二十二碳六烯酸（22∶6 n – 3）。

三、可选择成分

婴儿配方食品中的可选择成分包括牛磺酸、二十二碳六烯酸（DHA）和二十碳四烯酸（ARA）三种。如在婴儿配方食品中添加可选择成分，其含量必须符合《修订规例》的规定。

《修订规例》中规定，牛磺酸的最大含量为 12mg/100Kcal 或 3mg/100kJ。如果婴儿配方食品中添加了二十二碳六烯酸（22∶6 n – 3），其总量不能超总脂肪酸的 0.5%，同时至少要添加相同量的二十碳四烯酸（20∶4 n – 6）。长链不饱和脂肪酸中二十碳五烯酸（20∶5 n – 3）的量不应超过二十二碳六烯酸的量。

四、其他营养素的规定

鉴于过量摄取氟化物可增加氟斑牙风险，《修订规例》亦要求婴儿配方食品中不应加入氟化物，此外磷脂的含量不应超过 300mg/100kJ。

五、标签标识

2015 年 12 月 13 日，香港政府就婴儿配方产品的营养成分组合和营养标签实施新的规定，要求婴儿配方产品必须标识营养标签，以保障食用该类产品的婴幼儿健康，并协助家长作出有依据的食物选择，以及鼓励食物制造商提供符合营养准则的婴幼儿配方产品和食品。

《修订规例》参考国际食品法典委员会的标准，强制规定婴儿配方产品必须含有能量及 33 种营养素（1 + 33），而其能量值及各有关营养素含量必须符合《修订规例》指定的水平范围，某些营养素也须符合比例规定；同时在营养标签方面，强制规定婴儿配方产品的标签须标示其能量值及 29 种营养素（1 + 29）的含量（表 88）。肌醇和 L – 肉碱两种营养素不进行强制标识。

表 88　婴儿配方食品标签中强制标识的营养素

蛋白质	VK	泛酸	磷	碘
总脂肪	VB_1	叶酸	镁	硒
总碳水化合物	VB_2	VC	钠	铜
VA	烟酸	生物素	氯化物	锌
VD_3	VB_6	铁	钾	胆碱
VE	VB_{12}	钙	锰	

在标识方式上，《修订规例》中要求能量必须以千卡或千焦的形式表达，营养素含量则必须标识每 100g 或 100ml 中产品的含量。对于以能量（每 100kcal 或 100kJ）为基础的表达方式为可选择标示的内容。

如婴儿配方食品中氟化物的含量（即食状态）超过 100 μg/100kcal 或 24 μg/100kJ 时，需在产品标签中标识，"使用该产品可以导致氟斑牙"以及"建议与医生或卫生专业人员讨论氟斑牙的风险"。

第二节　较大婴儿和幼儿配方食品

一、定义

较大婴儿和幼儿配方食品是指符合以下说明的产品：该产品按照其描述或使用指示被表述为母乳或婴儿配方食品的替代品，能为年满 6 个月但未满 36 个月的婴幼儿在逐渐多元化膳食中，作为液体成分食用；或该产品在标签中标识"较大婴儿和幼儿配方食品"。

二、必需成分和可选择成分

《修订规例》中对较大婴儿和幼儿配方食品的必需成分和可选择成分没有进行规定。只是建议该产品符合进口国的相关规定，或国际食品法典委员会 Codex Stan 156 – 1987《较大婴儿和幼儿配方》规定的营养成分的含量即可。

三、标签标识

2016 年 6 月 13 日，《修订规例》中关于较大婴儿及幼儿配方产品营养标签规定正式实施。新规定要求所有较大婴儿及幼儿配方产品必须加上营养标签。

《修订规例》强制规定较大婴儿及幼儿配方产品的营养标签必须标示其能量值及 25 种营养素（1 + 25）的含量（表 89）。与婴儿配方食品相比，减少了铜、锰、硒和胆碱。

表 89　较大婴儿和幼儿配方食品标签中强制标识的营养素

蛋白质	V_K	泛酸	磷
总脂肪	硫胺素	叶酸	镁
可利用总碳水化合物	核黄素	V_C	钠
V_A	烟酸	生物素	氯化物
V_D	V_{B6}	铁	钾
V_E	V_{B12}	钙	碘和锌

对于碳水化合物，可选择两种不同的表述方式：一是标示为"可获得的碳水化合物"，二是标示为"总碳水化合物"，且在碳水化合物项下同时标示膳食纤维的含量。

在标识方式上，《修订规例》要求，对较大婴儿和幼儿配方食品，能量以千卡或千焦的形式表达，而营养素则在标识每 100g 或 100ml 含量之外，可选择标示每份产品中的含量。同样，标签中还可进一步标示每 100kcal 或 100kJ 产品中的营养素含量值。

第三节　特殊医学用途婴儿配方食品

中国香港特区的特殊医学用途婴儿配方食品法规也参考了国际法典的相关内容，仅对与婴儿配方食品特别的内容做了规定。

一、定义

《修订规例》中对特殊医学用途婴儿配方有明确的定义。特殊医学用途婴儿配方食品是指符合以下说明的产品。

（1）该产品按照其描述或使用说明，是经特别加工或配料的，用于符合特定情况的、未满 36 月龄人群膳食管理，可为目标人群提供唯一或其中一种食物。

上述特定情况下的目标人群是指：①进食、消化、吸收或代谢普通食物或其中某些营养素的能力受到限制或损害；②经医学判定具有特殊营养需求；或③不能仅靠使用特殊医学用途外的其他食物或调节正常膳食来达到膳食管理的目的。

（2）而且该类产品只可在医生指导下使用。

二、其他

对于特殊医学用途婴儿配方食品，《修订规例》豁免其遵循婴儿配方食品营养素含量以及标签的要求，但必须在其标签上标示：①"特殊医用配方食品"或" formula for special medical purposes"或类似用语；②"在医生指示下使用"或"USE UNDER MEDICAL SUPERVISION"或类似用语；③"作（该产品针对的疾病、失调或健康状况，或该产品已知有效针对的疾病、失调或健康状况）的膳食管理用途"或类似用语；④非目标人群使用时，可能存在危险的警告陈述及解释。

对于标签中涉及的类似用语，该规例也进行了进一步的说明（表 90）。

表 90　特殊医学用途婴儿配方食品标签中的类似用语

	类似用语
特殊医用配方食品 （formula for special medical purposes）	特殊医疗用途配方食品 —formula for special medical uses —special medical purpose formula —special medical use formula
在医生指示下使用 （USE UNDER MEDICAL SUPERVISION）	在医生监督下使用 在医护人员指导下使用 —USE UNDER MEDICAL ADVICE —USE UNDER SUPERVISION OF A MEDICAL PROFESSIONAL —USE AS DIRECTED BY A MEDICAL PROFESSIONAL

执笔人：刘　军

第十章 各国（组织、地区）婴幼儿配方食品标准法规比对

前面各章分别叙述了中国、国际食品法典委员会、美国、欧盟、澳大利亚/新西兰、日本，以及中国台湾、中国香港特区关于婴幼儿配方食品的法规标准，还有部分国家、组织、地区的最新修订进展。本章试图对上述、国家、组织地区的婴幼儿配方食品法规效力、主要技术指标等进行比对。为了使比对结果更具前瞻性，除了比对各国现行标准法规外，还包括了欧盟新标准 Regulation of（EU）2016/127 和国际食品法典标准 Codex STAN 156－1987 的最新讨论修订结果，以期使读者了解最新的标准指标修订趋势。

本章第一节主要比较了婴幼儿配方食品法规概况，第二节、第三节分别比对了婴儿配方食品、较大婴儿（和幼儿）配方食品营养指标，第四节比对了婴幼儿配方食品的污染物和真菌毒素指标。

第一节 概况和法律效力比对

本篇所收录的婴幼儿配方食品标准，既有全球性的指导标准，也有某一国家、两个国家或者多国联盟的标准法规，各个标准制定的主体不同，适用地域不同，各个标准的作用和法律效力也不尽相同。本节主要论述其概况和法律效力。

一、中国

中国现行的婴幼儿配方食品标准分别为《食品安全国家标准　婴儿配方食品》（GB 10765－2010）、《食品安全国家标准　较大婴儿和幼儿配方食品》（GB 10767－2010），以及《食品安全国家标准　特殊医学用途婴儿配方食品通则》（GB 25596－2010）。上述标准的名称中均冠有"食品安全国家标准"。根据《中华人民共和国食品安全法》规定，食品安全标准是强制执行的标准。除食品安全标准外，不得制定其他食品强制性标准。

除上述产品标准外，与婴幼儿配方食品标准配套的还有婴儿配方食品的生产规范、各种物质的检测方法、添加剂使用、营养强化剂使用、标签标示等方面的食品安全国家标准。上述标准对婴幼儿配方食品的生产、经营者具有强制执行力，并作为监管的重要依据。

二、国际食品法典委员会

婴儿配方及特殊医用婴儿配方食品标准、较大婴儿和幼儿配方食品标准（CODEX STAN 72－1981，CODEX STAN 156－1987）是由国际食品法典委员会制定的关于婴幼

儿配方食品的国际标准，是国际食品法典的组成部分。

国际食品法典委员会（Codex Alimentarius Commission，CAC）宗旨是制定国际食品标准，以保障消费者的健康和确保食品贸易公平，消除贸易壁垒。经过几十年的发展，国际食品法典已成为各国食品管理机构和国际食品贸易重要的基本参照标准。1985年联合国第39/248号决议中特别强调了国际食品法典的重要作用。尤其是《实施卫生与植物卫生措施协定》（SPS）和《技术性贸易壁垒协定》（TBT）均鼓励采用协调一致的国际食品标准。SPS协议引用了法典标准、指南及推荐技术标准，以此作为促进国际食品贸易的措施。因此，国际食品法典标准虽然对各国没有强制约束力，但已成为在世界贸易中衡量一个国家食品措施和法规是否一致的基准。

三、欧盟

欧盟关于婴幼儿配方食品的法规，原先名称为"指令"（Directive of 2006/141/EC），而新的则为"法规"（Regulation of（EU）2016/127）。

在新法规要求下，欧盟各成员国无须再转化为国家层面的标准，执行日起在各成员国境内直接适用新的标准规定，按照其规定及要求对婴儿及较大婴儿配方食品进行统一管理，适用同一规则。相应地，也就避免了各成员国理解不一，导致贸易壁垒的情况。

四、美国

美国的婴儿配方食品标准规定在美国联邦政府的一系列法案中，是法律体系的组成部分。《联邦食品、药品和化妆品法案》（FDC&A，以下简称《联邦食药法案》）是美国食品监管法规的核心，在此基础上，又制定了《婴儿配方食品法案》，专门针对婴儿配方食品提出了法规要求，成为《联邦食药法案》第412部分（Section 412 of the FDC&A）。《婴儿配方食品法案》为美国婴儿食品法规奠定了基础，该法案赋予美国食品药品管理局定期对产品进行营养成分和质量测试的权力，并可以颁布相应的监管法规。根据该法案美国食品药品管理局制定颁布了相应的实施规章：即《美国联邦法规》第21章107部分（21 CFR 107）。该部分内容主要规定有婴儿配方食品的定义、标签、使用方法、特殊婴儿配方食品、营养要求及召回等。

五、澳大利亚/新西兰

澳大利亚/新西兰的婴儿及较大婴儿配方食品标准是由澳新食品标准局（Food Standards Australia New Zealand，FSANZ）制定的，该标准是《澳大利亚新西兰食品标准法典》（Australia New Zealand Food Standards Code，ANZFSC）的一部分，在澳新两国各州强制执行，是国家法律体系的组成部分。

《澳大利亚新西兰食品标准法典》包括一般食品标准、食品产品标准、食品安全标准及初级生产标准四章内容。婴儿配方食品标准在第二章食品产品标准中，属于该章第九部分特殊用途食品的一类。婴儿配方食品标准在澳大利亚各州及新西兰强制执行，由各州各地区政府负责执行和监督检验。

第二节　婴儿配方食品营养指标比对

一、必需营养成分

1. 蛋白质

目前，在各国际组织、国家和地区婴儿配方食品标准中允许使用的蛋白质来源包括牛奶蛋白、羊奶蛋白和大豆分离蛋白。鉴于两类蛋白质消化吸收作用的差异，各标准均分别规定了以牛乳或羊乳蛋白质来源（以下简称"乳基"）的婴儿配方食品和含有大豆分离蛋白（以下简称"豆基"）的婴儿配方食品中各自的蛋白质技术要求。

如表91所示，美国标准中蛋白质的上限值高于其他国家和地区，而欧盟新法规依据最新的科学证据，下调了上限值，是当前各国际组织、国家和地区标准中蛋白质上限值最低的。关于氮转换系数，除澳大利亚/新西兰明确规定为6.38外，其余标准均规定为6.25，澳新食品标准局（FSANZ）在2016年对婴儿配方食品标准的审查文件中也表示这个值应该为6.25。

对于豆基婴儿配方食品，中国（含中国台湾和中国香港特区）标准中的蛋白质含量限值要求与国际法典标准一致，相对于乳基婴儿配方食品提高了最低含量限值要求；澳新与美国标准在含量限值要求上与乳基婴儿配方食品一致，但澳新分别对乳基和豆基婴儿配方食品规定了不同的氮转换系数，美国则附有蛋白质质量补偿说明。欧盟新标准同样是依据最新的科学证据，下调了豆基婴儿配方食品蛋白质含量的上限值，是当前各国际组织、国家和地区标准中上限值最低的。

对于乳清蛋白比例的要求，除我国标准规定乳基婴儿配方食品乳清蛋白占蛋白质含量的比例需大于等于60%外，其他标准在这方面均无特别规定。另外，各国、组织均推荐或强制氨基酸的添加。

2. 脂肪

如表91所示，美国、澳新和日本标准的脂肪上限值略高于我国标准；欧盟新标准提高了下限值，是当前各国际组织、国家和地区标准中下限值最高的。

各国际组织、国家和地区标准对脂肪酸技术指标的要求的差异主要体现在是否对某脂肪酸进行了规定、采用何种形式规定、是否对某脂肪酸规定了上限值、没有规定上限值的情况下是否规定了指导上限水平（GUL），以及限值水平上的差异五个方面。以亚油酸为例，各个标准均对亚油酸进行了规定，但含量要求形式并不相同，澳新以亚油酸占总脂肪比例的形式进行规定，中国及其他标准均以含量限值的方式进行规定，美国在规定限值的同时还对供能比提出了要求；中国、欧盟和日本标准分别规定了亚油酸的上、下限值，国际法典标准以及中国香港特区、中国台湾的标准虽然没有规定上限值，但规定了GUL。

3. 碳水化合物

中国（含香港特区）婴儿配方食品标准对碳水化合物含量限值要求与国际法典、欧盟标准基本一致。各国际组织、国家和地区标准对碳水化合物组成的规定方式各不相同。如中国标准要求乳糖含量占总碳水化合物的比例应不低于90%；欧盟标准规定了乳糖的最低含量值；而国际法典和欧盟标准规定了预糊化淀粉和凝胶淀粉（无麸质）的添加量限值，欧盟则规定了添加葡萄糖浆或干葡萄糖浆的限量。

4. 维生素

如表92所示，各组织、国家和地区婴儿配方食品标准对维生素含量限值要求差异主要体现在必需添加的维生素种类、是否规定上限值、在未规定上限值的情况下是否规定了GUL值以及限值水平上的差异四个方面。首先，在必需添加的维生素种类方面，除日本标准以外的各国际、国外和地区标准均要求添加13种必需的维生素，日本标准没有把维生素K作为必需添加的一种维生素，要求添加的必需维生素共12种。其次，关于上限值的规定，中国、欧盟、日本标准对所有维生素均规定了上下限值；国际法典、澳新以及中国香港特区的标准中没有上限值，而是规定了GUL（澳新作为指导原则非强制执行），而美国标准没有规定相关指导说明。

从含量要求来看，各标准中差异比较大的维生素包括维生素A、维生素D、维生素B_{12}和维生素C。中国（含中国台湾和中国香港特区）标准对这几种维生素的含量限值要求与国际法典、日本标准（含GUL值）基本一致。部分维生素含量要求与澳新、美国一致；欧盟的新法规中由于调整了很多维生素含量值，因此与国际法典、中国、日本等差异较大。与国际法典相比，欧盟新标准对部分维生素的含量限值要求范围更窄，如维生素A、维生素D、维生素B_{12}和维生素C，欧盟新标准含量范围区间仅为法典标准含量区间的36%、40%、28%和32%。

5. 矿物质

如表93所示，国际法典以及各国家和地区婴儿配方食品标准对矿物质元素含量限值要求差异主要体现在必需添加的矿物质元素种类、是否规定了上限值或是GUL值、是否针对豆基婴儿配方食品规定独立的含量限值要求（部分矿物质元素）、对在消化吸收作用上相互影响的矿物质元素规定比值要求以及限值水平上的差异五个方面。①在必需添加的矿物质元素种类方面，种类最多为欧盟，共13种，最少的为日本，仅9种，而我国及其他国际、国外和地区标准要求添加12种必需的矿物质元素。差异主要体现在矿物质元素锰、碘、硒以及钼上，仅欧盟新标准将钼作为必需添加成分，其他国家暂无此规定；美国在2015年增加硒作为必需添加的营养素；日本标准对锰、碘、硒、钼均无强制添加要求。②关于上限值的规定，中国、欧盟、美国、澳新（除钙外）、日本标准对所有矿物质元素均规定了上下限值；而国际法典，以及中国香港、台湾地区标准对大多数矿物质元素并没有规定上限值，但给出GUL值。③针对豆基婴儿配方食品规定独立的含量限值要求，欧盟新标准对豆基婴儿配方食品中的矿物质元素铁、磷和锌分别规定了高于乳基婴儿配方食品的含量限值要求，国际法典标准也对豆基婴儿配方食品中的磷的专门制定了GUL值，其他国家和地区标准暂无此要求。④对在消化吸收作用上相互影响的矿物质元素规定的比值要求，均规定有钙磷比值要求，澳新标准考虑过多的锌对铜吸收的影响，还规定有锌铜比值要求。⑤各国标准中含量限值要求差异比较大的矿物质元素是铁和锰，中国标准铁的下限值要求与国际法典、日本标准基本一致，澳新标准铁的下限值最高，欧盟、美国标准中铁的下限值均低于中国标准，国际法典、日本，以及中国台湾、中国香港特区的标准均未规定铁的上限值，中国台湾标准给出了 GUL 值，除欧盟标准中铁的上限值略低于中国标准外，其他标准铁的上限值均高于中国标准。国际、国外和地区标准中锰含量的上限值或 GUL 值要求基本一致，中国标准中锰的下限值相对较高。

6. 其他营养物质

如表 94 所示，胆碱、肌醇、左旋肉碱在中国和澳新婴儿配方食品标准中不是必需添加的营养成分，但在其他各国际、国外和地区标准将这些营养素全部或部分规定为必需营养成分。欧盟新标准与原标准以及各国际、国外和地区标准最显著的差异之一就是将二十二碳六烯酸（DHA）由可选择添加的成分调整为必需成分，并一改以前对 DHA 的含量没有限值要求只是通过规定与其他多不饱和脂肪酸总脂肪的比值来规定含量的情况。在限量值水平上差异比较大的是胆碱，欧盟新标准规定的下限值远远高于原标准及其他国家的标准。

表91 国际法典以及各国家和地区婴儿食品标准能量及蛋白质、脂肪、碳水化合物指标的比对

营养素	单位	中国 GB 10765-2010	国际法典 Codex (STAN 72-1981)	欧盟 2006/141/EC	欧盟 (EU) 2016/127	美国 21CFR107	澳新 Standard 2.9.1	日本	中国香港特区	中国台湾
能量	kJ/100ml	250－295	250－295	250－295	250－293	NS	250－315	250－293	250－295	250－295
蛋白质										
蛋白质（乳基）	g/100kJ	0.45－0.70	0.45－0.70	0.45－0.70	0.43－0.60	0.43－1.07[1]	0.45－0.70	0.43－0.72	0.45－0.70	0.45－0.70
蛋白质（豆基）	g/100kJ	0.50－0.70	0.50－0.70	0.56－0.7	0.54－0.67	0.43－1.07[1]	0.45－0.70	—	0.50－0.70	0.50－0.70
氮转换系数（乳基）		6.25	6.25	6.25	6.25	6.25	6.38	6.25	6.25	6.25
氮转换系数（豆基）		6.25	6.25	6.25	6.25	6.25	6.25	6.25	6.25	6.25
乳清蛋白（乳基）	总蛋白%	60	—	—	—	—	—	—	—	—
脂肪										
脂肪	g/100kJ	1.05－1.40	1.05－1.40	1.05－1.40	1.1－1.40	0.79－1.43	1.05－1.50	1.05－1.43	1.05－1.40	1.05－1.40
	总热量%	—	—	—	—	30－54	—	—	—	—
亚油酸 (18:2)	mg/100kJ	70－330	70－330 (GUL)	70－285	120－300	71.7－NS	—	70－335	70－330 (GUL)	70－330 (GUL)
	总脂肪%	—	—	—	—	—	9－26	—	—	—
	总热量%	—	—	—	—	2.7－NS	—	—	—	—
α－亚麻酸 (18:3)	mg/100kJ	12－NS	12－NS	12－24	12－NS	—	—	12－NS	12－NS	12－NS
	总脂肪%	—	—	—	—	—	1.1－4	—	—	—
亚油酸: α－亚麻酸	比值	5－15	5－15	5－15	—	—	5－15	—	5－15	5－15

续表

营养素	单位	中国 GB 10765-2010	国际法典 Codex (STAN 72-1981)	欧盟 2006/141/EC	欧盟 (EU) 2016/127	美国 21CFR107	澳新 Standard 2.9.1	日本	中国香港特区	中国台湾
总反式脂肪酸	总脂肪%	≤3	≤3	≤3	≤3	—	≤4	—	≤3	≤3
芥酸	总脂肪%	≤1	≤1	≤1	≤1	—	≤1	—	≤1	≤1
月桂酸与肉豆蔻酸	总脂肪%	≤20	≤20	—	—	—	—	—	≤20	≤20
碳水化合物										
碳水化合物	g/100kJ	2.2-3.3²	2.2-3.3	2.2-3.4³	2.2-3.3³	—	—	2.4-3.3	2.2-3.3	2.2-3.3
	g/100kJ		—	1.1-NS	1.1-NS	—	—	—	—	—
乳糖⁴	总碳水化合物%	90-NS	≤30	≤30	≤30	—	—	—	—	—
预糊化淀粉和凝胶淀粉（无麸质）	总碳水化合物%		≤2	≤2	≤2	—	—	—	—	—
	g/100ml									

一，表示无此规定。
NS，没有指导说明。
GUL，最高指导上限水平。
1 如果蛋白质的生物质量低于酪蛋白的生物质量，蛋白质的最小值需按比例增加来补偿。
2 计算碳水化合物总含量时不包括低聚糖和多聚糖类物质。
3 除列举种类外，还可添加不超过0.2g/100kJ 葡萄糖浆或干葡萄糖浆（葡萄糖当量不超过32）以及麦芽糖。
4 大豆分离蛋白含量超过50%或无乳糖婴儿配方食品除外。

表92 国际法典以及各国家和地区婴儿配方食品标准维生素指标的比对

维生素	单位	中国 GB 10765－2010	国际法典 Codex (STAN 72－1981)	欧盟 2006/141/EC	欧盟 (EU) 2016/127	美国 21CFR107	澳新 Standard 2.9.1	日本	中国香港特区	中国台湾
维生素 A (RE)[1]	μg/100kJ	14－43	14－43	14－43	16.7－27.2	17.9－53.8	14－43	14－43	14－43	14－43
维生素 D[2]	μg/100kJ	0.25－0.6	0.25－0.6	0.25－0.65	0.48－0.72	0.24－0.60	0.25－0.63	0.24－0.60	0.25－0.6	0.25－0.6
维生素 E (α－TE)	mg/100kJ	0.12－1.20[3]	0.12－1.2 (GUL)[3]	0.1－1.2[3]	0.14－1.2	0.17－NS[4]	0.11－1.1	0.12－1.20	0.12－1.2 (GUL)[3]	0.12－1.2 (GUL)[3]
维生素 K	μg/100kJ	1.0－6.5	1－6.5 (GUL)	1.0－6	0.24－6.0	0.96－NS	1－5.0 (GUL)	—	1－6.5 (GUL)	1－6.5 (GUL)
维生素 B₁	μg/100kJ	14－72	14－72 (GUL)	14－72	9.6－72	9.6－NS	10－48 (GUL)	14－72	14－72 (GUL)	14－72 (GUL)
维生素 B₂	μg/100kJ	19－119	19－119 (GUL)	19－95	14.3－95.6	14.3－NS	14－86 (GUL)	19－120	19－119 (GUL)	19－119 (GUL)
烟酸[5]	μg NE/100kJ	70－360	70－360 (GUL)	72－375	100－360	59.8－NS	130－480 (GUL)	72－359	70－360 (GUL)	70－360 (GUL)
维生素 B₆	μg/100kJ	8.5－45.0	8.5－45 (GUL)	9－42	4.8－41.8	8.37－NS[6]	9－36	8－42	8.5－45 (GUL)	8.5－45 (GUL)
维生素 B₁₂	μg/100kJ	0.025－0.36	0.025－0.36 (GUL)	0.025－0.12	0.02－0.12	0.036－NS	0.025－0.17 (GUL)	0.024－0.36	0.025－0.36 (GUL)	0.025－0.36 (GUL)
泛酸	μg/100kJ	96－478	96－478 (GUL)	95－475	100－480	71.7－NS	70－360 (GUL)	96－478	96－478 (GUL)	96－478 (GUL)

续表

维生素	单位	中国 GB 10765-2010	国际法典 Codex（STAN 72-1981）	欧盟 2006/141/EC	欧盟 (EU) 2016/127	美国 21CFR107	澳新 Standard 2.9.1	日本	中国香港特区	中国台湾
叶酸	μg/100kJ	2.5-12	2.5-12 (GUL)	2.5-12	3.6-11.4	0.96-NS	2-8 (GUL)	2-12	2.5-12 (GUL)	2.5-12 (GUL)
维生素 C	mg/100kJ	2.5-17.0	2.5-17 (GUL)[7]	2.5-7.5	0.96-7.2	1.9-NS	1.7-5.4 (GUL)	2.4-16.8	2.5-17 (GUL)	2.5-17 (GUL)[7]
生物素	μg/100kJ	0.4-2.4	0.4-2.4 (GUL)	0.4-1.8	0.24-1.8	0.36-NS	0.36-2.7 (GUL)	0.36-2.39	0.4-2.4 (GUL)	0.4-2.4 (GUL)

一, 表示无此规定。

NS, 没有特别说明。

GUL, 最高指导上限水平。

[1] μg RE = 3.33 IU 维生素 A = 1μg 所有反式视黄醇。视黄醇指预制视黄醇, 类胡萝卜素的含量不计算在内, 也不包括维生素 A 的活性前体。

[2] 钙化醇, 1μg 维生素 D = 40 IU 维生素 D。

[3] 1mg α - TE（α-生育酚当量）=1mg d-α-维生素 E。至少 0.5mg α - TE/g PUFA; 0.5mg α - TE/g 亚油酸 (18:2 n-6); 0.75 α - TE/g α - 亚麻酸 (18:3 n-3);
1.0mg α - TE/g 花生四稀酸 (20:4 n-6); 1.25mg α - TE/g 二十碳五稀酸 (20:5 n-3); 1.5mg α - TE/g 二十碳六稀酸 (22:6 n-3)。

[4] 至少 0.7IU 维生素 E/g 亚油酸 (18:2 n-6)。

[5] 烟酸指预制的烟酸, 不包括前体形式;

[6] 每 1g 蛋白质至少要 0.015mg 的维生素 B6。

[7] 液态配方货架寿期可能发生较大的衰减, 粉状产品宜设定较低的指引上限。

表93 国际法典以及各国和地区婴儿配方食品标准矿物质指标的比对

矿物质	单位	中国 GB 10765-2010	国际法典 Codex (STAN 72-1981)	欧盟 2006/141/EC	欧盟 (EU) 2016/127	美国 21CFR107	澳新 Standard 2.9.1	日本	中国香港特区	中国台湾
铁	mg/100kJ							6-9.6		
	(乳基) mg/100kJ	0.10-0.36	0.1-NS	0.07-0.3	0.07-0.31	0.036-0.72	0.2-0.5	0.108-NS	0.1-NS	0.1-0.6 (GUL)
	(豆基) mg/100kJ	NS	NS	0.12-0.5	0.11-0.48	NS	NS		—	—
钙	mg/100kJ	12-35	12-35 (GUL)	12-33	12-33.5	14.3-NS	12-33 (GUL)	12-33.5	12-35 (GUL)	12-35 (GUL)
磷	mg/100kJ	6-24	6-24 (GUL)	6-22	6-21.5	7.2-NS	6-25	6-12	6-24 (GUL)	6-24 (GUL)
	mg/100kJ[1] (豆基)	NS	6-24 (GUL)	7.5-25	7.2-24	—	—	—	—	—
钙:磷	比值	1-2	1-2	1-2	1-2 (摩尔比)	1-2	1.2-2	—	1-2	1-2
镁	mg/100kJ	1.2-3.6	1.2-3.6 (GUL)	1.2-3.6	1.2-3.6	1.43-NS	1.2-4.0	1.2-3.6	1.2-3.6 (GUL)	1.2-3.6 (GUL)
钠	mg/100kJ	5-14	5-14	5-14	6-14.3	4.8-14.3	5-15	4.8-14.3	5-14	5-14
氯	mg/100kJ	12-38	12-38	12-38	14.3-38.2	14.3-NS	12-35	12-38	12-38	12-38
钾	mg/100kJ	14-43	14-43	15-38	19.1-38.2	19.1-47.8	20-50	14-43	14-43	14-43
锰	μg/100kJ	1.2-24.0	0.25-24 (GUL)	0.25-25	0.24-24		0.24-24		0.25-24 (GUL)	0.25-24 (GUL)
碘	μg/100kJ	2.5-14.0	2.5-14 (GUL)	2.5-12	3.6-6.9	1.2-17.9	1.2-10		2.5-14 (GUL)	2.5-14 (GUL)

续表

矿物质	单位	中国 GB 10765-2010	国际法典 Codex (STAN 72-1981)	欧盟 2006/141/EC	欧盟 (EU) 2016/127	美国 21CFR107	澳新 Standard 2.9.1	日本	中国香港特区	中国台湾
硒	μg/100kJ	0.48-1.90	0.24-2.2 (GUL)	0.25-2.2	0.72-2	0.48-1.7	0.25-1.19	—	0.24-2.2 (GUL)	0.24-2.2 (GUL)
锌	mg/100kJ	0.12-0.36	0.12-0.36 (GUL)	0.12-0.36	0.12-0.24	0.12-NS	0.12-0.43	0.12-0.36	0.12-0.36 (GUL)	0.12-0.36 (GUL)
锌	mg/100kJ[1]	—	—	—	0.18-0.3	—	—	—	—	—
铜	μg/100kJ	8.5-29.0	8.5-29 (GUL)	8.4-25	14.3-24	14.3-NS	14-43	8.4-29	8.5-29 (GUL)	8.5-29 (GUL)
锌:铜		—	—	—	—	—	≤15	—	—	—
钼	μg/100kJ	—	—	—	NS-3.3	—	—	—	—	—

一，表示无此规定。
NS，没有特别说明。
GUL，最高指导上限水平。

表 94　国际法典以及各国家和地区婴儿配方食品其它营养物质指标的比对

营养素	单位	中国 GB 10765 - 2010	国际法典 Codex (STAN 72 - 1981)	欧盟 2006/141/EC	欧盟 (EU) 2016/127	美国 21CFR107	澳新 Standard 2.9.1	日本	中国香港特区	中国台湾
胆碱	mg/100kJ	—	1.7 - 12 (GUL)	1.7 - 12	6.0 - 12	1.7 - NS	—	—	1.7 - 12 (GUL)	1.7 - 12 (GUL)
肌醇	mg/100kJ	—	1 - 9.5 (GUL)	1 - 10	0.96 - 9.6	0.96 - NS	—	0.96 - 9.6	1 - 9.5 (GUL)	1 - 9.5 (GUL)
左旋肉碱	mg/100kJ	—	0.3 - NS	0.3 - NS	0.3 - NS	—	—	—	0.3 - NS	0.3 - NS
二十二碳六烯酸(DHA)	mg/100kJ	—	—	—	4.8 - 12	—	—	—	—	—

—，不作为必须添加成分。
NS，没有特别说明。
GUL，最高指导上限水平。

二、其他可以选择添加的营养成分

不同国家、组织和地区的婴儿配方食品标准允许添加的可选成分种类差异明显，牛磺酸是唯一一种除美国、日本标准外，各个标准均规定了限值的可选择成分；除欧盟新标准以外的国际、国外和地区标准均允许添加二十二碳六烯酸（DHA）和花生四烯酸（AA）作为可选成分。多数标准没有直接规定含量要求，只是规定了如果添加二十二碳六烯酸（$22:6\ n-3$），花生四烯酸（$20:4\ n-6$）的含量应至少达到 DHA 的同等浓度；二十碳五烯酸（$20:5\ n-3$）含量不应超过二十二碳六烯酸。另外，关于核苷酸、低聚糖等，各国也不相同。

由于各国管理方式不同，可选择成分在婴儿配方食品标准文本不能全部覆盖，有些国家在其他法规规定，有些作为食品配料管理，有些国家则缺少相关资料，因此本节无法用表格形式列出。

第三节　较大婴儿（及幼儿）配方食品营养指标比对

与婴儿配方食品相比，较大婴儿（及幼儿）配方食品不再是婴儿唯一的营养来源，而是作为 6 月龄以上婴幼儿多元化膳食中的一种，因此各国的标准及理念有较大差异。有的国家没有制定单独的较大婴儿（及幼儿）配方食品标准，如美国、日本；欧盟、澳新及中国台湾仅有较大婴儿配方食品标准，适用范围为 6～12 月龄婴儿配方食品；中国和国际食品法典中较大婴儿（及幼儿）配方食品标准的适用范围为 6～36 月龄的婴幼儿。

CCNFSDU 从第 34 届大会起开始讨论对 CODEX STAN 156－1987 的修订，目前已经确定以 12 月龄为节点将 COSEX STAN 156－1987 分成较大婴儿配方食品和幼儿配方食品两个部分；对 6～12 月龄较大婴儿配方食品、12～36 月龄幼儿配方食品中各种营养成分技术要求分别进行修订等，其中较大婴儿配方食品标准部分的营养素限量要求已基本讨论确定，具体内容见本篇第三章第五节，为试图探讨其变化趋势，本部分也将其纳入为比对分析的内容。

一、必需营养成分

1. 蛋白质

如表 95 所示，对于乳基较大婴儿（及幼儿）配方食品的蛋白质含量限值要求，中国标准的含量限值要求与现行国际法典标准含量限值要求接近一致，其他国家和地区标准的含量限值要求低于这一水平。尤其是欧盟新标准，和中国标准限值之间已经没有了交集（上限值已经低于我国标准的下限值）。国际营养与特殊膳食食品法典委员会（CCNSFDU）对国际法典标准较大婴儿部分的最新讨论结果也大幅下调了蛋白质要求。

对于豆基较大婴儿（及幼儿）配方食品的蛋白质含量限值要求，澳新和欧盟的标准与乳基婴儿配方食品标准含量限值要求是一致的；中国（含台湾）标准与国际法典标准没有对豆基产品的特别要求；CCNSFDU 对国际法典标准较大婴儿部分的最新讨论结果增设了豆基较大婴儿配方食品标准蛋白质上下限值。各国际组织、国家和地区较大婴儿（及幼儿）配方食品标准对相应的氮转换系数均规定为 6.25。

2. 脂肪

中国（含台湾）较大婴儿（及幼儿）配方食品标准的总脂肪含量限值要求与现行国际法典标准一致；欧盟和澳新标准的含量限值要求相对接近，下限值明显高于中国标准含量限值要求；CCNSFDU 最新讨论结果中，较大婴儿部分的指标要求与欧盟新标准的含量限值要求一致，提高了下限值。各组织、国家和地区标准对脂肪酸技术指标的要求的差异主要体现在是否对某脂肪酸进行了规定，采用何种形式对某营养素进行了规定，是否对某营养素规定了上限值，没有规定上限值的情况下是否规定了最高指导上限水平（GUL）以及限值水平上的差异五个方面。以 α－亚麻酸为例，中国（含台湾）、国际法典标准均未对 α－亚麻酸进行技术指标上的规定，澳新以亚麻酸占总脂肪比例的形式进行规定，其他标准均以含量限值的方式进行规定；与欧盟原标准相比，欧盟新标准增加了对 α－亚麻酸的上限值的规定。

3. 碳水化合物

中国（含台湾）、国际法典、澳新较大婴儿（及幼儿）配方食品标准均未直接规定总碳水化合物含量限值要求，其含量间接通过总能量以及总蛋白质和脂肪的含量来限制，仅欧盟标准和 CCNSFDU 较大婴儿部分的最新讨论结果规定了总碳水化合物的含量限值，限值水平相互接近。对于乳糖的具体含量要求，除欧盟标准有下限值规定外，其他国家、国际组织和地区标准均无此要求。

4. 维生素

如表 96 所示，国际法典以及各国家和地区较大婴儿（及幼儿）配方食品标准对维生素含量限值要求差异主要体现在是否规定上限值，在未规定上限值的情况下是否规定了 GUL 值以及限值水平上差异等方面。首先，中国（含台湾）标准对除维生素 A、维生素 D 外的其他维生素均未规定上限值，也没有给出指导说明，这一做法与国际法典现行标准基本一致。欧盟标准对必需添加的所有维生素均规定了上下限值，而澳新标准和 CCNSFDU 较大婴儿部分的最新讨论结果规定了 GUL（指导上限水平）。其次，国际法典以及各国家和地区婴儿配方食品标准对部分维生素含量限值要求差异比较明显，例如，维生素 A 和维生素 D。中国（含台湾）标准对维生素 A 和维生素 D 的含量限值要求与国际法典现行标准基本一致；与中国标准限值差异最大的也仍然是欧盟新标准，其维生素 A 和维生素 D 含量限值范围分别约占我国标准限值范围的 29% 和 28%。同时，CCNSFDU 较大婴儿部分的最新讨论结果也同中国标准及国际法典现行标准有明显的差异，如降低了维生素 A 的上限值，小幅调整了维生素 D 的下限值。

表95　国际法典以及各国家和地区较大婴儿（及幼儿）配方食品标准能量及蛋白质、脂肪、碳水化合物指标的比对

项目	单位	中国 GB10767-2010	国际法典 Codex (STAN 156-1987)	国际法典 最新修订结果 (6~12月龄)	欧盟 2006/141/EC	欧盟 (EU) 2016/127	澳新 Standard 2.9.1	中国台湾
能量	kJ/100ml	250-355	250-355	250-293	250-295	250-293	250-355	250-355
蛋白质（乳基）	g/100kJ	0.7-1.2	0.70-1.3	[0.43]-0.72[1]	0.45-0.8	0.43-0.60	0.45-1.3	0.45-1.07
蛋白质（豆基）	g/100kJ	NS	NS	0.5-0.72	0.56-0.8	0.54-0.67	0.45-1.3	NS
氮转换系数（牛乳蛋白来源）		6.25	6.25		6.25	6.25	6.38	6.25
氮转换系数（其他蛋白质来源）		6.25	6.25		6.25	6.25	6.25	6.25
总脂肪	g/100kJ	0.7-1.4	0.7-1.4	1.1-14	0.96-1.4	1.1-1.4	1.05-1.5	0.7-1.4
亚油酸（18:2）	g/100kJ	70-NS	71.7-NS	72-335（GUL）	70-285	120-300	—	71.7-NS
α-亚麻酸（18:3）	总脂肪%	—	—	—	—	—	9-26	—
	mg/100kJ	—	—	12-NS	12-NS	12-24	—	—
	总脂肪%	—	—	—	—	—	1.1-4	—
亚油酸：α-亚麻酸	比值	—	—	5-15	5-15	—	5-15	—
总反式脂肪酸	总脂肪%	≤3	—	≤3	≤3	≤3	≤4	—
芥酸	总脂肪%	—	—	≤1	≤1	≤1	≤1	—
月桂酸与肉豆蔻酸	总脂肪%	—	—	—	≤20	—	—	—
碳水化合物	g/100kJ	—	—	2.2-3.3	2.2-3.4[2]	2.2-3.3[2]	5-15	—
乳糖[3]	g/100kJ	—	—	—	1.1-NS	1.1-NS	—	—

续表

项目	单位	中国	国际法典		欧盟		澳新	中国台湾
		GB10767－2010	Codex（STAN 156－1987）	最新修订结果（6～12月龄）	2006/141/EC	（EU）2016/127	Standard 2.9.1	
预糊化淀粉和凝胶淀粉（无麸质）	总碳水化合物%	—	—	—	—	≤30	—	—
淀粉	g/100ml	—	—	—	—	≤2	—	—

一，表示无此规定。
NS，没有特别说明。
GUL，指导上限水平。
[1] CCNSFDU 讨论对国际法典较大婴儿配方食品标准的讨论结果，[]内的数值表示进行到第三步骤讨论阶段，不带[]的数值表示进行到第四步骤讨论阶段。
[2] 除列举种类外，还可添加不超过0.2g/100kJ葡萄糖浆或干葡萄糖浆（葡萄糖当量不超过32）以及麦芽糖。
[3] 大豆分离蛋白含量超过50%或无乳糖婴儿配方食品除外。

表96　国际法典以及各国家和地区较大婴儿（及幼儿）配方食品标准维生素指标的比对

营养素	单位	中国 GB10767-2010	国际法典 Codex STAN (156-1987)	国际法典 最新修订结果 (6~12月龄)	欧盟 2006/141/EC	欧盟 (EU) 2016/127	澳新 Standard 2.9.1	中国台湾
维生素 A (RE)[1]	μg/100kJ	18-54	18-54	18-43	14-43	16.7-27.2	14-43	1.8-53.4
维生素 D[2]	μg/100kJ	0.25-0.75	0.25-0.75	0.24-0.72	0.25-0.75	0.48-0.72	0.25-0.63	0.24-NS
维生素 E (α-TE)	mg/100kJ	0.15-NS[3]	0.15-NS[4]	0.12-1.2 (GUL)[3]	0.1-1.2[3]	0.14-1.2	0.11-1.1	0.12-NS[4]
维生素 K	μg/100kJ	1.0-NS	1.0-NS	1.0-6.5 (GUL)	1.0-6	0.24-6.0	1-5.0 (GUL)	1-NS
维生素 B₁	μg/100kJ	11-NS	10-NS	14-72 (GUL)	14-72	9.6-72	10-48 (GUL)	10-NS
维生素 B₂	μg/100kJ	11-NS	14-NS	19-119 (GUL)	19-95	14.3-95.6	14-86 (GUL)	14-NS
烟酸[5]	μg NE/100kJ	110-NS	60-NS	72-360 (GUL)	72-375	100-360	130-480 (GUL)	60-NS
维生素 B₆	μg/100kJ	11-NS	11-NS[6]	8.4-41.8 (GUL)	9-42	4.8-41.8	9-36	11-NS[6]
维生素 B₁₂	μg/100kJ	0.04-NS	0.04-NS	0.024-0.36 (GUL)	0.025-0.12	0.02-0.12	0.025-0.17 (GUL)	0.04-NS
泛酸	μg/100kJ	70-NS	70-NS	96-478 (GUL)	95-475	100-480	70-360 (GUL)	70-NS
叶酸	μg/100kJ	1.0-NS	1.0-NS	2.4-12 (GUL)	2.5-12	3.6-11.4	2-8 (GUL)	1-NS
维生素 C	mg/100kJ	1.8-NS	1.9-NS	2.4-17 (GUL)	2.5-7.5	0.96-7.2	1.7-5.4 (GUL)	1.9-NS
生物素	μg/100kJ	0.4-2NS	0.04-NS	0.4-2.4	0.4-1.8	0.24-1.8	0.36-2.7 (GUL)	0.04-NS

NS，没有特别说明。
GUL，指导上限水平。

[1] μg RE = 3.33 IU 维生素 A = 1μg 所有反式视黄醇。视黄醇指预制视黄醇，类胡萝卜素的含量不计算在内，也不包括在维生素 A 的活性前体。
[2] 钙化醇，1μg 维生素 D = 40 IU 维生素 D。
[3] 1mg α-TE（α-生育酚当量）= 1mg d-α-生育酚。至少0.5mg α-TE/g PUFA；0.5mg α-TE/g 亚油酸（18:2 n-6）；0.75mg α-TE/g α-亚麻酸（18:3 n-3）；1.0mg α-TE/g 花生四稀酸（20:4 n-6）；1.25mg α-TE/g 二十碳五稀酸（20:5 n-3）；1.5mg α-TE/g 二十二碳六稀酸（22:6 n-3）。
[4] 至少0.7IU 维生素 E/g 亚油酸（18:2 n-6）。
[5] 烟酸指预制的烟酸，不包括前体形式。
[6] 每 1g 蛋白质至少 0.015mg 的维生素 B₆。

5. 矿物质

如表 97 所示，国际法典以及各国家和地区较大婴儿（及幼儿）配方食品标准对矿物质元素含量限值要求差异主要体现在必需添加的矿物质元素种类，是否规定上限值或是 GUL，是否针对豆基婴儿配方食品规定独立的含量限值要求（部分矿物质元素），对那些在消化吸收作用上相互影响的矿物质元素规定比值要求以及限值水平上的差异等方面。①在必需添加的矿物质元素种类方面，种类由多到少的标准分别是欧盟新标准、澳新标准和 CCNSFDU 较大婴儿部分的最新讨论结果、中国标准、国际法典和中国台湾标准，差异主要体现在矿物质元素锰、碘、硒、铜以及钼上，仅欧盟新标准将钼作为必需添加成分，其他标准暂无此要求；中国标准将锰和硒作为可选成分，对钼没有相关要求；国际法典和中国台湾标准不包含锰、硒、铜及钼。②欧盟、澳新（除钙以为）标准对所有矿物质元素均规定了上下限值；中国、国际法典以及中国台湾标准对部分矿物质元素并没有规定上限值，也没有相关方指导说明，如镁、碘；而 CCNSFDU 较大婴儿部分的最新讨论结果对原来未规定上限值的矿物质元素增加了 GUL 规定。③针对豆基婴儿配方食品规定独立的含量限值要求，欧盟新标准对豆基婴儿配方食品中的矿物质元素铁、磷和锌分别规定了高于乳基婴儿配方食品的含量限值要求，其他国际、国外和地区标准暂无此要求。④对在消化吸收作用上相互影响的矿物质元素规定的比值要求，国际、国外和地区标准均规定有钙磷比值要求，澳新标准考虑过多的锌对铜吸收的影响，还规定有锌铜比值要求，其他国家和地区暂无此规定。⑤含量值差异。如中国（含台湾）标准铁的下限值要求与国际法典标准基本一致，澳新标准铁的下限值最高，欧盟标准铁的下限值低于中国标准。

二、可以选择添加的营养成分

各个标准允许添加的可选成分种类差异明显，如牛磺酸是唯一一种除美国、日本标准外，各个标准均规定了限值的营养素；除欧盟新标准以外的其他国际、各国/地区标准均允许添加二十二碳六烯酸（DHA）和花生四烯酸（AA）作为可选成分，但除我国标准和 CCNSFDU 对国际法典标准较大婴儿部分的最新讨论结果外大多数标准没有直接规定含量要求，只是规定了如果添加二十二碳六烯酸（22∶6 n–3），花生四烯酸（20∶4 n–6）的含量应至少达到 DHA 的同等浓度；二十碳五烯酸（20∶5 n–3）含量不应超过二十二碳六烯酸。

由于各国对可选择成分的定义、管理方式不同，本节无法以表格形式列出，详见各章节。

表97　国际法典以及各国家和地区较大婴儿（及幼儿）配方食品标准矿物质指标的比对

营养素	单位	中国 GB10767-2010	国际法典 Codex（STAN 156-1987）	国际法典 最新修订结果（6~12月龄）	欧盟 2006/141/EC	欧盟 （EU）2016/127	澳新 Standard 2.9.1	中国台湾
铁	mg/100kJ	0.25-0.5	0.25-0.5	0.24-0.48	0.14-0.5	0.07-0.31	0.2-0.5	0.25-0.5
	mg/100kJ¹	—	—	—	0.22-0.65	0.11-0.48	—	—
钙	mg/100kJ	17-NS	22-NS	12-43（GUL）	12-33	12-33.5	12-33（GUL）	22-NS
磷	mg/100kJ	8.3-NS	14-NS	6-24（GUL）	6-22	6-21.5	6-25	14-NS
	mg/100kJ¹	—	—	—	7.5-25	7.2-24	—	—
钙:磷	比值	1.2-2	NS	1-2	1-2	1-2	1-2	1-2
镁	mg/100kJ	1.4-NS	1.4-NS	1.2-3.6（GUL）	1.2-3.6	1.2-3.6	1.2-4.0	1.4-NS
钠	mg/100kJ	NS-20	5-21	5-14	5-14	6-14.3	5-15	5-21
氯	mg/100kJ	NS-52	14-NS	12-38	12-38	14.3-38.2	12-35	14-NS
钾	mg/100kJ	18-69	20-NS	14-43	15-38	19.1-38.2	20-50	20-NS
锰	μg/100kJ	1.4-NS	—	0.24-24（GUL）	0.25-25	0.24-24	0.24-24	—
碘	μg/100kJ	—	1.2-NS	2.4-14.3（GUL）	2.5-12	3.6-6.9	1.2-10	1.2-NS
硒	μg/100kJ	—	—	0.48-2.2（GUL）	0.25-2.2	0.72-2	0.25-1.19	—
锌	mg/100kJ	0.1-0.3	≥0.12	0.12-0.36（GUL）	0.12-0.36	0.12-0.24	0.12-0.43	≥0.12
	mg/100kJ¹	—	—	—	—	0.18-0.3	—	—
铜	μg/100kJ	7-35	—	8.4-2（GUL）	8.4-25	14.3-24	14-43	—
锌:铜	比值	—	—	—	—	—	≤20	—
钼	μg/100kJ	—	—	—	—	≤3.3	—	—

一，表示无此规定。
NS，没有特别说明。
GUL，指导上限水平。
¹适用于豆基婴儿配方食品。

第四节 婴幼儿配方食品污染物指标比对

为保障婴幼儿配方食品的食用安全，国际组织、各国对产品中污染物、真菌毒素含量严格限制。有些在婴幼儿配方食品的产品标准/法规中规定，有的在相关基础标准中规定。主要区别在于规定的污染物种类多少，含量值高低等方面。美国、加拿大、日本等国家没有查到婴幼儿配方食品中污染物限量要求，国际食品法典、澳新仅规定了铅的限量值，我国包括了铅、镉、亚硝酸盐、硝酸盐、黄曲霉毒素等指标，欧盟的污染物种类最多，具体指标及限量要求如表98。

表 98 婴幼儿配方食品污染物和真菌毒素指标的比对

指标	食品类别	中国	国际法典	欧盟（即食状态）	澳新	美国	加拿大	日本
铅 (mg/kg)	粉状婴幼儿配方食品	0.15	—	0.050	—	无	无	无
	液态婴幼儿配方食品	0.02	0.01	0.010	0.02			
镉 (mg/kg)	以牛乳蛋白为原料的粉状婴幼儿配方食品	无	无	0.010	无	无	无	无
	以牛乳蛋白为原料的液态婴幼儿配方食品			0.005				
	添加大豆分离蛋白的粉状婴幼儿配方食品			0.020				
	添加大豆分离蛋白的液态婴幼儿配方食品			0.010				
亚硝酸盐 (mg/kg)	婴幼儿配方食品	2.0[b]（以粉状产品计）	无	无	无	无	无	无
硝酸盐 (mg/kg)	婴幼儿配方食品	100（以粉状产品计）	无	—	无	无	无	无
黄曲霉毒素 B1 (μg/kg)	婴儿配方食品	0.5[d]（以粉状产品计）	无	—	无	无	无	10（总黄曲霉毒素，全部食品）
	较大婴儿和幼儿配方食品	0.5[d]（以粉状产品计）		—				
	特殊医学用途婴儿配方食品	0.5（以粉状产品计）		0.10				

续表

指标	食品类别	中国	国际法典	欧盟（即食状态）	澳新	美国	加拿大	日本
黄曲霉素 M1 （μg/kg）	婴儿配方食品	0.5ᶜ（以粉状产品计）	无	0.025	无	无	无	无
	较大婴儿和幼儿配方食品	0.5ᶜ（以粉状产品计）		0.025				
	特殊医学用途婴儿配方食品	0.5（以粉状产品计）		0.025				
赭曲霉毒素 A （μg/kg）	特殊医学用途婴儿配方食品	无	无	0.50	无	无	无	无
展青霉素 （μg/kg）	除婴幼儿谷类辅助食品以外的婴幼儿食品	无	无	10.0	无	无	无	无
二噁英总量 （pg/g 湿重）（WHO-PCDD/F-TEQ）	婴幼儿食品	无	无	0.1	无	无	无	无
二噁英和二噁英类多氯联苯总量 （pg/g 湿重）（WHOPCDD/F-PCB-TEQ）	婴幼儿食品	无	无	0.2	无	无	无	无
多氯联苯 （pg/g 湿重）（PCB28，PCB52，PCB101，PCB138，PCB153，PCB180）	婴幼儿食品	无	无	1.0	无	0.2mg/kg	无	无
苯并（a）芘 （μg/kg）	婴幼儿谷类辅助食品	无	无	1.0	无	无	无	无
	特殊医学用途婴儿配方食品			1.0				
多环芳烃 （μg/kg）［苯并（a）芘、苯并（a）蒽、苯并（b）荧蒽和䓛的总量］	婴幼儿谷类辅助食品	无	无	1.0	无	无	无	无
	特殊医学用途婴儿配方食品			1.0				

ª 不适合于添加蔬菜和水果的产品
ᵇ 仅适用于乳基产品
ᶜ 不适合于添加豆类的产品
ᵈ 以大豆及大豆蛋白制品为主要原料的产品
ᵉ 以乳类及乳蛋白制品为主要原料的产品

执笔人：韩军花　康玲玲　邵懿

151

第二篇
特殊医学用途配方食品

第一章 概　　述

特殊医学用途配方食品（Food for special medical purpose，FSMP）是为了满足进食受限、消化吸收障碍、代谢紊乱或特定疾病状态人群对营养素或膳食的特殊需要，专门加工配制而成的一类配方食品。根据我国标准体系，FSMP 是特殊膳食类食品的一种。但该类产品必须在医生或临床营养师指导下，单独食用或与其他食品配合食用。

大量研究证明，特殊医学用途配方食品可以维护和改善患者的营养状态，有效地降低患者的医疗成本，提高康复速率，减少由于营养不良导致的并发症和住院率。

正是由于这些优点，特殊医学用途配方食品在国外已经使用多年且临床效果良好。很多国际组织和发达国家都针对性地制定了相应的管理政策和法律法规，如国际食品法典委员会早在 1991 年就制定了特殊医学用途配方食品标签和声称法典标准（CODEX STAN 180 - 1991）。此外，欧盟、美国、澳大利亚、新西兰、日本等也发布了专门针对特殊医学用途配方食品的法律法规，本篇后面各章节将一一详细阐述，并在最后一章中对各国管理方式、技术指标等做了详细比对。

我国之前一直将这类产品作为药品管理，如在临床使用的"肠内营养制剂"，从法规归类和产品属性的角度看并不完全合适。因此在有关专家的大力呼吁下，国家卫生和计划生育委员会（原卫生部）发布了《特殊医学用途婴儿配方食品》（GB 25596 - 2010）、《特殊医学用途配方食品通则》（GB 29922 - 2013）2 个产品标准和《特殊医学用途配方食品良好生产规范》（GB 29923 - 2013）1 个生产规范，共 3 个食品安全国家标准，形成了特殊医学用途配方食品"1 + 2"的管理模式。

《食品安全国家标准　特殊医学用途婴儿配方食品通则》（GB 25596 - 2010）于 2010 年 12 月发布，2012 年 1 月正式实施，是针对 1 岁以下的患有特殊紊乱、疾病或医疗状况等特殊医学状况婴儿的营养需求而设计制成的粉状或液态配方食品。根据我国婴儿常见的疾病，规定了六类产品的类型：针对乳糖不耐受婴儿的无乳糖配方或低乳糖配方，针对食物蛋白过敏婴儿的乳蛋白深度水解配方或氨基酸配方，针对氨基酸代谢障碍婴儿的配方，针对乳蛋白过敏高风险婴儿的部分水解配方，针对早产、低出生体重婴儿的配方食品及加入到母乳中使用的母乳营养补充剂。为各方更好地理解和执行该标准，卫生计生委（原卫生部）于 2012 年 2 月发布了《食品安全国家标准　特殊医学用途婴儿配方食品通则》问答，进一步详细解释了产品类别、营养素的调整依据和范围等，方便企业和监管部门使用。

《特殊医学用途配方食品通则》（GB 29922 - 2013）于 2013 年 12 月发布，2014 年 7 月 1 日正式实施。该标准主要针对 1 岁以上人群使用。标准主要参考了欧盟指令中对特殊医学用途配方食品的分类，将其分成三类，即全营养配方食品（可作为单一营养来源满足目标人群的营养需求）、特定全营养配方食品（可作为单一营养来源满足目标人群在特定疾病或医学状况下的营养需求）和非全营养配方食品（可满足目标人群的部分营养需求）。其中对于第二类特定全营养配方食品，根据国内外的科学依据、我国疾病现状和临床需求、国外产品使用经验，标准列出了 13 类常见的特定全营养配方食品类型，如糖尿病全营养配方食品、呼吸系统疾病全营养配方食品、肾病全营养配方食品等；对于第三类非全营养配方食品，按照其产品组成特征，主要包括了营养素组件、电解质配方、增稠组件、流质配方、氨基酸代谢障碍配方。同样，我国于 2015 年 4 月发布了《特殊医学用途配方食品通则》（GB 29922－2013）问答，对其技术指标进一步详细阐述。

《特殊医学用途配方食品良好生产规范》（GB 29923－2013）也于 2013 年 12 月发布，2015 年 1 月 1 日实施。该标准对特殊医学用途配方食品的生产过程提出了要求，规定了原料采购、加工、包装、贮存和运输等环节的场所、设施、人员的基本要求和管理准则，并重点关注整个生产过程中微生物的控制。该规范标准的出台为特殊医学用途配方食品（包括婴儿和成年人）的生产设定一定的准入门槛，以进一步保证产品质量。

2015 年 4 月 24 日，第十二届全国人大常委会第十四次会议修订通过的《中华人民共和国食品安全法》，第一次把特殊医学用途配方食品纳入其中，并将其与婴幼儿配方食品、保健食品统称为"特殊食品"，明确了其"食品"的法律地位。同时，该法中还明确规定对该类食品实施严格的监督管理，并要求进行注册。

为贯彻落实《食品安全法》，规范特殊医学用途配方食品注册行为，国家食品药品监督管理总局发布《特殊医学用途配方食品注册管理办法》。此外，还配套发布相关文件，包括《特殊医学用途配方食品注册申请材料项目与要求（试行）》《特殊医学用途配方食品标签、说明书样稿要求（试行）》《特殊医学用途配方食品稳定性研究要求（试行）》《特殊医学用途配方食品注册生产企业现场核查要点及判断原则（试行）》《特殊医学用途配方食品临床试验质量管理规范（试行）》和《特殊医学用途配方食品注册审评专家库管理办法（试行）》，进一步明确注册程序和要求，指导、规范特殊医学用途配方食品注册与审评工作。

综上所述，我国目前已经形成了"1 个规范标准 ＋ 2 个产品标准"的特殊医学用途配方食品标准体系，以及"1 个办法 ＋6 个配套文件"的特殊医学用途配方食品注册管理体系，对于特殊医学用途配方食品的法规标准以及管理措施已日趋完善，特殊医学用途配方食品未来在我国必将发挥其重要临床营养支持作用。

执笔人：韩军花

第二章 中国特殊医学用途配方食品法规标准

第一节 特殊医学用途配方食品标准

一、概况

特殊医学用途配方食品是为特定疾病状态下人群提供的一种食品，属于特殊膳食类食品，可以作为一种营养补充途径，为患者的治疗、康复及机体功能维持起到重要的营养支持作用。

如本篇第一章所述，我国已经陆续发布了《食品安全国家标准 特殊医学用途婴儿配方食品通则》（GB 25596 – 2010）、《特殊医学用途配方食品通则》（GB 29922 – 2013）2 个产品标准和《特殊医学用途配方食品良好生产规范》（GB 29923 – 2013）1 个生产规范，共 3 个食品安全国家标准。其中《食品安全国家标准 特殊医学用途婴儿配方食品通则》（GB 25596 – 2010）已经在本书第一篇做了详细的阐述，《特殊医学用途配方食品良好生产规范》（GB 29923 – 2013）是对生产过程的要求，因此本节重点介绍《特殊医学用途配方食品通则》（GB 29922 – 2013）的有关内容。

二、标准主要内容

《特殊医学用途配方食品通则》（GB 29922 – 2013）适用于 1 岁以上的人群使用。以下将重点介绍其定义、分类、主要技术指标、安全性要求以及标签等相关内容。

（一）定义和分类

标准参考国际食品法典委员会以及发达国家的相关法规，将特殊医学用途配方食品定义为：为了满足进食受限、消化吸收障碍、代谢紊乱或特定疾病状态人群对营养素或膳食的特殊需要，专门加工配制而成的配方食品。该类产品必须在医生或临床营养师指导下，单独食用或与其他食品配合食用。

参考欧盟的分类，将特殊医学用途配方食品分为全营养配方食品、特定全营养配方食品和非全营养配方食品。

1. 全营养配方食品

全营养配方食品指的是可作为单一营养来源满足目标人群营养需求的特殊医学用途配方食品。作为特殊医学用途配方食品中重要的一类产品，适用于有此类食品需求且对营养素没有特别限制的人群。符合全营养配方食品技术要求的产品单独食用时即可满足目标人群的营养需求。患者应在医生或临床营养师的指导下选择使用全营养配方食品。

考虑到不同年龄段人群对营养素的需求量不同，参照国外模式，又将全营养配方食品分为适用于 1～10 岁人群的全营养配方食品和适用于 10 岁以上人群的全营养配方。

2. 特定全营养配方食品

特定全营养配方食品是可作为单一营养来源，能够满足目标人群在特定疾病或医学状况下营养需求的特殊医学用途配方食品。与全营养配方食品不同，该类食品针对的是特定疾病状态下的人群。在这种情况下，全营养配方食品无法适应疾病的特异性代谢变化，不能满足目标人群的特定营养需求，需要对其中的某些营养素进行调整。因此，特定全营养配方食品是在相应年龄段全营养配方食品的基础上，依据特定疾病的病理生理变化而对部分营养素进行适当调整的一类食品，单独食用时也可满足目标人群的营养需求。符合特定全营养配方食品技术要求的产品，可有针对性地适应不同疾病的特异性代谢状态，更好地起到营养支持作用。

标准附录 A 列出了 13 种常见的、科学证据充分、使用历史长、安全性高的特定全营养配方食品，包括糖尿病全营养配方食品、呼吸系统疾病全营养配方食品、肾病全营养配方食品、肝病全营养配方食品、肌肉衰减综合征全营养配方食品、创伤、感染、手术及其他应激状态全营养配方食品、炎性肠病全营养配方食品、食物蛋白过敏全营养配方食品、难治性癫痫全营养配方食品、胃肠道吸收障碍、胰腺炎全营养配方食品、脂肪酸代谢异常全营养配方食品和肥胖、减脂手术全营养配方食品。

3. 非全营养配方食品

非全营养配方食品是指可满足目标人群部分营养需求的特殊医学用途配方食品，不适用于作为单一营养来源。非全营养配方食品中含有的营养素比较单一，产品设计目的是为了满足目标人群某一方面或者某几方面的营养需求，因此该类产品应在医生或临床营养师的指导下，按照患者个体的特殊医学状况要求，与其他食品配合食用。标准中非全营养配方食品涵盖了营养素组件、电解质配方、增稠组件、流质配方和氨基酸代谢障碍配方。

（二）全营养配方食品营养素指标

标准针对全营养配方食品，按照不同年龄段人群对营养素的需求量不同，参照国外模式，并充分考虑产品覆盖范围，将其分为 1～10 岁人群和 10 岁以上人群的全营养配方食品两个分类。标准中对上述两类食品中必需成分和可选择成分的营养素含量都进行了详细规定。

1. 必需成分

（1）能量：1～10 岁人群全营养配方食品中每 100ml（液态产品或可冲调为液体的产品在即食状态下）或每 100g（直接食用的非液态产品）所含有的能量应不低于 250kJ（60kcal）；10 岁以上人群全营养配方食品中每 100ml 或每 100g 则应不低于 295kJ（70kcal）。

（2）宏量营养素：1～10 岁人群全营养配方食品，标准规定蛋白质的含量应不低于 0.5g/100kJ（2g/100kcal），其中优质蛋白质所占比例不少于 50%；亚油酸供能比不低于 2.5%；α－亚麻酸供能比不低于 0.4%。对宏量营养素量以及质量都进行了规定。

10岁以上人群全营养配方食品，蛋白质的含量应不低于 0.7g/100kJ（3g/100kcal），其中优质蛋白所占比例不少于 50%；亚油酸供能比应不低于 2.0%；α-亚麻酸供能比应不低于 0.5%。同样对其量和质量进行了要求。

（3）维生素和矿物质：依据我国最新的《中国居民营养素参考摄入量DRIs》（2013），并同时参考国际上和我国已经颁布实施的相关标准，结合现有产品的使用实际和最新科学证据等，标准中对适用于 1~10岁和10岁以上人群的全营养配方食品中维生素和矿物质的含量要求和相应检测方法的规定详见表 99 和表 100。

表 99　1~10 岁人群全营养配方食品中维生素和矿物质指标

营养素	每100kJ		每100kcal		检验方法
	最小值	最大值	最小值	最大值	
维生素 A/（μg RE）[a]	17.9	53.8	75.0	225.0	GB 5413.9 或 GB/T 5009.82
维生素 D/（μg[b]）	0.25	0.75	1.05	3.14	GB 5413.9
维生素 E/（mg α-TE）[c]	0.15	N. S.[e]	0.63	N. S.	GB 5413.9 或 GB/T 5009.82
维生素 K_1/（μg）	1	N. S.	4	N. S.	GB 5413.10 或 GB/T 5009.158
维生素 B_1/（mg）	0.01	N. S.	0.05	N. S.	GB 5413.11 或 GB/T5009.84
维生素 B_2/（mg）	0.01	N. S.	0.05	N. S.	GB 5413.12
维生素 B_6/（mg）	0.01	N. S.	0.05	N. S.	GB 5413.13 或 GB/T 5009.154
维生素 B_{12}/（μg）	0.04	N. S.	0.17	N. S.	GB 5413.14
烟酸（烟酰胺）/（mg[d]）	0.11	N. S.	0.46	N. S.	GB 5413.15 或 GB/T 5009.89
叶酸/（μg）	1.0	N. S.	4.0	N. S.	GB 5413.16 或 GB/T 5009.211
泛酸/（mg）	0.07	N. S.	0.29	N. S.	GB 5413.17 或 GB/T 5009.210
维生素 C/（mg）	1.8	N. S.	7.5	N. S.	GB 5413.18
生物素/（μg）	0.4	N. S.	1.7	N. S.	GB 5413.19
钠/（mg）	5	20	21	84	GB 5413.21 或 GB/T 5009.91
钾/（mg）	18	69	75	289	GB 5413.21 或 GB/T 5009.91
铜/（μg）	7	35	29	146	GB 5413.21 或 GB/T 5009.13
镁/（mg）	1.4	N. S.	5.9	N. S.	GB 5413.21 或 GB/T 5009.90
铁/（mg）	0.25	0.50	1.05	2.09	GB 5413.21 或 GB/T 5009.90
锌/（mg）	0.1	0.4	0.4	1.5	GB 5413.21 或 GB/T 5009.14
锰/（μg）	0.3	24.0	1.1	100.4	GB 5413.21 或 GB/T 5009.90
钙/（mg）	17	N. S.	71	N. S.	GB 5413.21 或 GB/T 5009.92
磷/（mg）	8.3	46.2	34.7	193.5	GB 5413.22 或 GB/T 5009.87
碘/（μg）	1.4	N. S.	5.9	N. S.	GB 5413.23
氯/（mg）	N. S.	52	N. S.	218	GB 5413.24
硒/（μg）	0.5	2.9	2.0	12.0	GB 5009.93

续表

> [a]RE 为视黄醇当量。1μg RE = 3.33 IU 维生素 A = 1μg 全反式视黄醇（维生素 A）。维生素 A 只包括预先形
> 成的视黄醇，在计算和声称维生素 A 活性时不包括任何的类胡萝卜素组分。
> [b]钙化醇，1μg 维生素 D = 40 IU 维生素 D。
> [c]1mg α - TE（α - 生育酚当量）= 1mg d - α - 生育酚
> [d]烟酸不包括前体形式。
> [e]N. S. 为没有特别说明。

表100　10 岁以上人群全营养配方食品中维生素和矿物质指标

营养素	每100kJ		每100kcal		检验方法
	最小值	最大值	最小值	最大值	
维生素 A/（μg RE）[a]	9.3	53.8	39.0	225.0	GB 5413.9 或 GB/T 5009.82
维生素 D/（μg[b]）	0.19	0.75	0.80	3.14	GB 5413.9
维生素 E/（mgα - TE）[c]	0.19	N. S.[e]	0.80	N. S.	GB 5413.9 或 GB/T 5009.82
维生素 K₁/（μg）	1.05	N. S.	4.40	N. S.	GB 5413.10 或 GB/T 5009.158
维生素 B₁/（mg）	0.02	N. S.	0.07	N. S.	GB 5413.11 或 GB/T5009.84
维生素 B₂/（mg）	0.02	N. S.	0.07	N. S.	GB 5413.12
维生素 B₆/（mg）	0.02	N. S.	0.07	N. S.	GB 5413.13 或 GB/T 5009.154
维生素 B₁₂/（μg）	0.03	N. S.	0.13	N. S.	GB 5413.14
烟酸（烟酰胺）/（mg[d]）	0.05	N. S.	0.20	N. S.	GB 5413.15 或 GB/T 5009.89
叶酸/（μg）	5.3	N. S.	22.2	N. S.	GB 5413.16 或 GB/T 5009.211
泛酸/（mg）	0.07	N. S.	0.29	N. S.	GB 5413.17 或 GB/T 5009.210
维生素 C/（mg）	1.3	N. S.	5.6	N. S.	GB 5413.18
生物素/（μg）	0.5	N. S.	2.2	N. S.	GB 5413.19
钠/（mg）	20	N. S.	83	N. S.	GB 5413.21 或 GB/T 5009.91
钾/（mg）	27	N. S.	111	N. S.	GB 5413.21 或 GB/T 5009.91
铜/（μg）	11	120	44	500	GB 5413.21 或 GB/T 5009.13
镁/（mg）	4.4	N. S.	18.3	N. S.	GB 5413.21 或 GB/T 5009.90
铁/（mg）	0.20	0.55	0.83	2.30	GB 5413.21 或 GB/T 5009.90
锌/（mg）	0.1	0.5	0.4	2.2	GB 5413.21 或 GB/T 5009.14
锰/（μg）	6.0	146.0	25.0	611.0	GB 5413.21 或 GB/T 5009.90
钙/（mg）	13	N. S.	56	N. S.	GB 5413.21 或 GB/T 5009.92
磷/（mg）	9.6	N. S.	40.0	N. S.	GB 5413.22 或 GB/T 5009.87
碘/（μg）	1.6	N. S.	6.7	N. S.	GB 5413.23
氯/（mg）	N. S.	52	N. S.	218	GB 5413.24
硒/（μg）	0.8	5.3	3.3	22.2	GB 5009.93

> [a]RE 为视黄醇当量。1μg RE = 3.3IU 维生素 A = 1μg 全反式视黄醇（维生素 A）。维生素 A 只包括预先形成
> 的视黄醇，在计算和声称维生素 A 活性时不包括任何的类胡萝卜素组分。
> [b]钙化醇，1μg 维生素 D = 40IU 维生素 D。
> [c]1mgα - TE（α - 生育酚当量）= 1mg d - α - 生育酚
> [d]烟酸不包括前体形式。
> [e]N. S. 为没有特别说明。

2. 可选择成分

为更好地为目标人群提供营养支持，在必需成分之外，标准中允许在全营养配方食品中添加可选择成分，具体的营养素含量和检验方法见表 101、表 102。

表 101　1～10 岁人群全营养配方食品可选择成分指标

可选择性成分[a]	每 100kJ		每 100kcal		检验方法
	最小值	最大值	最小值	最大值	
铬/(μg)	0.4	5.7	1.8	24.0	GB/T 5009.123
钼/(μg)	1.2	5.7	5.0	24.0	—
氟/(mg)	N. S.[b]	0.05	N. S.	0.20	GB/T 5009.18
胆碱/(mg)	1.7	19.1	7.1	80.0	GB/T 5413.20
肌醇/(mg)	1.0	9.5	4.2	39.7	GB 5413.25
牛磺酸/(mg)	N. S.	3.1	N. S.	13.0	GB 5413.26 或 GB/T 5009.169
左旋肉碱/(mg)	0.3	N. S.	1.3	N. S.	—
二十二碳六烯酸/(% 总脂肪酸[c])	N. S.	0.5	N. S.	0.5	GB 5413.27 或 GB/T 5009.168
二十碳四烯酸/(% 总脂肪酸[c])	N. S.	1	N. S.	1	GB 5413.27
核苷酸/(mg)	0.5	N. S.	2.0	N. S.	—
膳食纤维/(g)	N. S.	0.7	N. S.	2.7	GB 5413.6 或 GB/T 5009.8

[a] 氟的化合物来源为氟化钠和氟化钾，核苷酸和膳食纤维来源参考 GB 14880 表 C.2 中允许使用的来源，其他成分的化合物来源参考 GB 14880。

[b] N. S. 为没有特别说明。

[c] 总脂肪酸指 C4～C24 脂肪酸的总和。

表 102　10 岁以上人群全营养配方食品可选择成分指标

可选择性成分[a]	每 100kJ		每 100kcal		检验方法
	最小值	最大值	最小值	最大值	
铬/(μg)	0.4	13.3	1.8	55.6	GB/T 5009.123
钼/(μg)	1.3	12.0	5.6	50.0	—
氟/(mg)	N. S.[b]	0.05	N. S.	0.20	GB/T 5009.18
胆碱/(mg)	5.3	39.8	22.2	166.7	GB/T 5413.20
肌醇/(mg)	1.0	33.5	4.2	140.0	GB 5413.25
牛磺酸/(mg)	N. S.	4.8	N. S.	20.0	GB 5413.26 或 GB/T 5009.169
左旋肉碱/(mg)	0.3	N. S.	1.3	N. S.	—
核苷酸/(mg)	0.5	N. S.	2.0	N. S.	—
膳食纤维/(g)	N. S.	0.7	N. S.	2.7	GB 5413.6 或 GB/T 5009.8

[a] 氟的化合物来源为氟化钠和氟化钾，核苷酸和膳食纤维来源参考 GB 14880 表 C.2 中允许使用的来源，其他成分的化合物来源参考 GB 14880.

[b] N. S. 为没有特别说明。

（三）特定全营养配方食品营养素指标

特定全营养配方食品中营养素的含量需在相应年龄段全营养配方食品基础上进行

适当调整。

标准文本中仅在附录 A 中列出了常见的、临床需求较多的 13 种特定全营养配方食品类别，但是没有明确相应类别营养素的调整范围。2015 年 4 月 15 日，为指导监管和企业使用，卫生计生委官方网站发布 "《特殊医学用途配方食品通则》（GB 29922 - 2013）问答"，对目前科学证据充分、应用历史长的 8 种特定全营养配方食品，包括糖尿病病人用全营养配方食品、慢性阻塞性肺疾病（COPD）病人用全营养配方食品、肾病病人用全营养配方食品、恶性肿瘤（恶病质状态）病人用全营养配方食品、炎性肠病病人用全营养配方食品、食物蛋白过敏病人用全营养配方食品、难治性癫痫病人用全营养配方食品、肥胖和减脂手术病人用全营养配方食品可调整的营养素含量技术指标进行了明确。具体指标详见卫生计生委官方网站。

（四）非全营养配方食品技术指标

由于非全营养配方食品营养素含量比较单一，标准中仅规定了其主要的技术要求（表 103）。

表 103　常见非全营养配方食品的主要技术要求

产品类别		配方主要技术要求
营养素组件	蛋白质（氨基酸）组件	1. 由蛋白质和（或）氨基酸构成； 2. 蛋白质来源可选择一种或多种氨基酸、蛋白质水解物、肽类或优质的整蛋白。
	脂肪（脂肪酸）组件	1. 由脂肪和（或）脂肪酸构成； 2. 可以选择长链甘油三酯（LCT）、中链甘油三酯（MCT）或其他法律法规批准的脂肪（酸）来源。
	碳水化合物组件	1. 由碳水化合物构成； 2. 碳水化合物来源可选用单糖、双糖、低聚糖或多糖、麦芽糊精、葡萄糖聚合物或其他法律法规批准的原料。
电解质配方		1. 以碳水化合物为基础； 2. 添加适量电解质。
增稠组件		1. 以碳水化合物为基础； 2. 添加一种或多种增稠剂； 3. 可添加膳食纤维。
流质配方		1. 以碳水化合物和蛋白质为基础； 2. 可添加多种维生素和矿物质； 3. 可添加膳食纤维。
氨基酸代谢障碍配方		1. 以氨基酸为主要原料，但不含或仅含少量与代谢障碍有关的氨基酸。常见的氨基酸代谢障碍配方食品中应限制的氨基酸种类及含量要求见标准表6； 2. 添加适量的脂肪、碳水化合物、维生素、矿物质和（或）其他成分； 3. 满足患者部分蛋白质（氨基酸）需求的同时，应满足患者对部分维生素及矿物质的需求。

（五）安全性指标

为充分保证产品的安全性，对特殊医学用途配方食品的污染物限量、真菌毒素、微生物限量标准中也进行了规定。

污染物限量指标包括铅、硝酸盐、亚硝酸盐，其中铅限量值为 0.15mg/kg（适用于 1~10 岁人群的产品）和 0.5mg/kg（适用于 10 岁人群的产品），硝酸盐≤100mg/kg，亚硝酸盐≤2mg/kg。对于添加了蔬菜水果的产品，不对硝酸盐的限量值进行限定；亚硝酸盐的限量值仅适用于乳基产品（不含豆类成分）。

真菌毒素指标包括黄曲霉素 M_1 和黄曲霉素 B_1，"以乳类及乳制品为主要原料"的特殊医学用途配方食品黄曲霉毒素 M_1 的限量为≤0.5μg/kg，"以豆类及大豆蛋白制品为主要原料"的特殊医学用途配方食品中黄曲霉毒素 B_1 限量值应≤0.5μg/kg（以固态或粉状产品计）

微生物限量包括菌落总数、大肠杆菌、沙门氏菌和金黄色葡萄球菌。具体要求如表 104 所示。

表 104　微生物限量

项目	采样方案[a]及限量（若非指定，均以 CFU/g 表示）				检验方法
	n	c	m	M	
菌落总数[b,c]	5	2	1000	10000	GB 4789.2
大肠菌群	5	2	10	100	GB 4789.3 平板计数法
沙门氏菌	5	0	0/25g	—	GB 4789.4
金黄色葡萄球菌	5	2	10	100	GB 4789.10 平板计数法

[a] 样品的分析及处理按 GB 4789.1 执行。
[b] 不适用于添加活性菌种（好氧和兼性厌氧益生菌）的产品［产品中活性益生菌数应≥10^6 CFU/g（ml）］
[c] 仅适用于 1～10 岁人群的产品。

（六）食品添加剂和营养强化剂

1. 食品添加剂

适用于 1～10 岁人群的特殊医学用途配方食品，因其年龄段涵盖了幼儿和儿童，因此该类食品中食品添加剂的使用规定较为严格，应参照 GB 2760 婴幼儿配方食品中允许的添加剂种类和使用量来使用（表 105）。

表 105　可用于 1～10 岁人群特殊医学用途配方的食品添加剂

序号	食品添加剂	功能	食品分类号	食品类别（名称）	最大使用量（g/kg）
1	单，双甘油脂肪酸酯（油酸、亚油酸、亚麻酸、棕榈酸、山嵛酸、硬脂酸、月桂酸）	乳化剂	13.01	婴幼儿配方食品	按生产需要适量使用
2	槐豆胶（又名刺槐豆胶）	增稠剂	13.01	婴幼儿配方食品	7.0
3	卡拉胶	乳化剂、稳定剂、增稠剂	13.01	婴幼儿配方食品	0.3g/L（以即食食品中的使用量计）
4	抗坏血酸棕榈酸酯	抗氧化剂	13.01	婴幼儿配方食品	0.05（以脂肪中抗坏血酸计）
5	磷酸氢钙，磷酸二氢钠	水分保持剂、膨松剂、酸度调节剂、稳定剂、凝固剂、抗结剂	13.01	婴幼儿配方食品	1.0（可单独或混合使用，最大使用量以磷酸根（PO_4^{3-}）计）
6	磷脂	抗氧化剂、乳化剂	13.01	婴幼儿配方食品	按生产需要适量使用
7	柠檬酸及其钠盐、钾盐	酸度调节剂	13.01	婴幼儿配方食品	按生产需要适量使用

序号	食品添加剂	功能	食品分类号	食品类别（名称）	最大使用量（g/kg）
8	柠檬酸脂肪酸甘油酯	乳化剂	13.01	婴幼儿配方食品	24.0
9	氢氧化钙	酸度调节剂	13.01	婴幼儿配方食品	按生产需要适量使用
10	氢氧化钾	酸度调节剂	13.01	婴幼儿配方食品	按生产需要适量使用
11	乳酸	酸度调节剂	13.01	婴幼儿配方食品	按生产需要适量使用
12	碳酸钾	酸度调节剂	13.01	婴幼儿配方食品	按生产需要适量使用
13	碳酸氢钾	酸度调节剂	13.01	婴幼儿配方食品	按生产需要适量使用
14	异构化乳糖液	其他	13.01	婴幼儿配方食品	15.0
15	黄原胶（又名汉生胶）	稳定剂、增稠剂	13.01.03	特殊医学用途婴儿配方食品	9.0（使用量仅限粉状产品，液态产品按照稀释倍数折算）
16	辛烯基琥珀酸淀粉钠	乳化剂，其他	13.01.03	特殊医学用途婴儿配方食品	150.0（使用量仅限粉状产品，液态产品按照稀释倍数折算）

对于 10 岁以上人群的特殊医学用途配方食品的产品，由于其原料复杂、生产工艺及产品形态与普通人群食用的食品相同或相近，产品形态涵盖液态、粉状，固态半固态等，单一类别的食品添加剂无法满足其生产需要，且添加剂的使用无法按照 GB 2760 的一般要求使用，因此标准规定对于"10 岁以上人群的产品中食品添加剂的使用可参照 GB 2760 中相同或相近产品中允许使用的添加剂种类和使用量"。

"相同或相近产品"是指与特殊医学用途配方食品的主要原料、产品形态或加工工艺相同或者相近的产品。例如，某种特殊医学用途配方食品与乳及乳制品类产品相同或相近，则可以使用 GB 2760 分类系统中"01.0 乳及乳制品"及其子类中允许使用的食品添加剂。但是，总体而言，由于特殊医学用途配方食品目标人群的特殊性，在生产过程中应结合临床实际，在保障产品工艺必要性的前提下，尽量减少或慎重使用食品添加剂。

2. 营养强化剂

对于营养强化剂，在 GB 14880 - 2012 系统中，特殊医学用途配方食品分类是 13.03，属于"13.0 特殊膳食用食品"的亚类。根据 GB 14880 - 2012 第 6.2 条款的使用规定，特殊膳食用食品中营养素及其他营养成分的含量按相应的食品安全国家标准执行，允许使用的营养强化剂及化合物来源应符合 GB 14880 - 2012 附录 C 和（或）相应产品标准的要求。

（七）标签标识

特殊医学用途配方食品是特殊膳食用食品中的一类，因此，其标签要求应符合《食品安全国家标准　预包装特殊膳食用食品标签》（GB 13432 - 2013）的要求。根据标准要求应标示食品名称、配料表、净含量和规格、生产者和（或）经销者的名称、地址和联系方式、生产日期和保质期、贮存条件等内容，国内生产的产品需要标示食品生产许可证编号、产品标准代号及其他需要标示的内容等。由于特殊膳食用食品的适用人群、营养素要求等方面的特殊性，因此 GB 13432《食品安全国家标准　预包装特殊膳食用食品标签》对其标签内容如食用方法、适宜人群、能量和营养成分的标示等也有特殊要求，在制作特殊医学用途配方食品标签时，应遵循相应要求。

此外，为保证产品使用的安全性，标准中要求特殊医学用途配方食品还需要进行特别的标示，如对产品的配方特点或营养学特征进行描述，并应标示产品的类别和适用人群，同时还应标示"不适用于非目标人群使用""请在医生或临床营养师指导下使用""本品禁止用于肠外营养支持和静脉注射"，以及相应的产品使用、配制指导说明及图解、贮存条件等。

三、下一步工作思路

1. 开展标准修订工作

2015 年颁布的《中华人民共和国食品安全法》中明确要求对特殊医学用途配方食品应实施注册管理。为贯彻落实《食品安全法》，规范特殊医学用途配方食品注册行为，国家食品药品监督管理总局发布《特殊医学用途配方食品注册管理办法》及其配套文件。在注册工作开展过程中，对如何界定特定全营养配方食品和调整营养素范围等提出了新的要求。

因此，为了进一步完善标准文本，配合监管和行业需求，《特殊医学用途配方食品通则》（GB 29922 - 2013）《糖尿病全营养配方食品》《炎性肠病全营养配方食品》《肿瘤全营养配方食品》以及《特殊医学用途配方食品临床应用规范》五项与特殊医学用途配方食品相关的标准列入了《2016 年度食品安全国家标准项目（第二批)》。以上标准的修订将对进一步完善特殊医学用途配方食品标准体系，指导行业研发和推动科学注册管理起到重要的作用。

2. 进一步加强各部门沟通

特殊医学用途配方食品是一类新的特殊膳食用食品，按照《食品安全法》的规定，该类产品在国内的生产流通由国家食品药品监督管理总局负责，进出口则由国家质检总局负责。

在特殊医学用途配方食品标准尚未发布之前，很多产品按照药品注册审批已进入我国市场，该标准出台以后，如何管理以前的进口产品，两者如何衔接；实施注册管理过程中与标准的配套协调等也都需要标准主管部门与监管部门进行进一步的沟通交流。厘清特殊医学用途配方食品从生产到销售的一系列问题，是保证标准顺利实施的重要途径。

3. 加大宣传教育

加强标准使用者对标准的正确理解是标准顺利实施的重要条件。对于特殊医学用途配方食品标准，其主要使用者是生产企业、监管部门以及临床医生或临床营养师。企业正确理解标准内容组织生产；监管部门正确使用标准开展监督管理；医务人员充分了解该类产品的营养特点，依据病人的不同医学状况使用该类产品，都是非常重要的。这些都要求各方进一步加大标准的宣传教育。

建立政府倡导、行业推进的媒体宣传模式，大力宣传普及特殊医学用途配方相关知识。利用媒体宣传、官方网站、学术团体、社区服务等形式，提高消费者对该类产品的认知度；通过专业培训提高监管部门和临床医生的专业度，引导企业正确执行标准，树立典范，以推动工作开展等。

4. 加强相关科学研究

特殊医学用途配方食品在我国才刚刚起步，目前标准仅仅对该类产品中的部分内容进行了规定，对于部分特定全营养配方食品的规定，食品添加剂和营养强化剂的使用要求等等都需要进行深入的研究和探讨。因此，加强对不同疾病状态下人群营养需求、特殊医学用途配方食品在疾病发展过程中的作用及临床效益等方面的研究非常必要和紧迫。

执笔人：梁　栋　李湖中　韩军花

第二节　特殊医学用途配方食品注册管理

2015 年 4 月 24 日，第十二届全国人大常委会第十四次会议修订通过的《食品安全法》规定"特殊医学用途配方食品应当经国务院食品药品监督管理部门注册"。为贯彻落实《食品安全法》，规范特殊医学用途配方食品注册行为，2016 年 3 月 7 日，国家食品药品监督管理总局局长毕井泉签署第 24 号令《特殊医学用途配方食品注册管理办法》（以下简称《办法》）。该办法于 2016 年 7 月 1 日起施行。

为进一步明确注册程序和要求，指导、规范特殊医学用途配方食品注册与审评工作，国家食品药品监督管理总局制定发布了《办法》相关配套文件，包括《特殊医学用途配方食品注册申请材料项目与要求（试行）》《特殊医学用途配方食品标签、说明书样稿要求（试行）》《特殊医学用途配方食品稳定性研究要求（试行）》《特殊医学用途配方食品注册生产企业现场核查要点及判断原则（试行）》《特殊医学用途配方食品临床试验质量管理规范（试行）》和《特殊医学用途配方食品注册审评专家库管理办法（试行）》，与《办法》同步实施。

一、《办法》制定的背景和目的

基于临床的迫切需要，20 世纪 80 年代末，特殊医学用途配方食品以肠内营养制剂形式进入中国，按照药品进行监管，需经食品药品监督管理部门注册，获准后方可上市销售。

2010 年、2013 年，卫生计生委发布了《食品安全国家标准　特殊医学用途婴儿配方食品通则》（GB 25596 – 2010）、《食品安全国家标准　特殊医学用途配方食品通则》（GB 29922 – 2013）、《食品安全国家标准　特殊医学用途配方食品良好生产规范》（GB 29923 – 2013）三个食品安全国家标准，明确特殊医学用途配方食品是一类食品，属于特殊膳食用食品。这类产品与药品相比，在产品定义、分类、技术要求、标签标识和生产过程要求等方面有所不同。

新公布的《食品安全法》第七十四条规定"国家对保健食品、特殊医学用途配方食品和婴幼儿配方食品等特殊食品实行严格监督管理"；第八十条规定"特殊医学用途配方食品应当经国务院食品药品监督管理部门注册"，从法律层面明确特殊医学用途配方食品按照特殊食品进行注册管理。

为贯彻落实《食品安全法》，保障特定疾病状态人群的膳食安全，有必要制定《办法》。按照依法严格注册、简化许可审批程序、产品注册与生产许可相衔接的思路和原则，国家食品药品监督管理总局制定发布了《办法》。

《办法》的发布是食品药品监督管理部门履行食品安全监管职责、加强食品安全监管的重要手段，也是食品药品监督管理部门规范特殊医学用途配方食品注册行为，加强注册管理，保证特殊医学用途配方食品质量安全的有效措施。

二、制定《办法》的法律依据

《办法》的主要法律依据是《食品安全法》和相关食品安全国家标准等法律、标准。《办法》严格贯彻落实《食品安全法》对保健食品、特殊医学用途配方食品和婴幼儿配方食品等特殊食品实行严格监督管理的相关规定，在以下几个方面做出明确要求：明确办法的适用范围，明确注册工作职责分工，明确注册申请人条件和注册申请材料要求，明确注册程序和注册期限，明确临床试验和标签说明书标示，明确监督检查和相关违法行为的法律责任，明确注册证书内容。

三、《办法》包括的主要内容

《办法》包括总则，注册，临床试验，标签和说明书，监督检查，法律责任和附则共七章 52 个条款。对《办法》制定的目的、适用范围、注册工作职责分工、注册申请人条件、注册申请材料要求、注册程序和注册期限、临床试验、标签和说明书，以及监督检查和法律责任等内容进行了规定，具体内容包括：

（一）适用范围

1. 《办法》适用的特殊医学用途配方食品种类

《办法》所称特殊医学用途配方食品，是指符合《食品安全国家标准　特殊医学用途婴儿配方食品通则》（GB 25596 – 2010）中"特殊医学用途婴儿配方食品"定义及分类的产品，具体指该标准附录 A 中常见的 6 种特殊医学用途婴儿配方食品；以及符合《食品安全国家标准　特殊医学用途配方食品通则》（GB 29922 – 2013）中"特殊医学用途配方食品"定义及分类的产品，具体指该标准定义的全营养配方食品、特定全营养配方食品（附录 A 中规定的 13 种常见特定全营养配方食品）以及非全营养配方食品（表 5 规定的 7 种常见非全营养配方食品）。

医疗机构配制的供病人食用的营养餐，如匀浆膳等，不适用本《办法》。

2. 《办法》包括的注册形式

《办法》所称注册包括新产品注册、变更注册和延续注册。

新产品注册是指国家食品药品监督管理总局根据申请，依照《办法》规定的程序和要求，对申请注册的特殊医学用途配方食品的产品配方、生产工艺、标签、说明书以及产品安全性、营养充足性和特殊医学用途临床效果进行审查，并决定是否准予注册的过程。

变更注册是指国家食品药品监督管理总局根据申请，依照《办法》规定的程序和要求，对拟变更特殊医学用途配方食品注册证书及其附件载明事项的申请进行审查，并决定是否准予变更注册的过程。

延续注册是指国家食品药品监督管理总局根据申请，依照《办法》规定的程序和要求，对特殊医学用途配方食品注册证书有效期届满，需要继续生产或者进口的延续注册申请进行审查，并决定是否准予延续的过程。

有下列情形之一的，不予延续注册：注册人未在规定时间内提出延续注册申请；注册产品连续 12 个月内在省级以上监督抽检中出现 3 批次以上不合格；企业未能保持注册时生产、检验能力；其他不符合法律法规以及产品安全性、营养充足性和特殊医学用途临床效果要求的情形。

（二）注册工作职责分工

《办法》规定国家食品药品监督管理总局负责特殊医学用途配方食品的注册管理工作；总局行政许可受理机构（总局行政事项受理服务和投诉举报中心）负责注册申请的受理工作；总局食品审评机构（总局保健食品审评中心）负责注册申请的审评工作；总局食品核查机构（总局食品药品审核查验中心）负责注册审评过程中的现场核查工作，申请人所在地省级食品药品监管部门派员参与；注册审评专家对审评过程中遇到的问题进行论证，形成专家意见；审评机构根据需要委托具有法定资质的食品检验机构进行抽样检验。

（三）注册申请人条件

《办法》规定特殊医学用途配方食品注册申请人应当是拟在我国境内生产并销售特殊医学用途配方食品的生产企业和拟向我国境内出口特殊医学用途配方食品的境外生产企业。

申请人应当具备相应的研发、生产和检验能力。包括设立特殊医学用途配方食品研发机构，配备专职的产品研发人员，研发机构中应当有食品相关专业高级职称或者相当专业能力的人员。配备专职的食品安全管理人员和食品安全专业技术人员，按照良好生产规范要求建立与所生产食品相适应的生产质量管理体系，以及具备按照特殊医学用途配方食品国家标准规定的全部项目逐批检验的能力等。

（四）注册申请材料要求

《办法》列出了新产品注册、变更注册和延续注册应当提交的申请材料项目，强调申请人对注册申请材料的真实性负责。《办法》配套文件《特殊医学用途配方食品注册申请材料项目与要求（试行)》对注册申请材料每一个项目的具体要求做出了详细的规定。申请人提交的注册申请材料应当符合《办法》及《特殊医学用途配方食品注册申请材料项目与要求（试行)》的规定。

（五）注册程序

《办法》规定特殊医学用途配方食品注册程序包括行政受理、技术审评、行政审批和制证发证。

（1）注册申请人提出特殊医学用途配方食品注册申请时，应当向受理机构提交注册申请材料。申请材料齐全、符合法定形式，注册申请予以受理，并出具书面凭证。

（2）审评机构对注册申请材料进行审查，并根据实际需要组织对申请人所在生产场所进行现场核查，对试验样品进行抽样检验，对临床试验进行现场核查和对专业问题进行专家论证。

技术审评过程中，需要补正材料的，申请人应当一次性提交补正材料；审评机构提出不予注册建议的，向申请人发出拟不予注册的书面通知，申请人可向审评机构提出书面复审申请并说明复审理由。

审评机构根据核查报告、检验报告、专家意见、补正材料以及复审申请等完成技术审评工作，并作出予以注册或不准予注册的建议，报国家食品药品监督管理总局。

（3）国家食品药品监督管理总局作出是否准予注册的决定。

（4）作出准予注册决定的，受理机构向申请人颁发、送达特殊医学用途配方食品注册证书；作出不予注册决定的，说明理由，向申请人发出特殊医学用途配方食品不予注册决定，并告知申请人享有依法申请行政复议或者提起行政诉讼的权利。

（六）注册期限

《办法》对新产品注册、变更注册和延续注册每一个注册程序应遵守的期限均做出了明确规定。

1. 新产品注册期限

行政受理期限5个工作日，技术审评期限60个工作日，特殊情况下可以延长30个工作日，行政审批期限20个工作日，制证发证或发出不予注册决定期限为10个工作日。

《办法》对现场核查期限、抽样检验期限、申请人补正材料期限和提出复审申请期限，以及审评机构对复审申请做出复审决定的期限等也做出了规定，但现场核查、抽样检验、申请人补正材料、审评机构复审所需期限不计算在上述技术审评和行政审批的期限内。

2. 变更注册期限

依据变更事项不同，所需期限也不相同。《办法》规定申请人变更可能影响产品安全性、营养充足性以及特殊医学用途临床效果的事项，按《办法》第十八条规定的期限做出是否准予变更注册的决定；申请人变更不影响产品安全性、营养充足性以及特殊医学用途临床效果的事项，自受理之日起10个工作日内做出是否准予变更注册的决定。

3. 延续注册期限

国家食品药品监督管理总局根据需要对延续注册申请进行实质性审查，并按《办法》第十八条规定的期限做出是否准予延续注册的决定。逾期未作决定的，视为准予延续。

（七）临床试验要求

《办法》规定特殊医学用途配方食品中特定全营养配方食品需要进行临床试验，具体指《食品安全国家标准　特殊医学用途配方食品通则》（GB 29922–2013）附录 A 规定的 13 种特定全营养配方食品。

特殊医学用途配方食品的临床试验应当按照《办法》配套文件《特殊医学用途配方食品临床试验质量管理规范》开展并出具临床试验报告。用于临床试验用试验样品应当在符合特殊医学用途配方食品良好生产规范的条件下生产，并经检验合格后方可用于临床试验。进行临床试验前，申请人不需要获得食品药品监督管理部门临床试验许可，强调申请人对临床试验用产品的质量及临床试验安全负责。

《特殊医学用途配方食品临床试验质量管理规范》对承担临床试验的机构要求、临床试验实施条件、参与试验人员职责要求、受试者权益保障、临床试验方案内容、试样用产品管理、质量保障和风险管理、数据管理与统计分析、临床试验总结报告内容等做出了规定。

（八）标签和说明书要求

《办法》规定特殊医学用途配方食品的标签应当依照法律、法规、规章和食品安全国家标准的规定进行标注。标签和说明书内容应当真实准确、清晰持久、醒目易读，不得含有虚假内容，不得涉及疾病预防、治疗功能。标签和说明书内容应当一致，涉及注册证书内容的，应当与注册证书内容一致，并标明注册号。

《办法》强调应当在标签和说明书醒目位置标示：请在医生或者临床营养师指导下使用；不适用于非目标人群使用；本品禁止用于肠外营养支持和静脉注射。

《办法》配套文件《特殊医学用途配方食品标签、说明书样稿要求（试行）》规定产品注册申请时提交的标签、说明书样稿中应包含产品名称、配料表、营养成分表、配方特点（营养学特点）、组织状态、适用人群、适用方法和食用量、警示说明和注意事项、保质期、贮存条件十二项内容，这十二项内容需经技术审评通过后方可在上市后产品标签、说明书上标注。上市后产品标签、说明书上的其他内容如生产商的名称、地址等不需要经过技术审评，但应当符合相应食品安全国家标准以及其他法律、法规、规章的要求。

（九）监督检查规定

《办法》规定特殊医学用途配方食品生产企业应当按照批准注册的产品配方、生产工艺等技术要求组织生产。拟变更注册证书及其附件载明事项的，需提出变更注册申请。变更注册申请未经批准前，应严格按照已批准的注册证书组织生产；变更注册申请经批准后，应严格按照变更后的注册证书组织生产。参与注册相关人员应当保守注册中知悉的商业秘密。

工作人员滥用职权、超越法定职权、玩忽职守、违反法定程序做出准予注册决定，或对不具备申请资格或者不符合法定条件的申请人准予注册，以及生产企业食品生产许可证被吊销或依法可以撤销注册的，食品药品监督管理总局根据利害关系人的请求或者依据职权，撤销特殊医学用途配方食品注册。

企业申请注销、产品有效期届满未延续、企业依法终止、注册依法被撤销、撤回，或注册证书依法被吊销，以及法律法规规定应当注销注册的其他情形，食品药品监督管理总局依法办理特殊医学用途配方食品注册注销手续。

（十）相关违法行为需承担的法律责任

《办法》对申请人、被许可人、食品药品监督管理部门及其工作人员在注册工作中违法违规行为应当承担的法律责任做出了具体规定。

申请人隐瞒真实情况或者提供虚假材料申请注册；被许可人以欺骗、贿赂等不正当手段取得注册证书；伪造、涂改、倒卖、出租、出借、转让特殊医学用途配方食品注册证书；注册人变更注册证书及其附件载明事项而未依法申请变更；食品药品监督管理部门及其工作人员对不符合条件的申请人准予注册，或者超越法定职权准予注册，以及在注册审批过程中滥用职权、玩忽职守、徇私舞弊等，均属于违法违规行为，应当依照相关法律、法规及有关规定给予相应处理。

四、特殊医学用途配方食品注册证书内容、有效期和注册号格式

特殊医学用途配方食品注册证书及附件内容包括产品名称，企业名称、生产地址，注册号及有效期，产品类别，产品配方，生产工艺，产品标签、说明书。

特殊医学用途配方食品注册证书有效期限为 5 年。变更注册申请或延续注册申请获准后，向申请人换发新的注册证书，注册证书中原注册号不变。变更注册的注册证书有效期不变；延续注册的注册证书有效期自批准之日起重新计算。

特殊医学用途配方食品注册号的格式为：国食注字 TY + 4 位年号 + 4 位顺序号，其中 TY 代表特殊医学用途配方食品。

五、《办法》其他配套文件的主要内容

《办法》相关配套文件《特殊医学用途配方食品注册申请材料项目与要求（试行)》、《特殊医学用途配方食品标签、说明书样稿要求（试行)》和《特殊医学用途配方食品临床试验质量管理规范（试行)》主要内容如前文所述，《办法》其他配套文件还包括：

(1)《特殊医学用途配方食品稳定性研究要求（试行)》，规定产品注册申请时应当进行稳定性研究，并对稳定性试验研究基本原则、适用范围、研究要求、试验方法、结果评价、资料要求等内容进行了规定。

(2)《特殊医学用途配方食品注册生产企业现场核查要点及判断原则（试行)》规定在产品注册阶段，根据实际需要组织对产品生产场所进行现场核查，包括生产能力、研发能力、检验能力、生产场所、设备设施、人员、物料管理、生产过程管理八项内容共24个核查项目，对核查结果及核查结论判定原则也作出了规定。

(3)《特殊医学用途配方食品注册审评专家库管理办法》（试行)，对特殊医学用途配方食品注册审评专家应具备的资格条件、专家遴选程序、专家使用和管理、专家应遵守的工作原则及享有的权利、专家聘用和解聘等事项进行了规定。

随着注册审评审批工作的进一步开展，国家食品药品监督管理总局将会陆续制定发布与《办法》相关的文件。

执笔人：李雅慧　董诗源

第三章　国际食品法典委员会特殊医学用途配方食品标准

第一节　概　述

在国际食品法典标准体系中，特殊医学用途配方食品（food for special medical purpose）是特殊膳食用食品的一种。

对于特殊医学用途配方食品，国际食品法典委员会（CAC）共制定了两项标准，一是《特殊医学用途配方食品标签和声称标准》（CODEX STAN 180 - 1991，Standard for the Labeling of and Claims for Food for Special Medical Purpose），规范其标签的使用；二是《婴儿配方食品及特殊医学用途婴儿配方食品标准》（CODEX STAN 72 - 1981，Standard for Infant formula and formulas for Special Medical Purpose intended for infant），在该标准 B 部分对 1 岁以下婴儿特殊医学用途配方食品进行了规定。

由于本书第一篇婴幼儿配方食品部分，已经对特殊医学用途婴儿配方食品的重点指标进行了阐述，因此本部分重点阐述国际法典标准中对特殊医学用途食品的标签要求。

第二节　特殊医学用途配方食品标签和声称

《特殊医学用途配方食品标签和声称标准》（CODEX STAN 180 - 1991）是国际食品法典委员会在 1991 年制定的标准。该标准主要对特殊医学用途配方食品的定义和标签标识进行了详细规定。

一、定义

在国际法典标准中，特殊医学用途配方食品是指为病人进行膳食管理并仅能在医生监督下使用的，经特殊加工或配置而成的一类特殊膳食用食品。这类食品用于进食、消化、吸收或代谢普通食品或其中某些营养素的能力受限或存在障碍的患者，或作为其他特殊营养需求患者的全部或部分营养素来源。这类患者的膳食要求无法通过改变普通膳食，或使用其他特殊膳食用食品，或以上两者的结合来达到。

该定义明确了特殊医学用途配方食品的定位，是特殊膳食用食品的一种；明确了产品的目标人群，是病人或在医学上有特殊营养需求的人；强调了该类产品的使用，必须在医生指导下使用，以充分保证其安全性。

二、标签标识

标准的准则部分特别强调了以下一些原则：特殊医学用途配方食品的配方应基于合理的医疗和营养原则。他们的使用应通过科学证据证明是安全的，并有利于满足使用对象的营养需求。所有类型特殊医学用途配方食品的标识、说明和/或其他标签和广告应对食品的性质和使用目的提供足够的信息，并提供详细的使用说明和注意事项。应禁止向普通公众发布这些产品的广告。应以适当的形式向目标人群提供信息。

对于标签标识，由于特殊医学用途配方食品属于特殊膳食用食品，因此该类产品的标签首先必须符合《预包装特殊膳食食品的标签和声称通用标准》（CODEX STAN 146 - 1985）的要求（不适用的条款除外）。

1. 营养信息

标准强调特殊医学用途配方食品要进行完整的营养标识：包括能量、蛋白质、脂肪、碳水化合物、维生素矿物质的标示单位，标示方式（应以每100g或每100 ml销售食品，以及建议食用的每份特定量食品中的公制单位标示），必需和非必需氨基酸和/或脂肪酸的含量也可以类似的适当公制单位表示。同时允许以国际认可的每日允许推荐量的相对百分比表示营养素的含量。

2. 特别强调的信息

标准还特别强调，特殊医学用途配方食品必要时应标明渗透压和/或酸碱平衡的信息；应提供动物性或植物性蛋白或蛋白水解液性质的信息；对蛋白、脂肪或碳水化合物的含量或性质等基本特征进行了特别修改的特殊医学用途配方食品，应对这些修改和氨基酸、脂肪酸或碳水化合物模式的信息进行必要的说明等。

标签上应以粗体字显著标明"在医生指导下使用"；如果特殊医学用途配方食品对未患有这类疾病、障碍或临床表现的人食用后可能产生健康危害时，应在区别于其他书写、印刷或图形信息的区域，以粗体字标注警示性说明；标签上应注明该产品不能肠外使用；应突出声明该产品是或不是营养的唯一来源。

3. 鼓励标示的信息（可不在包装标签上体现出来）

如可以陈述产品是"为了…（适用的特殊疾病、障碍或临床状况）的膳食调节"，并已证明是有效的；可行的情况下，对预防措施、已知副作用、禁忌证及产品 - 药物之间的相互作用进行完整陈述；使用该产品的理由以及对产品性质或特征的有用陈述；如果该产品是为某个特定年龄组配制的，应突出声明其作用；指出某些相对于正常需求而减少、去除、增加或修改的特定营养素，以及减少、去除、增加或修改这些营养素的理由；如有可能，提供食用说明，包括食用方法和食用量等。

执笔人：韩军花　杨　丹

第四章　美国医用食品法规

第一节　概　　述

美国特殊医学用途配方食品的发展较早，已有几十年的历史。早期也是作为药品的方式管理，后来逐渐规范。

美国将特殊医学用途配方食品称为医用食品（Medical Food），是特殊膳食用食品的一种。早在20世纪40年代美国就已开发了医用食品，但在1972年以前主要是为遗传性代谢疾病患者配制的，是为少数特殊疾病人群提供的产品，当时被认为是药物以确保其在医生监督下使用并按照药品进行监管。随后，为促进该类食品的发展和方便使用，FDA于1972年将其从药品划归到食品。在这期间，各种各样的医用食品得到长足发展。1973年，营养标签最终法规序言（Preamble to the final rule on nutrition labeling）中首次出现了"医用食品"这个名词。1988年，《罕见病药物法案》修订版（Orphan Drug Act Amendments）中首次对于医用食品进行了定义。该法案明确医用食品是指"在医生指导下食用、或提供肠内营养支持的、基于公认的科学原理、根据医学评价专门加工配制而成的配方食品，其目的是为满足某种疾病或症状的特殊营养需要而提供专门的管理膳食。"1990年11月，营养标签与教育法案（Nutrition Labeling and Education Act）收录了该定义，该定义也被收录进1993年1月发布的美国强制性营养标签最终法规中。

美国对于医用食品的管理相对宽松，食品药品监督管理局（FDA）依据《医用食品生产和进口的监管指导原则》（Compliance Program Guidance Manual 7321.002，Medical Foods Program – Import and Domestic FY06/07/08）对其进行管理。1996年11月，FDA发布了拟定医用食品法规的预先通告（Regulation of Medical Foods：Advance Notice of Proposed Rulemaking，ANPR），其中对医用食品的定义、营养功效及声称的证明及未来发展方向等内容进行了阐述和说明，同时建议美国进一步制定关于医用食品的法规。但由于缺少行动方案、缺少资源等种种原因，2003年医用食品的ANPR被撤销。

2007年，为了便于公众及行业人员理解医用食品的定义和监管，美国食品药品监督管理局食品安全与应用营养中心营养与食品标签办公室起草了医用食品常见问题解答，作为行业指南公布在FDA网站上。2016年6月出台了第二版常见问题解答，对其中部分回答进行了更新。

第二节　主要技术内容

一、定义

美国联邦法规第21章食品及药品章节的食品营养标签豁免条款21 CFR101.9（j）（8）

中，阐明了医用食品的定义，医用食品是指"在医生指导下食用、或提供肠内营养支持的、基于公认的科学原理、根据医学评价专门加工配制而成的配方食品"，其目的是为满足某种疾病或症状的特殊营养需要而提供专门的膳食管理。

该类食品的特点包括：

（1）经口进食或利用插管（指利用导管不经口腔而直接将营养物质输送到胃或小肠）进行肠内喂养的、为病人提供全部或部分喂养而专门加工配制（与自然状态使用的天然食品不同）的食品；

（2）其目的是为由于治疗或慢病的医学需求，在摄取、消化、吸收和代谢普通食品或某些营养素的病人或有其他医学状况需特殊营养的病人提供膳食管理，其膳食管理不能仅通过调整普通膳食而实现；

（3）依据医学评价，为特殊疾病或症状独特营养需求提供专门改良的营养支持；

（4）其目的是在医生指导下使用；

（5）并且仅为积极接受持续医疗监督的病人设计，除此之外，该病人经常需要关于该医用食品使用说明的医疗服务。

FDA认为医用食品不是由医生简单建议用来控制症状或减少某种疾病或症状风险的全部膳食管理的一部分。并非所有给患有某种疾病（包括需要特殊膳食管理的疾病）的病人的食品都是医用食品。相反，医用食品是为需要使用该产品作为疾病或症状专门膳食管理的病人所专门加工配制（与自然状态使用的天然食品相反）而成的食品。

医用食品必须用于摄取、消化、吸收或代谢普通食品或某些营养素的能力有限或受损的病人或有其他医学状况需特殊营养的病人，其膳食不能仅通过调整普通膳食而实现。一般来说孕妇所必需的微量营养素水平可仅通过饮食调整来达到。糖尿病患者的饮食亦可以通过调整普通饮食来满足其营养需求。因此，FDA没有将孕妇营养产品及糖尿病营养食品列入医用食品的规定监管范围。

对必需营养素不足（如饥饿、严重能量限制、进食障碍、酗酒、饮食行为/节食）而导致的疾病（如坏血病、糙皮病），除永久性物理损伤外，亦可以通过健康均衡饮食调整或者膳食补充剂等方式及时纠正营养摄入不足，因此，FDA也没有将销售给此类病人的食品列入医用食品的规定监管范围。

二、分类

美国将医用食品分为以下类别：①全营养配方食品；②非全营养配方食品，包括可在食用前与其他产品混合的组件产品（如蛋白质、碳水化合物或脂肪组件）；③用于1岁以上的代谢紊乱病人的配方食品；或④口服补水产品。

对于12月龄以下患遗传代谢疾病婴儿提供护理的配方食品作为豁免婴儿配方食品管理（21 CFR 107，C子部分），这些产品应执行婴儿配方食品的要求。具体内容详见本书第一篇第四章。

三、营养素含量及安全性指标

美国目前没有对医用食品的含量和安全性指标进行规定。企业在良好生产规范要求下，科学、安全、合理组织生产即可。FDA 会根据需要对产品中的营养素、微生物等指标进行检查。

四、食品配料、添加剂和营养强化剂

加入医用食品中的配料应是安全的，并符合美国食品药品化妆品法典和 FDA 法规的所有规定。任何加入医用食品中的配料应是：①符合 FDA 食品添加剂法规的食品添加剂（见 21 CFR 172 部分）；②符合着色剂法规的着色剂（见 21 CFR 73 和 74 部分）；③权威专家认为的在其预期使用条件下通常是安全的物质［公认安全（GRAS）］［见 21 CFR170.30 以及 21 U. S. C. 321（s）］；或④由之前的授权批准的物质［见 21 CFR 170.3（1），21 U. S. C. 321（s）（4）］。

五、标签标识

医用食品的标签必须符合所有食品标签的要求，医用食品豁免的特定要求除外。此外，医用食品的标签必须包含：特性声明（21 CFR 101.3）；内容物净含量的准确声明（21 CFR 101.105）；生产商、包装商或经销商的名称及营业场所（21 CFR 101.5）；以及完整的配料表，用配料的常见名称或通用名称，按加入量的递减顺序一一排列。

医用食品的声称［包括营养素含量声称及健康声称］医用食品豁免执行 1990 营养标签与教育法案中［见 21 U. S. C. 343（r）（5）（A）］营养素含量声称的标签要求。与其他食品一样，若医用食品有错误或误导声称，则会根据美国联邦食品药品化妆品法案（FD&CAct）的 403（a）（1）部分被认为是标签不合规。

六、生产监管

医用食品生产企业必须符合 FDA 对食品行业的所有要求，包括：现行良好生产规范（21CFR 110 部分）；食品设施登记（21 CFR 1 部分 H 子部分）；密封容器包装的热加工低酸食品（21 CFR114 部分）；以及紧急许可控制（21 CFR108 部分）。任何生产、加工、包装、处理在美国消费的医用食品的设备设施必须向 FDA 登记。

FDA 于 2006 出台了《医用食品生产和进口的监管指导原则》（Compliance Program Guidance Manual 7321.002, Medical Foods Program – Import and Domestic FY06/07/08），规定了用于医用食品的生产和监管的指导原则，包括生产、抽样、检验和判定等多项内容。鉴于医用食品用于易感人群，FDA 将通过对美国国内外的所有医用食品企业实施年度检查来确保其持续安全性和完整性。每个财政年度开始之前，CFSAN/合规办公室/实地项目部（DFP）（HFS–636）将向法规事务办公室、实地调查部（ORA/DFI）提供一份所有国外知名医用食品生产企业名单。ORA/DFI 将分别与每个地区一起对每个企业实施检查。

执笔人：冯　冰　梁　栋

第五章　欧盟特殊医学用途配方食品指令/法规

第一节　概　　述

　　欧盟关于特殊医学用途配方食品的概念和法规较早也较为完善。早在 1989 年欧盟理事会发布的"成员国关于特殊营养用食品的相似指令"（指令 89/398/EEC）附录 I 中即提出特殊医学用途配方食品（Dietary foods for special medical purposes，FSMP）的概念，并明确其为特殊营养用食品（foodstuffs intended for particular nutritional uses）中的一类。随后，欧洲议会和欧洲理事会 96/84/EC 号指令对第 89/398/EEC 号指令进行修订，要求对附录 I 中特殊营养用食品的子类别制定具体的标准。

　　因此，经过食品科学委员会（Scientific Committee for food）的研究，欧盟委员会于 1999 年制定了"关于特殊医学用途配方食品的指令"（指令 1999/21/EC），该指令对特殊医学用途配方食品的定义、分类、管理方式、标签标识以及营养成分等进行了规定。该指令中明确规定了特殊医学用途配方食品用于病人的膳食管理，并且需要在医生的指导下使用。该指令要求各成员国应于 2000 年 4 月 30 日前制定相关的法律、规定和行政规章来确保本指令的执行。

　　鉴于指令 89/398/EEC 颁布以来经历了多次修改，同时为了统一欧盟成员国对于特殊营养用食品的定义和管理，消除不同成员国之间的贸易壁垒，欧洲议会和理事会于 2009 年发布了新的"关于特殊营养用食品的指令"（指令 2009/39/EC），其中对特殊营养用食品进行了重新分类，但依然保留了"特殊医学用途配方食品"这一子类别。

　　随着欧盟成员国的增加，不同成员国对于"特殊营养用食品"有不同的理解，从而引起了很多误解和滥用，如相同的产品在不同国家属于不同的类别。在实施的过程中，一些成员国为了确保本国国内市场的发展，并未有效地执行关于特殊营养用食品的指令 2009/39/EC 中的一些条款。因此，欧盟决定不再采用"特殊营养用食品"的概念，而且应该建立专门的条例管理此类产品。鉴于此，2013 年，欧洲议会和理事会发布"关于婴儿及幼儿食品、特殊医学用途配方食品以及体重控制用代餐食品的条例" [条例（EU）No 609/2013]，该条例将取代关于出口用婴儿配方食品和较大婴儿及幼儿配方食品的指令（指令 92/52/EEC）、关于体重控制用能量限制食品的指令（指令 96/8/EC）、关于特殊医学用途配方食品的指令（指令 1999/21/EC）、关于谷类加工食品以及婴儿和幼儿食品的指令（指令 2006/125/EC）、关于婴儿配方食品和较大婴儿及幼儿配方食品的指令（指令 2006/141/EC）、关于特殊营养用食品的指令（指令 2009/39/EC）、关于适用于谷蛋白不耐受人群食品之成分和标签的条例 [条例（EC）No 41/2009]，以及关于加入特殊营养用食品中有特殊营养作用之物质的条例 [条例（EC）No 953/2009]。

2015 年，欧盟委员会发布关于特殊医学用途配方食品的法规（2016/128），该法规适用于欧盟所有成员国，各成员国无须再单独制定各自的法规，并规定该法规应从2019 年 2 月 22 日开始实施，而特殊医学用途婴儿食品的规定应从 2020 年 2 月 22 日开始实施。

下文将对特殊医学用途配方食品的新法规（EU）2016/128 与旧指令 1999/21/EC以及相关条例、指令进行比对，从而详细介绍欧盟关于特殊医学用途配方食品的规定及最新变化。

第二节　主要技术内容

一、定义

指令 1999/21/EC 第一条第二点［Article1（2）b］对特殊医学用途配方食品的定义进行了介绍，指出特殊医学用途配方食品的适用人群为处于各种特殊情况下的病人，包括婴儿。强调了该类产品需要在医生的指导下使用。

新条例（EU）No 609/2013 中延续了该定义，但删除了关于"特殊营养用途"的描述，并将"婴儿"合并到特殊医学用途配方食品的定义中，具体见下表106。

表 106　关于特殊医学用途配方食品定义的对比

	指令 1999/21/EC	条例（EU）No 609/2013
名称	Dietary food(s) for special medical purpose	Food for special medical purposes
定义	1. 婴儿是指 12 个月以下的儿童； 2. 特殊医学用途配方食品是指一类具有特殊营养用途的，经特殊加工或配置的食品，该类食品用于病人的膳食管理并在医生的监护下使用。这类食品用于进食、消化、吸收、代谢或排出普通食品及其中某些营养素或代谢物的能力受限或存在障碍的患者；或用于有其他特殊营养需求的患者，这类患者的膳食管理无法仅通过普通膳食的改变，或通过其他专用营养用途食品的使用，或以上两者的结合来实现。	"特殊医学用途配方食品"是指一类经特殊加工或配制的食品，该类食品用于病人（包括婴儿）的膳食管理并需要在医生的监护下使用。这类食品用于进食、消化、吸收、代谢或排出普通食品及其中某些营养素或代谢物的能力受限或存在障碍的患者；或用于有其他特殊营养需求的患者，这类患者的膳食管理无法仅通过普通膳食的改变来实现。

二、分类

法规（EU）2016/128 中对于特殊医学用途配方食品的分类与指令 1999/21/EC 中相同，即将特殊医学用途配方食品分为如下三类：

（a）全营养配方食品（标准营养配方），按照生产者的说明使用，可以作为单一营养来源为目标人群提供营养；

（b）特定全营养配方食品（为特殊疾病、紊乱或医学状况专门调整部分营养素的配方），按照生产者的说明使用，可以作为单一营养来源为目标人群提供营养；

（c）非全营养配方食品（标准营养配方/为特定疾病、机能紊乱或医学状况专门调整部分营养素的配方），不适合作为单一营养来源。

虽然新法规（EU）2016/128 对分类没有进行修改，但是对其中（a）类和（b）类进行了补充，即"（a）类和（b）类也可用作部分替代或患者膳食的补充"，这与指令1999/21/EC 有所不同，即强调了全营养配方食品也可以只用作膳食的补充。

需要强调的是，欧盟有一类产品称之为膳食补充剂（Food Supplements），应与特殊医学用途配方食品中的（c）类非全营养配方食品进行区分。具体区别见下表107。

表 107　非全营养配方食品与膳食补充剂的主要区别

	非全营养配方食品	膳食补充剂
适用人群	处于特殊的医学或者疾病状态下的病人	健康人群
标签标示	根据 FSMP 条例需要强制标示一些内容，如"在医生监护下使用"	没有强制标示的内容，可以根据欧盟关于声称的规定进行选择性标示
沟通对象	该类产品主要沟通的人群为医务人员，而非直接面向消费者	可以直接面向消费者
产品形态	和普通食品形态相同，有时也会使用膳食补充剂的剂型	主要采用单位剂量的包装形式，如胶囊、锭剂、片剂、丸剂、冲剂、安瓿、滴剂等
营养素范围	参考标准型配方（a）的限量值，与 RDA 无关	占 RDA 的百分比需要标示在标签上，最大值要在安全限量值之内

三、配方制定原则

新法规（EU）2016/128 正文第二条第二款［Article2（2）］，以及指令 1999/21/EC 正文第三条（Article3）对特殊医学用途配方食品的配方制定原则进行了规定。法规中指出，特殊医学用途配方食品的配方应基于可靠的医学和营养学原理。按照生产者的说明使用时，该特殊医学用途配方食品应该是安全的、有益的且能有效满足目标患者的特殊营养需求的，并且经公认的科学数据证实。

同时，新法规前言中指出，特殊医学用途配方食品的种类多样，且所针对的特定疾病、机能紊乱或医学状况，患者的年龄及接受医学支持的场所，是否作为单一营养来源，以及其他因素将导致产品的成分会有很大的不同。并且需要考虑科学知识发展迅速，为了确保充足的灵活性从而研发创新产品，不宜规定具体的成分要求。

但为了保护消费者，以及确保产品在各成员国的自由流通，可以对那些能满足患者特殊营养需求的全营养配方食品中的维生素和矿物质含量制定一些基本规定；而对于非全营养产品，仅应视具体情况规定这些物质的最高限量；必要时，还可以根据产品的用途对一个或多个营养素的含量进行调整。

四、营养成分

新法规（EU）2016/128 对特殊医学用途配方食品营养成分的基本原则进行了规定，由于婴儿的营养需求较为特殊，因此该法规中将婴儿用和非婴儿用特殊医学用途配方食品的成分分别进行了规定。这些要求和原指令 1999/21/EC 相同。

1. 特殊医学用途婴儿配方食品的营养成分要求

由于婴儿生长发育系统仍未成熟，对于营养的需求较为特殊，因此婴儿用特殊医学用途食品的营养成分应基于普通婴儿配方和较大婴儿及幼儿配方食品中的相应要求。但是，普通婴儿配方和较大婴儿及幼儿配方食品是用于健康婴儿，为满足特殊状态时婴儿营养需求所研发的特殊医学用途婴儿配方食品可与之不同。（EU）2016/128以及指令1999/21/EC的附录对此给出了具体要求，包括：

（1）婴儿用标准型全营养配方食品，即婴儿用（a）类产品应包含表108指定的维生素和矿物质。

（2）婴儿用特定全营养配方食品，即婴儿用（b）类产品应包含表108指定的维生素和矿物质，但可以根据产品的使用目的对其中一个或多个营养素进行调整。

（3）婴儿用非全营养配方食品，即婴儿用（c）类产品中所含维生素和矿物质的最高水平不应该超出表108的规定，但可以根据产品的使用目的对其中一个或多个营养素进行调整。

（4）在不违反使用目的前提下，特殊医学用途婴儿配方食品应该符合婴儿配方食品及较大婴儿及幼儿配方食品相关规定对其他营养素的要求，如法规（EU）2016/127。

具体的成分要求以及新、旧法规的对比情况见表108。

表108　特殊医学用途婴儿用标准型全营养配方食品的成分要求新旧对比

营养成分	指令 1999/21/EC				法规（EU）2016/128			
	每100kJ		每100kcal		每100kJ		每100kcal	
	最低	最高	最低	最高	最低	最高	最低	最高
维生素 A（μg-RE）[1]	14	43	60	180	16.7	43	70	180
维生素 D（μg）	0.25	0.75	1	3	0.48	0.72	2	3
维生素 K（μg）	1	5	4	20	0.24	6	1	25
维生素 C（mg）	1.9	6	8	25	0.96	7.2	4	30
硫胺素（μg）	10	75	40	300	9.6	72	40	300
核黄素（μg）	14	100	60	450	14.3	107	60	450
维生素 B_6（μg）	9	75	35	300	4.8	72	20	300
烟酸（mg）[2]	0.2	0.75	0.8	3	0.1	0.72	0.4	3
叶酸（μg-DFE）[3]	1	6	4	25	3.6	11.4	15	47.6
维生素 B_{12}（μg）	0.025	0.12	0.1	0.5	0.02	0.12	0.1	0.5
泛酸（mg）	0.07	0.5	0.3	2	0.1	0.48	0.4	2
生物素（μg）	0.4	5	1.5	20	0.24	4.8	1	20
维生素 E（mg α-生育酚）[4]	0.5/g 多不饱和脂肪酸（表示为亚油酸），但绝不少于 0.1mg/100kJ	0.75	0.5/g 多不饱和脂肪酸（表示为亚油酸），但绝不少于 0.5mg/100kJ	3	0.14	1.2	0.6	5
钠（mg）	5	14	20	60	6	14.3	25	60
氯（mg）	12	29	50	125	14.3	38.2	60	160

续表

营养成分	指令 1999/21/EC				法规（EU）2016/128			
	每 100kJ		每 100kcal		每 100kJ		每 100kcal	
	最低	最高	最低	最高	最低	最高	最低	最高
钾（mg）	15	35	60	145	19.1	38.2	80	160
钙（mg）(5)	12	60	50	250	12	60	50	250
磷（mg）(6)	6	22	25	90	6	24	25	100
镁（mg）	1.2	3.6	5	15	1.2	3.6	5	15
铁（mg）	0.12	0.5	0.5	2	0.07	0.6	0.3	2.5
锌（mg）	0.12	0.6	0.5	2.4	0.12	0.6	0.5	2.4
铜（μg）	4.8	29	20	120	14.3	29	60	120
碘（μg）	1.2	8.4	5	35	3.6	8.4	15	35
硒（μg）	0.25	0.7	1	3	0.72	2	3	8.6
锰（μg）	12	50	50	200	0.24	24	1	100
铬（μg）	—	2.5	—	10	—	2.4	—	10
钼（μg）	—	2.5	—	10	—	3.3	—	14
氟（μg）		50		200		47.8		200

注：（1）RE = 全反式视黄醇
（2）烟酸前体。
（3）膳食叶酸当量：1μg DFE = 1μg 食物叶酸 = 0.6μg 特殊医学用途食品提供的叶酸。
（4）基于 RRR − α − 生育酚的维生素 E 活性。
（5）钙：磷的比值应为 1 ~ 2
（6）总磷。

应注意的是，上述要求是针对即食食用状态的特殊医学用途婴儿配方食品，一些需要配制后方可食用的产品在根据生产者的使用说明配制后需要满足上述要求。

2. 非婴儿用特殊医学用途配方食品的营养成分要求

法规（EU）2016/128 以及指令 1999/21/EC 附录对非婴儿用特殊医学用途配方食品的营养成分给出了具体要求，包括：

（1）非婴儿用标准型全营养配方食品，即非婴儿用（a）类产品应包含表 109 指定的维生素和矿物质；

（2）非婴儿用特定全营养配方食品，即非婴儿用（b）类产品，应包含表 109 指定的维生素和矿物质，但可以根据产品的使用目的对其中一个或多个营养素进行调整；

（3）非婴儿用非全营养配方食品，即非婴儿用（c）类产品中所含维生素和矿物质的最高水平不应该超出表 109 的规定，但可以根据产品的使用目的对其中一个或多个营养素进行调整。

新法规非婴儿用特殊医学用途配方食品的营养成分没有进行修订，与旧指令一致，但为方便理解，表 109 仍列出了旧指令与新法规的全部营养指标。

表 109　非婴儿用特殊医学用途标准型全营养配方食品的成分要求新旧对比

营养成分	指令 1999/21/EC				法规（EU）2016/128			
	每 100kJ		每 100kcal		每 100kJ		每 100kcal	
	最低	最高	最低	最高	最低	最高	最低	最高
维生素 A（μg RE）	8.4	43	35	180	8.4	43	35	180
维生素 D（μg）	0.12	0.65/0.75[(1)]	0.5	2.5/3[(1)]	0.12	0.65/0.75[(1)]	0.5	2.5/3[(1)]
维生素 K（μg）	0.85	5	3.5	20	0.85	5	3.5	20
维生素 C（mg）	0.54	5.25	2.25	22	0.54	5.25	2.25	22
维生素 B$_1$（mg）	0.015	0.12	0.06	0.5	0.015	0.12	0.06	0.5
维生素 B$_2$（mg）	0.02	0.12	0.08	0.5	0.02	0.12	0.08	0.5
维生素 B$_6$（mg）	0.02	0.12	0.08	0.5	0.02	0.12	0.08	0.5
烟酸（mg NE）	0.22	0.75	0.9	3	0.22	0.75	0.9	3
叶酸（μg）	2.5	12.5	10	50	2.5	12.5	10	50
维生素 B$_{12}$（μg）	0.017	0.17	0.07	0.7	0.017	0.17	0.07	0.7
泛酸（mg）	0.035	0.35	0.15	1.5	0.035	0.35	0.15	1.5
生物素（μg）	0.18	1.8	0.75	7.5	0.18	1.8	0.75	7.5
维生素 E（mg α-TE）	0.5/g 多不饱和脂肪酸（表示为亚油酸），但绝不少于 0.1mg/100kJ	0.75	0.5/g 多不饱和脂肪酸（表示为亚油酸），但绝不少于 0.5mg/100kcal	3	0.5/g 多不饱和脂肪酸（表示为亚油酸），但绝不少于 0.1mg/100kJ	0.75	0.5/g 多不饱和脂肪酸（表示为亚油酸），但绝不少于 0.5mg/100kcal	3
钠（mg）	7.2	42	30	175	7.2	42	30	175
氯（mg）	7.2	42	30	175	7.2	42	30	175
钾（mg）	19	70	80	295	19	70	80	295
钙（mg）	8.4/12[(1)]	42/60[(1)]	35/50[(1)]	175/250[(1)]	8.4/12[(1)]	42/60[(1)]	35/50[(1)]	175/250[(1)]
磷（mg）	7.2	19	30	80	7.2	19	30	80
镁（mg）	1.8	6	7.5	25	1.8	6	7.5	25
铁（mg）	0.12	0.5	0.5	2	0.12	0.5	0.5	2
锌（mg）	0.12	0.36	0.5	1.5	0.12	0.36	0.5	1.5
铜（μg）	15	125	60	500	15	125	60	500
碘（μg）	1.55	8.4	6.5	35	1.55	8.4	6.5	35
硒（μg）	0.6	2.5	2.5	10	0.6	2.5	2.5	10
锰（mg）	0.012	0.12	0.05	0.5	0.012	0.12	0.05	0.5
铬（μg）	0.3	3.6	1.25	15	0.3	3.6	1.25	15
钼（μg）	0.72	4.3	3.5	18	0.84	4.3	3.5	18
氟（mg）	—	0.05	—	0.2	—	0.05	—	0.2
（1）拟用于 1 岁至 10 岁儿童的产品。								

上表中对于 1~10 岁儿童维生素 D 和钙的要求与 10 岁以上人群不同，因此对这两个营养素的限量值进行了单独的要求。

同时应注意的是，上述要求是针对即食食用状态的特殊医学用途配方食品，一些需要配制后方可食用的产品在根据生产者的使用说明配制后需要满足上述要求。

五、添加剂的使用

欧盟早在 1988 年发布了 Directive 89/107/EEC 关于供人类食用的食品添加剂批准原则的法规，并在 2008 年进行了修订，重新制定了关于食品中食品添加剂、酶制剂以及食品用香精的批准原则，即 Regulation（EC）No 1331/2008 关于建立食品添加剂、酶制剂以及食品用香精通用批准程序的法规。法规中对新的食品添加剂、酶制剂以及食品用香精申报审批的通用程序、主管部门、风险评估、审评时限等问题进行了规定。其中规定对于新的食品添加剂，应由申请人向欧盟委员会提出申请，由欧洲食品安全局进行风险评估，反馈结论至欧盟委员会及成员国，批准后的新物质名单应该加入到相应的法规中。

同时欧盟颁布了另外三项具体的法规，分别规定了食品添加剂、酶制剂以及食品用香精的管理和具体名单，依次为 Regulation（EC）No 1333/2008 关于食品添加剂的法规、Regulation（EC）No 1332/2008 关于食品用酶制剂的法规、Regulation（EC）No 1334/2008 关于食品用香精的法规。

对于 Regulation（EC）No 1333/2008 关于食品添加剂的法规，其中规定了食品添加剂的定义以及不属于食品添加剂的物质、食品添加剂的使用条件及用法用量、代入原则、食品添加剂的名单列表、食品添加剂的标示方法等。法规中还包括五个附录，附录 I 为食品添加剂的功能分类，附录 II 为食品添加剂的使用列表，附录 III 为可用于食品添加剂、酶制剂以及食品用香精中的食品添加剂及载体列表，附录 IV 为不可添加食品添加剂的传统食品名单，附录 V 为需要标示额外信息的着色剂名单。其中附件 II 和 III 的详细名单未列在本法规中，由后续法规进行发布，分别为 Commission Regulation（EU）No 1129/2011 关于修订 Regulation（EC）No 1333/2008 附录 II 即建立食品添加剂列表的法规，分别为 Commission Regulation（EU）No 1130/2011 关于修订 Regulation（EC）No 1333/2008 附录 III 即建立可用于食品添加剂、酶制剂、食品用香精中以及营养素中的食品添加剂及载体列表的法规。

这些法规同样适用于特殊医学用途配方食品。

六、适用于婴儿和幼儿的特殊医学用途配方食品中农药要求

较之指令 1999/21/EC，新法规（EU）2016/128 中增加了对于适用于婴儿和幼儿的特殊医学用途配方食品中农药残留的要求。基于科学的角度，禁止某些农药的使用并不意味着为婴儿和幼儿研发的特殊医学用途配方食品内完全不含这些农药，因为这些农药存在于环境中，并在食品中残留，因此，只要农药的残留低于法规中的限量值即可。具体的条例条款及要求如下。

（1）为了本条款的目的，"残留"是指欧盟指令（EC）1107/2009的第2（2）条提到的用于植物保护剂中活性物质的残留，植物保护剂的定义见（EC）1107/2009第2（1）条。

（2）适用于婴儿和幼儿的特殊医学用途配方食品中每种植物保护剂中活性物质的残留不应超过0.01mg/kg。应利用普遍接受的标准化分析方法来测定这些含量。

（3）附件Ⅱ中列出的植物保护剂中的活性物质，不受本条第2段的要求，其限量应该符合附件Ⅱ（表110）的要求。

表110　附件Ⅱ［条款3（3）］中列举的活性物质

物质的化学名称	最大残留量（mg/kg）
硫线磷	0.006
甲基内吸磷/甲基内吸磷砜/砜吸磷（单独或组合，表示为甲基内吸磷）	0.006
灭线磷	0.008
锐劲特（氟虫腈和脱亚硫酰基氟虫腈的总和，表示为氟虫腈）	0.004
丙森锌/丙烯硫脲（丙森锌和丙烯硫脲的总和）	0.006

（4）适用于婴儿和幼儿的特殊医学用途配方食品中所使用的农产品，其生产过程所使用的植物保护剂不能含有附件Ⅲ（表111）的活性成分。如果植物保护剂中含有附件Ⅲ中的活性物质，但是残留量未超过0.003mg/kg，则不认为该植物保护剂中使用了该类活性成分。

表111　附件Ⅲ［条款3（4）］中提到的活性成分

物质的化学名称（残基定义）
艾氏剂和狄氏剂，表示为狄氏剂
乙拌磷（乙拌磷、乙拌磷亚砜和乙砜的总和，表示为乙拌磷）
异狄氏剂
丰索磷（丰索磷、氧类似物及其砜的总和，表示为丰索磷）
三苯锡，表示为三苯基阳离子
吡氟乙草灵（吡氟乙草灵、包括其盐和酯结合物在内的盐和酯，表示为吡氟乙草灵）
七氯和反式环氧七氯，表示为七氯
六氯苯
除草醚
氧乐果
特丁硫磷（特丁硫磷、其亚砜和砜的总和，表示为特丁硫磷）

（5）第2、3和4段中规定的限量水平适用于即食状态使用的特殊医学用途配方配方食品，或者需要根据生产者的使用说明配制后食用的特殊医学用途配方食品。

七、其他安全性指标

1. 污染物、真菌毒素限量要求

欧盟2006年颁布了Commission Regulation（EC）No 1881/2006关于食品中污染物限量的法规，在附录中对污染物及真菌毒素在不同食品类别或者食品原料中的最大限量进行了规定。特殊医学用途配方食品中的污染物及真菌毒素限量也应该符合本法规的要求。

法规对于特殊医学用途婴儿和幼儿配方食品中污染物、真菌毒素种类及限量要求如下表112：

表112　特殊医学用途婴儿和幼儿配方食品中污染物、真菌毒素种类及限量

污染物、真菌毒素种类	适用范围	最大值
黄曲霉毒素 B_1	乳基特殊医学用途婴儿配方食品，即食状态下	0.1μg/kg
黄曲霉毒素 M_1	乳基特殊医学用途婴儿配方食品，即食状态下	0.025μg/kg
赭曲霉毒素 A	乳基特殊医学用途婴儿配方食品，即食状态下	0.5μg/kg
锡	罐装特殊医学用途婴儿配方食品，且不包括干的或粉状产品	50mg/kg
铅	3岁以下婴儿和幼儿用特殊医学用途配方食品，即食状态下	0.05mg/kg（粉状产品） 0.01mg/kg（液态产品）
苯并（a）芘	特殊医学用途婴儿配方食品，即食状态下	1.0μg/kg
多环芳烃（苯并（a）芘、苯并（a）蒽、苯并（b）荧蒽和蒀的总量	特殊医学用途婴儿配方食品，即食状态下	1.0μg/kg

2. 微生物限量要求

欧盟2005年颁布了关于食品中微生物标准的法规 Commission Regulation（EC）No 2073/2005，对食品原料及生产过程中应该遵循的微生物控制原则及标准进行了介绍。特殊医学用途配方食品中微生物控制也应该符合本法规的要求。

法规对于特殊医学用途配方食品中微生物种类及限量要求如下表113：

表113　特殊医学用途配方食品中微生物种类及限量

微生物种类	采样方案及限量值（cfu/g）				适用范围
	n	c	m	M	
李斯特菌	10	0	0/25g	—	即食状态下的特殊医学用途配方食品
沙门氏菌	30	0	0/25g	—	0~6月龄特殊医学用途婴儿配方食品，干物质计
阪崎肠杆菌	30[1]	0	0/25g	—	0~6月龄特殊医学用途婴儿配方食品，干物质计
	10[2]	0	0/25g	—	0~6月龄特殊医学用途婴儿配方食品，干物质计
蜡样芽孢杆菌	5[2]	1	50	500	0~6月龄特殊医学用途婴儿配方食品，干物质计
1）产品放行标准 2）生产过程监控标准，不作为对终产品的要求					

八、产品名称

由于欧盟成员国有独立的文字体系，为了规范管理，法规（EU）2016/128在附件中对23种语言的特殊医学用途配方食品的名称进行了规定，较之指令1999/21/EC中的11种语言的名称有明显增加。新旧法规关于特殊医学用途食品的名称对比见表114。

表 114　法规（EU）2016/128 和指令 1999/21/EC 对产品名称的规定

法规（EU）2016/128	指令 1999/21/EC
保加利亚语：'Храни за специални медицински цели'	/
西班牙语：'Alimento para usos médicos especiales'	西班牙语：'Alimento dietético para usos médicos especiales'
捷克语：'Potravina pro zvláštní lékařské účely'	/
丹麦语：'Fødevaretil særligemedicinskeformål'	丹麦语：'Levnedsmiddel/Levnedsmidler til særlige medicinske formål'
德语：'Lebensmittel für besondere medizinische Zwecke（bilanzierte Diät）'	德语：'Diätetisches/Diätetische Lebensmittel für besondere medizinische Zwecke（Bilanzierte Diät）'
爱沙尼亚语：'Meditsiinilisel näidustusel kasutamiseks ettenähtud toit'	/
希腊语：'Τρόφιμα για ειδικούζ ιατρικούζ σκοπούζ'	希腊语：'Διαιτητικά τρόφιμα για ειδικούζ ιατρικούζ σκοπούζ'
英语：'Food for special medical purposes'	英语：'Food（s）for special medical purposes'
法语：'Denrée alimentaire destinée à des fins médicales spéciales'	法语：'Aliment（s）diététique（s）destiné（s）a des fins médicales spéciales'
克罗地亚语：'Hrana za posebne medicinske potrebe'	/
意大利语：'Alimento a fini medici speciali'	意大利语：'Alimento dietetico destinato a fini medici speciali'
拉托维亚语：'Īpašiem medicīniskiem nolūkiem paredzēta pārtika'	/
立陶宛语：'Specialios medicininé s paskirties maisto produktai'	/
匈牙利语：'Speciális gyógyászati célra szánt élelmiszer'	/
马耳他语：'Ikel għal skopijiet mediċi speċjali'	/
荷兰语：'Voeding voor medisch gebruik'	荷兰语：'Dieetvoeding voor medisch gebruik'
波兰语：'Żywność specjalnego przeznaczenia medycznego'	/
葡萄牙语：'Alimento para fins medicinais específicos'	葡萄牙语：'Producto dietético de use clínico'
罗马尼亚语：'Alimente destinate unor scopuri medicale speciale'	/
斯洛伐克语：'Potraviny na osobitné lekárske účely'	/
斯洛维尼亚语：'Živila za posebne zdravstvene namene'	/
芬兰语：'Erityisiin lääkinnällisiin tarkoituksiin tarkoitettu elintarvike（kliininen ravintovalmiste）'	芬兰语：'Kliininen ravintovalmiste/kliinisiä ravintovalmisteita'
瑞典语：'Livsmedel för speciella medicinska ändamål'	瑞典语：'Livsmedel för speciella medicinska ändamål'

九、标签标识

1. 一般内容

（EU）2016/128 规定特殊医学用途配方食品标示的食物信息需要符合欧盟关于食

物信息的条例（EU）No 1169/2011[23]的要求，标示产品名称、配料表、过敏信息、配料定量标示、净含量、保质期、贮存条件、生产商信息、原产国、冲调指南、营养信息。

此外，2016/128 还规定特殊医学用途配方食品需要标示如下内容。这一要求与指令 1999/21/EC 相同。

（a）声明必须在医生指导下使用本产品；

（b）声明产品是否适合作为单一的营养来源；

（c）如果必要，说明产品适用的特定年龄组；

（d）如果必要，说明非该产品所针对的特定疾病、机能紊乱或医学状况的目标人群使用该产品所存在健康威胁；

（e）说明"用于……的膳食管理"，省略处应写明该产品针对的疾病、机能紊乱或医学状况；

（f）如果必要，标示相应的警示说明或禁忌证；

（g）描述产品的配方特点和营养学特征，以表明该产品适合用于作为疾病、紊乱或者医学状况下目标人群的膳食管理。并根据具体情况描述特殊工艺和配方，以及调高、降低、去除或改变的营养素以及使用产品的原理。

（h）如果必要，应警告产品不可用于肠外营养支持；

（i）标签应标示产品的配制、使用、贮存。如果必要，包括开盖后的贮存方法。

本条第（a）－（d）的规定应以"注意事项"或类似词语作为提示语。

此外，特殊医学用途配方食品标签上标示上述强制信息仍然需要符合 EU 1169/2011 第 13（2）和（3）条的规定。即文字应清晰易读且字体高度应高于 1.2mm，但当产品包装最大表面积小于 80cm^2 时，字体高度应不低于 0.9mm。

2. 营养标签

新法规（EU）2016/128 中规定，特殊医学用途配方食品的营养标签标示需要符合条例（EU）No 1169/2011[24]中第 30（1）条要求，即需要标示能量值、脂肪、饱和脂肪、碳水化合物、糖、蛋白质、盐，同时还需要如下所示的额外信息。这一要求与指令 1999/21/EC 相同。

（a）产品中含有的并在本条例的附件 I 中列出的每个矿物质和维生素的含量；

（b）蛋白质、碳水化合物、脂肪和/或其他营养素的含量以及成分，这些营养成分与产品的适用人群相符；

（c）如有必要，应标示产品的容积渗透压或质量渗透压；

（d）产品所含蛋白质和/或蛋白水解物的来源和性质的信息。

此外，新法规（EU）2016/128 还要求，特殊医学用途配方食品营养标签已经包含的信息不需在标签上重复标示。不论包装或容器的最大表面的尺寸如何，所有的特殊医学用途配方食品都必须强制标示营养标签。

特殊医学用途配方食品营养成分表中能量值和营养素的计算和标示应符合条例 EU 1169/2011 中第 31～35 条的规定。但是需要指出的是，特殊医学用途配方食品能量值和营养素含量应该是指即食状态下或者根据冲调指南配制后的各成分含量值。

对于未列在条例 EU 1169/2011 附件 XV 中的营养成分，应该标示在营养成分表种类最接近的营养素附近，如果没有相似的类别则应该标示在营养成分表最下方，钠含量应与其他矿物质标示在一起，并可能紧挨着盐的含量值进行标示，如："盐：Xg（其中钠：Ymg）"。

同时，由于特殊医学用途配方食品的适用人群并非普通的健康人群，其营养需求较为特殊，如果按照条例 EU 1169/2011 中的规定标示能量和营养成分占每日推荐摄入量百分比的要求将会误导消费者，因此特殊医学用途配方食品不要求标示条例 EU 1169/2011 中规定的能量和营养素含量占参考摄入量（见该条例附件ⅩⅢ）的百分比。

较之指令 1999/21/EC，新法规（EU）2016/128 中特别规定，特殊医学用途配方食品不应该进行营养和健康声称。这一要求是因为条例（EU）1924/2006 中批准的营养和健康声称是针对健康人群制定的，而特殊医学用途配方食品的适用人群是处于某种疾病、紊乱或医学状态的患者。此外，特殊医学用途配方食品应在医学监督下使用，不应通过使用针对健康人群的营养和健康声称来进行促销。但是需要指出的是，特殊医学用途配方食品可以对配方特点和营养学特征进行描述，从而更方便医务人员选择和使用，且该种描述不应被认为是声称。

十、其他要求

特殊医学用途婴儿配方食品不受欧盟关于婴儿和较大婴儿配方食品的法律限制，伴随着越来越多的此类产品的上市销售，为了避免由于产品错误分类导致的滥用，减少不同特性的产品给消费者带来的混乱，并确保公平竞争的环境，应该对特殊医学用途婴儿配方食品的标签、描述、广告、促销和商业实践采取额外的要求。这些要求应该与婴儿配方食品和较大婴儿和幼儿配方食品的要求相似，同时应根据产品的使用目的进行调整，并应考虑为目标人群以及专业医务人员提供合适的产品信息，确保产品的适当使用的需要。

鉴于此，较之指令 1999/21/EC，新法规（EU）2016/128 增加了对于特殊医学用途配方食品的强制标示信息：

（1）特殊医学用途婴儿配方食品的所有强制内容，应使用消费者容易理解的语言。

（2）特殊医学用途婴儿配方食品的标签、展示和广告不应包括婴儿图片，或理想化产品使用的图片或文字。

然而，允许使用图示方法使产品易于辨识以及展示产品冲调指南。

（3）应采用易于辨识的方式设计特殊医学用途婴儿配方食品的标签、展示和广告，从而使消费者容易区分该类产品和婴儿配方食品及较大婴儿配方食品，如文字、形象和颜色的使用，以避免混淆。

（4）特殊医学用途婴儿配方食品的广告应仅限于专门研究儿童保健的出版物和科学出版物。

欧盟成员国可能进一步限制或禁止这种广告。这种广告只应含有科学和事实信息。

第一段和第二段的规定不得妨碍信息传播，尤其是为专业医务人员制作。

（5）不应在零售渠道直接针对消费者进行零售终端广告、分发样品或任何其他促销工具，诱导特殊医学用途婴儿配方食品的销售。如特殊陈列、优惠券、赠品、特价销售、打折销售和捆绑销售。

（6）特殊医学用途婴儿配方食品的生产商和经销商不应直接给公众或孕妇、母亲或他们的家庭成员提供免费或低价产品、样品或任何其他促销礼品。

十一、通报制度

欧盟对特殊医学用途配方食品采取通报的管理模式，延续指令 1999/21/EC 中的要求，新法规（EU）2016/128 也要求在欧盟上市的特殊医学用途配方食品需要通报，具体的规定为：

当特殊医学用途配方食品上市销售时，食品经营者应通报欧盟成员国的主管部门，提交产品标签样稿或者主管部门要求的任何说明产品符合本条例的信息。但如果该成员国能够确保该类产品处于有效的官方监管下，则可以免除食品经营者的通报义务。

第三节 总 结

欧洲特殊医学用途配方食品市场较为繁荣、增长较快。早在 2006 年，行业统计数据显示，欧洲特殊医学用途配方食品年销售额为 120 亿，增长率为 5%，占全球市场年销售额的 24%～27%。同时，欧盟市场中的特殊医学用途配方食品的形态和种类多种多样，产品的适用人群覆盖全人群，产品形态包括粉状、液体、谷物棒等，便于消费者携带和使用。

究其原因，首先欧盟特殊医学用途配方食品的法规建立较早且法规体系较为完善。欧盟关于特殊医学用途配方食品的指令 1999/21/EC 发布了近 20 年，促进了欧盟成员国特殊医学用途配方食品市场的发展和繁荣，满足了处于特定疾病或医学状况下人群对于营养支持产品的需求，并为其他国家和地区制定特殊医学用途配方食品的法规和标准提供了重要的参考依据。2015 年发布的新法规（EU）2016/128，在特殊医学用途配方食品的标示和管理，尤其是特殊医学用途婴儿配方食品中农药残留、宣传用语、促销及广告等方面增加了要求，为规范欧盟各国特殊医学用途配方食品的使用，为特殊人群提供更为合适的产品提供了更好的法规依据。

其次欧盟对于特殊医学用途配方食品上市后的使用和管理较为完善。比如，虽然没有建议统一的关于报销系统的法规，但是欧盟很多成员国基于本国的卫生组织和预算并经过当局批准后，将特殊医学用途配方食品纳入报销系统，而且如果有大量的科学与卫生经济学证据，还可以要求较高的报销价格。同时，虽然欧盟对于特殊医学用途配方食品的销售渠道没有明确的限制，但是大部分特定全营养配方产品在药店或医疗保健机构销售，保证了该类产品的合理、正确使用。

执笔人：邓立娜

第六章　澳大利亚/新西兰特殊医学用途配方食品标准

第一节　概　　述

澳大利亚/新西兰的食品标准与法规是由澳新食品标准局（Food Standards Australia New Zealand，FSANZ）负责制定的。2005 年，在澳新食品标准法案的基础上，《澳新食品标准法典》（Australia New Zealand Food Standards Code）颁布，形成了澳新的食品安全标准法律法规体系。

澳新食品标准法典中第 2.9 部分为特殊用途食品（special purpose foods）的内容（类似于我国的特殊膳食用食品），特殊医学用途配方食品（food for special medical purposes，FSMP）属于澳新特殊用途食品的一种。澳大利亚/新西兰对特殊医学用途配方食品的管理与国际食品法典委员会（CAC）的管理较为相似，将适用于婴儿的 FSMP 与婴儿配方食品（infant formula，Standard 2.9.1）在同一标准中规定。因此，关于 FSMP 澳新有相应的两个产品，一是《特殊医学用途配方食品》（Food for Special Medical Purposes，Standard 2.9.5），二是《食品安全国家标准　婴儿配方食品》（Infant Formula Products，Standard 2.9.1）中关于特殊医学用途婴儿配方食品的内容。

此外，因为澳大利亚新西兰的 FSMP 产品几乎全部来自进口，多数来自欧洲，部分来自北美，所以澳新制定 FSMP 标准旨在规范、统一、综合协调各国 FSMP 在组成成分和营养素限值等方面的法规、标准的要求。

由于婴儿用特殊医学用途配方食品已在本书第一篇中详细阐述，本章主要介绍 1 岁以上人群用特殊医学用途配方食品标准 Standard 2.9.5。

第二节　主要技术内容

澳新 FSMP 标准 Standard 2.9.5 于 2001 年 10 月开始起草，2002 年 12 月 FSANZ 将初稿放在网上进行公开征求意见。FSANZ 经过多次的公开意见征求及文稿修改，最终于 2012 年 6 月 28 号正式发布该标准，并于 2014 年 6 月正式实施。该标准同时适用于澳大利亚和新西兰。

标准规定了非婴儿用特殊医学用途配方食品的定义、销售、成分（营养素含量）及标签标识四部分内容，并且列出了允许添加的维生素、矿物质和电解质及其允许形式，最小和最大含量等内容。其中标签标识除了应符合普通食品的标签要求外，还必须符合本标准的特别规定。

一、定义

澳新基本上等同采用了 CAC 的定义，规定特殊医学用途配方食品是指为了个体的膳食管理经特殊配方而成的，用于患有某类疾病、代谢紊乱或其他医疗状况病人的膳食管理的一类食品，需在医师监督指导下使用，并强调该类产品不得声称与疾病预防、诊断、治疗或减轻某疾病，紊乱或状况或者与治疗用途相关的任何用语。需要注意的是，该标准中 FSMP 不包括婴儿用特殊医学用途配方食品和经配方而成的作为肥胖或超重的膳食管理的食品。

二、分类

关于产品分类，与欧盟和我国不同，澳新并没有明确该类产品的分类。但是在营养素的规定上，澳新同样以是否作为单一营养来源为标准，规定了适合作为单一（唯一）营养来源使用的食品的成分要求，即全营养配方食品各类营养素的含量。对于特定疾病的全营养配方食品，澳新同样允许其在全营养配方的基础上，在有充足科学依据的前提下，调整个别营养素的含量（最大量或最小量的变化）。

三、营养素指标

标准 2.9.5 没有规定 FSMP 宏量营养素的含量，仅对适合作为唯一的营养素来源的 FSMP 中微量营养素有一定的限制，其维生素、矿物质和电解质的成分及含量要求详见表 115。

表 115　适合作为唯一营养素来源的 FSMP 中维生素、矿物质和电解质的要求

营养素	最小量/MJ	最大量/MJ
维生素		
维生素 A	84μg 视黄醇当量（RE）	430μg 视黄醇当量（RE）
硫胺素	0.15mg	最大值未设定
核黄素	0.2mg	最大值未设定
烟酸	2.2mg 烟酸当量	最大值未设定
维生素 B_6	0.2mg	1.2mg
叶酸	25μg	最大值未设定
维生素 B_{12}	0.17μg	最大值未设定
维生素 C	5.4mg	最大值未设定
维生素 D		
（a）为 1 至 10 岁儿童设计的产品	1.2μg	7.5μg
（b）其他产品	1.2μg	6.5μg
维生素 E	1mgα-生育酚当量	最大值未设定
生物素	1.8μg	最大值未设定
泛酸	0.35mg	最大值未设定

续表

营养素	最小量/MJ	最大量/MJ
维生素 K	8.5μg	最大值未设定
矿物质		
钙		
(a) 为1至10岁儿童设计的产品	120mg	600mg
(b) 其他产品	84mg	420mg
镁	18mg	最大值未设定
铁	1.2mg	最大值未设定
磷	72mg	最大值未设定
锌	1.2mg	3.6mg
锰	0.12mg	1.2mg
铜	0.15mg	1.25mg
碘	15.5μg	84μg
铬	3μg	最大值未设定
钼	7μg	最大值未设定
硒	6μg	25μg
电解质		
钠	72mg	最大值未设定
钾	190mg	最大值未设定
氯化物	72mg	最大值未设定

澳新关于 FSMP 产品中营养素的组成成分及含量要求较为灵活，如 FSMP 为满足某一特定医学目的进行最大或最小量的变动，或者该 FSMP 被调整为非单一营养来源使某些营养素的含量达不到或超过规定量时，需进行声明。声明内容包括调整营养素的具体变化，如是增加、降低或去除等，以及劝告性和警示性声明等。

四、安全性指标

污染物、天然毒素、微生物等安全性限量指标，本标准未做特殊规定，符合澳新法典标准中相应基础标准的要求即可（标准1.4.1、1.6.1等）。

五、食品添加剂和营养强化剂

对于食品添加剂，澳新没有针对 FSMP 的特别规定，按照澳新《食品安全国家标准　食品添加剂使用标准》（标准1.3.1）执行。新成分/新原料的管理与普通食品相同。

关于营养强化剂，标准2.9.5中规定了 FSMP 产品允许添加特定形式的维生素、矿物质、电解质、其他有营养作用的物质（如氨基酸、肉碱、核苷酸等）及其允许形式等（表116）。此外，法典中允许的在婴儿配方食品、婴儿食品和婴儿用 FSMP 中添加的维生素、矿物质和电解质（详见第一篇第六章营养强化剂部分），以及按照法典的适用条件添加的任何形式的安全物质均可以添加到 FSMP 中。

表 116　允许添加到 FSMP 中的维生素、矿物质及电解质的来源

物质	允许形式
维生素	
烟酸（尼克酸）	烟酸（尼克酸）
维生素 B_6	吡哆醇二棕榈酸酯
叶酸	L－甲基叶酸钙
维生素 E	d－α－生育酚
	d－α－生育酚聚乙二醇－1000 琥珀酸（TPGS）
泛酸	泛酸钠
	D－泛醇
	DL－泛醇
矿物质和电解质	
硼	硼酸钠（硼砂）
	硼酸
钙	甘氨酸钙
	枸橼酸苹果酸钙
	苹果酸钙
	L－吡酮酸钙
氯化物	氯化胆碱
	氯化钠，碘化处理
	盐酸
铬	氯化铬
	吡啶甲酸铬
	硫酸铬钾
铜	铜－赖氨酸复合物
	碳酸铜
氟	氟化钾
	氟化钠
碘	碘酸钠

物质	允许形式
铁	羰基铁
	电解铁
	柠檬酸铁
	葡萄糖醛酸铁
	正磷酸铁
	焦磷酸铁钠
	蔗糖铁
	二磷酸铁钠
	甘氨酸亚铁
	碳酸亚铁
	稳定碳酸亚铁
	L – 吡酮酸亚铁
	还原铁
镁	醋酸镁
	L – 天门冬氨酸镁
	甘氨酸镁
	柠檬酸镁
	甘油磷酸镁
	氢氧化镁
	碱式碳酸镁
	乳酸镁
	磷酸镁，单碱的
	L – 吡酮酸镁
	柠檬酸钾镁
锰	甘油磷酸锰
钼	钼酸铵
钾	甘油磷酸钾
	乳酸钾
	L – 吡酮酸钾
硒	富硒酵母
	亚硒酸氢钠
	硒酸钠
锌	甘氨酸锌配合物
	碳酸锌
	柠檬酸锌

续表

物质	允许形式
	乳酸锌
其他物质	
氨基酸	该表中列出的钠、钾、钙、镁盐的单一氨基酸
	该表中列出的盐酸盐的单一的氨基酸
	L－丙氨酸
	L－精氨酸
	L－天冬酰胺
	L－天门冬氨酸
	L－瓜氨酸
	L－半胱氨酸
	L－胱氨酸
	L－谷氨酸
	L－谷氨酰胺
	甘氨酸
	L－组氨酸
	L－异亮氨酸
	L－亮氨酸
	L－赖氨酸
	L－醋酸赖氨酸
	L－蛋氨酸
	L－鸟氨酸
	L－苯基丙氨酸
	L－脯氨酸
	L－丝氨酸
	L－苏氨酸
	L－酪氨酸
	L－色氨酸
	L－缬氨酸
	L－精氨酸－L－天门冬氨酸
	L－赖氨酸－L－天门冬氨酸
	L－赖氨酸－L－谷氨酸
	N－酰基－L－蛋氨酸
肉碱	左旋肉碱
	左旋肉碱盐酸盐
	左旋肉碱酒石酸盐

物质	允许形式
胆碱	胆碱酒石酸盐
	氯化胆碱
	柠檬酸胆碱
	酒石酸氢胆碱
肌醇	5′–单磷酸腺苷
核苷酸	5′–磷酸腺苷钠盐
	5′–单磷酸胞苷
	5′–磷酸胞苷钠盐
	5′–单磷酸鸟苷
	5′–磷酸鸟苷钠盐
	5′–单磷酸肌苷
	5′–磷酸肌苷钠盐
	5′–单磷酸尿苷
	5′–磷酸尿苷钠盐
牛磺酸	牛磺酸

六、标签标识

标准 2.9.5 中对于 FSMP 的标签标识做了较多规定，要求 FSMP 除了应符合普通食品的标签要求外，还必须符合本标准的特别规定。如必须在标签上标识产品的营养成分及含量，需标示"在医生或营养师指导下使用"等警示语，不能声称有治疗作用等。此外，标准还对 FSMP 的内包装袋和运输包装的标签标识进行了规定。

关于声称，标准允许 FSMP 进行声称，但不能涉及与治疗疾病相关的用语。另外，标准还对乳糖和麸质的声称进行了特别规定。当 FSMP 中未检测到乳糖时，该产品可声称无乳糖；当乳糖含量不超过 2g/100g，可声称为低乳糖。关于麸质成分的声称，当 FSMP 中未检测到麸质、燕麦或燕麦产品、做成麦芽的含麸质的谷物或谷物产品时，可声称无麸质；当麸质含量不超过 20mg/100g 时，可声称低麸质。

对于警示和劝告性声明，主要包括 FSMP 必须在医生或营养师指导（医学监督）下使用，表明食品医学目的的声明、特定年龄段人群食用的声明、是否适合作为唯一营养素来源的声明以及营养素含量调整方面的声明等内容。

七、其他规定

澳新对 FSMP 产品的销售者和销售处所进行了限制。FSMP 仅允许在医生或营养师指导（医学监督）下，在医院、养老机构、康复中心、寄宿学校等类似机构内，或者是由主要经营 FSMP 产品、并向以上销售者或销售处所供货满两年的经销商售卖，不对外出售。目前，澳新 FSMP 没有上市前的审查或审批，没有对当地生产商工厂的审核。

执笔人：贾海先　梁　栋

第七章　日本病患用食品法规

第一节　概　　述

根据《健康增进法》，日本将食品分为一般食品、健康食品（FHC）和特殊用途食品（FOSDU）。其中《健康增进法》中第二十六条是对特殊用途食品，包括特殊用途食品标签和营养标签标准的基本要求。

根据该法的第 26 条第 1 项，特殊用途食品包括病患用食品、孕产期．哺乳期妇女用奶粉、婴幼儿配方奶粉及吞咽困难者用食品（含糊状冲调食品）等。上述产品在日本需要进行许可管理，同时需要遵循《健康增进法》中的"特殊用途食品的表示许可标准"中对上述各类的标签许可等内容。

病患用食品类似于我国的特殊医学用途配方食品，因此其在日本属于许可管理的范畴，其标签标识需遵循《健康增进法》中"特别用途食品的表示许可标准"。

第二节　病患用食品的标准及法规

一、分类

日本病患用食品可分为许可标准型病患用食品和个别评估型病患用食品。其中许可标准型病患用食品又包括低蛋白质食品、去过敏食品、无乳糖食品和综合营养食品四种。对于标准型病患用食品日本对其营养成分进行了规定，相应产品符合规定要求即可快速审批通过。对于个别评估型病患用食品则需要进行单独的评估审批。

二、许可标准型病患用食品营养成分要求

"特别用途食品的表示许可标准"中对许可标准型病患用食品营养成分进行了规定。

对于综合营养食品，标准对其各营养成分的含量进行了详细的要求（见表117）；对于低蛋白质食品，蛋白质含量应为同类产品的30%以下，其热量应与同类产品相同或以上；对于去过敏食品，应除去特定的过敏原；对于无乳糖食品，应除去其中的乳糖和半乳糖。对于适用于婴儿的去过敏食品和无乳糖食品，表117中没有涉及的营养成分还应符合婴儿配方食品的中的含量要求。

表 117　综合营养食品的营养成分要求

	热量（每 100ml 或 100g）
能量	80 ~ 130kcal
成分	每 100kcal 的组成
蛋白质[1]	3.0 ~ 5.0g
脂质[2]	1.6 ~ 3.4g
糖质	50 – 74%（热量比）
食物纤维	
钠	60 – 200mg
烟酸	0.45mg NE ~ 15[3]（5[4]）mg
泛酸	0.25mg 以上
维生素 A	28μgRE ~ 150μgRE[5]
维生素 B$_1$	0.04mg 以上
维生素 B$_2$	0.05mg 以上
维生素 B$_6$	0.06 – 3.0mg
维生素 B$_{12}$	0.12μg 以上
维生素 C	5mg 以上
维生素 D	0.3 ~ 2.5μg
维生素 E	0.4 ~ 30mg
维生素 K	3 ~ 13μg
叶酸	12 ~ 50μg
氯	50 ~ 300mg
钾	80 ~ 330mg
钙	33 ~ 115mg
铁	0.3 ~ 1.8mg
镁	14 ~ 62mg
磷	45 ~ 175mg

1 考虑氨基酸评分
2 考虑配合必需脂肪酸
3 烟酰胺
4 烟酸
5 不包括类胡萝卜素和维生素源

三、个别评估型病患用食品的许可申请

1. 关于个别评估型病患用食品相关的病患用食品的表示许可，满足下列规定的所有要求的食品可作为个别评估对象。

（1）可以期待食品为达成特定疾病饮食疗法的目的是有效果的。

（2）关于食品或功效成分，其饮食疗法上的功效依据已被医学、营养学证实。功效成分是指，在实施饮食疗法时，与疾病治疗等相关的食品成分。

（3）关于食品或功效成分，对病患的饮食疗法而言在医学、营养学上可以制定合适的使用方法。

（4）关于食品或功效成分，从食用历史等来看是安全的。（食品在食品卫生上没有

问题自不必说，在拥有至今为止人类食用历史的同时，从其摄取量、摄取方法等来看，即使过量摄取也不会产生健康障碍、营养失衡等问题）。

（5）功效成分必须明确下列事项：①物理、化学及生物学的性状及其试验方法。②定性及定量的试验方法。

（6）与同种食品的饮食形态无显著差异（病患用食品是在饮食疗法的日常饮食中持续食用的食品，饮食形式上无太大变动，通过替换至今为止所食用的食品是饮食疗法易于实施的必要条件）。

（7）不是偶尔才食用的食品，是日常食用的食品。

（8）原则上应为非片剂、胶囊等的通常形态的食品。

（9）食品或功效成分应不包含在"关于无承认无许可医药品的指导监管"（1971年6月1日药发第476号）附页"医药品范围的相关标准"的附件2"作为单独医药品食用的成分本质（原材料）清单"之中。

（10）应明示生产方法、产品管理方法。

2. 因个别评估型病患用食品中营养成分与标准型相比进行了调整，因此需要提供相应材料对这些调整进行说明，通过评估后方可审批上市。需提供的主要材料包括：

（1）食品中功效成分的定性及定量试验报告。

（2）关于食品或功效成分，提交在医学或营养学上的资料表明其用于特定疾病的饮食疗法的依据。

（3）关于食品或功效成分，需附上病患的饮食疗法中在医学、营养学上用于设定合适的使用方法的资料，进行营养指导时的应用范例等，作为饮食疗法的使用方法等的说明资料。

（4）显示饮食疗法中的患者可作为食品日常持续摄取的资料。

（5）关于食品或功效成分，安全性相关资料；除附上毒理性等安全性相关资料之外，还要就过敏发生等进行文献搜索，如有相关内容的，作为资料附上。

（6）关于食品或功效成分，稳定性相关资料，附上功效成分的稳定性以及用于设定使用期限或有效期的资料。

（7）功效成分的物理、化学和生物学性状及其试验方法相关资料。

（8）食品中功效成分的定性及定量试验的试验报告及其试验检查方法。

（9）与已获批的商品的功效成分、获得许可的表示内容、使用方法及食品形态相同的场合，如有各文献的总结资料，则无须附上全文。

四、标签标识

对于许可标准型病患用食品，需按照《健康增进法》中"特别用途食品的表示许可标准"进行标示。对于病患用食品中的个别评估型病患用食品，其必须标示事项如下所示：

（1）病患用食品。

（2）谨遵医嘱。

（3）适合××疾病。

（4）适合在得到医生、管理营养师等的咨询、指导后使用。

（5）适合作为饮食疗法的素材，但过多摄取也无法治愈疾病。

（6）当表示许可的事项存在时，标示该事项。

（7）关于已知因暴饮暴食会导致过量摄取障碍的发生或可能会发生的相关信息，依据申请书的附件资料对其进行标示。

执笔人：梁　栋　管旭俊　吴　坚

第八章　中国台湾特定疾病配方食品法规

第一节　概　　述

中国台湾关于特殊医学用途配方食品的管理始于 1989 年，早期称为病人用特殊营养食品，主要为引进国外特殊医学用途食品以作为临床营养治疗之辅助，经报备取得核备函后申请输入签证。1994 年"卫生署"正式公告特殊营养食品的审批相关规定，凡是特殊营养食品必须通过当时台湾的"卫生署"审查后发给许可证才得以进行宣称与贩卖。到 2001 年，"卫生署"重新公告并发布完整的审查批准法规，即为"特殊营养食品查验登记相关规定"，其中特殊营养食品包括婴儿与较大婴儿配方食品、病人用特殊营养食品两大类，该法规也是目前执行这类产品审批的最原始版本。公告至今已修改两次，2013 年 11 月所修改的版本是截至目前的审批与规范依据。2015 年台湾将特殊营养食品中的"病人用特殊营养食品"更名成为"特定疾病配方食品"。

早期，台湾住院病人需自费支付所有的管饲费用，加上主要多为外国进口产品，因此病人用特殊营养食品被认为是贵族食品、有钱人才吃得起，所以当时住院的管饲病人普遍出现严重的营养不良。直到 1995 年台湾开办全民健康保险（简称"全民健保"）后，民众住院只要无法经口进食，依医嘱指示插入鼻胃管成为管饲病人，该病人于插鼻胃管期间，只要是经医师或营养师开立处方所用的所有营养品的费用全部由"全民健康保险局"（简称"健保局"）买单，病人不需自付任何营养品的费用，至此之后，医院病人用特殊营养食品的使用率急速上升，住院病人营养状况获得大幅度改善，病人用特殊营养食品的产业规模与营业份额亦逐渐扩大，2010 年以后台湾本土投入生产制造病人用特殊营养食品的厂商开始激增，截至 2017 年为止更高达 23 家。

中国台湾针对 1 岁以下人群的特殊医学用途婴儿配方食品的相关内容在本书第一篇已经详细阐述，本章重点介绍 1 岁以上人群的特定疾病配方食品主要法规技术内容。

第二节　特定疾病配方食品主要技术内容

一、定义

目前中国台湾特殊营养食品的管理依据为《食品安全卫生管理法》（简称《食安法》）第二十一条及《食品与相关产品查验登记及许可证管理办法》所订定办理"特殊营养食品查验登记之相关规定"，此规定适用与规范的特殊营养食品包括：①婴儿与较大婴儿配方食品；②特定疾病配方食品。该办法规定特定疾病配方食品是指为了因病人生理功能失调致无法进食、消化、吸收或代谢一般食品或食品中特定营养成分，以均衡营养为基础，调整（增加或减少）特定营养素，供应病人维持生理所需之基础能量、营养素等，经特定加工或配方化之"均衡餐点"或"单一配方"食品。

其中的"均衡餐点"指的是"可以提供适用对象于该餐次获得与能量比例相当之糖类、蛋白质、脂肪、维生素及矿物质者"，即表示该配方食品可以作为目标对象人群的单一营养来源，但不限定仅能是"全营养配方食品"，因为所提供的营养素完整，亦可以经过调整不同营养素的比例与含量以达到特殊疾病人者的营养需求，所以"特定全营养配方食品"也属于"均衡餐点"的一种。"单一配方"食品则指的是"能提供某一种或某一类营养素，以供特定疾病营养需求为目的之配方食品，并得依口味调整或加工之必要，使用食品原料或赋形剂"，即为包含营养素组件与增稠组件等在内的非全营养配方食品。

二、分类

台湾特定疾病配方食品是依成分内容与组成进行分类，共分为 7 类，包括：调整蛋白质、氨基酸、脂肪或矿物质之食品及降低过敏性、控制体重取代餐食品、管喂用食品。

三、营养素指标

台湾特定疾病配方食品中的管喂用食品（管喂即表示管饲）是临床上使用范围最广且使用量最大，基于均衡餐点的概念并且可作为单一营养来源的食品，因此该类配方食品中营养素的含量要以满足台湾人群之需要量为基准，主要就是以符合台湾居民膳食营养素参考摄取量 DRIs（Dietary Reference Intakes）为重要参考。

能量基准定的标准以 1500 千卡为参考量。此一标准是食药署于 2014 年委托台北医学大学保健营养学系执行的科研报告结果，该科研计划是探讨特殊营养品的，科研期间经由召集各大医院营养部的临床营养师（营养部主任）针对医院管饲病人摄入能量进行探讨与调查，所得结论指出，台湾医院营养师针对住院的管饲病人开立营养处方，关于能量的建议摄取量以 1200～1800 千卡为多，其中又以 1500 千卡为主。就临床应用上而言，每天灌食餐数以 5 到 6 餐为多，每次管喂量约 250～300 千卡，经换算即为 1500 千卡。

对于宏量营养素，食药署并未制定特定疾病配方食品中蛋白质、脂肪与糖类等三大营养素含量与所占能量比例的标准，因此弹性很大；但一般配方常见的蛋白质比例会依临床应用上对蛋白质建议摄取量为设计基础，如一般轻度活动量非重症者每公斤体重蛋白质需求为 1.0 克，重症病人蛋白质需求量至少应达每公斤体重 1.2 克等，再换算成配方中的所占比例即约 14% 与 16% 等。

维生素与矿物质的含量则以 1500 千卡要达到 100% 的 DRIs 建议参考摄取量为原则；另外，使用特定疾病配方食品的对象以患病比例高的人群为多，50 岁以下的人群尚未老化、抵抗力较好、慢性疾病罹患率也低，而中年以上的年龄层开始老化、慢性疾病罹病率也随年龄增加而提高，需要管饲的概率亦提升，因此维生素与矿物质的含量就以 51 岁以上人群的 DRIs 建议参考摄取量为基准；至于营养素的含量上限则以不超过 51 岁以上人群的上限摄取量（UL，Tolerable Upper Intake Levels）为原则（表118），未定有 DRIs 的营养素（如：钾、钠、氯、铬、钼等）则无明确含量的规定。

其他 DRIs 未制定建议参考摄取量的营养素，则可以依配方食品所相对应的适应对象而设计，如：高铬含量、高纤、低渣等，"食药署"会依不同的营养议题与健康风险而检视特定的营养素含量是否恰当，如：总糖含量过高、反式饱和脂肪含量过高、铬含量过高等，产品的负责厂商必须准备充分的科学证据与文献以证明其之安全性，能否通过的决定则取决于专家委员的审查意见。针对含量较高的营养素，但是经过专家委员审查认为尚无健康风险的疑虑，为了避免消费者过量摄取，"食药署"会要求于该特定疾病配方食品标签上加注适当的警语，作为警示的作用。

表 118　中国台湾 51 岁以上人群膳食营养素参考摄取量 DRIs（Dietary Reference Intakes）

营养素	单位	DRIs	
		51 以上 AI	UL
能量	千卡	—	—
蛋白质	克	—	—
脂肪	克	—	—
饱和脂肪	克	—	—
反式脂肪	克	—	—
碳水化合物	克	—	—
膳食纤维质	克	—	—
维生素 A	微克 RE	600	3000
维生素 D	微克	10	50
维生素 E	毫克 α-TE	12	1000
维生素 K	微克	120	—
维生素 C	毫克	100	2000
维生素 B_1	毫克	1.2	—
维生素 B_2	毫克	1.3	—
维生素 B_6	毫克	1.6	80
维生素 B_{12}	微克	2.4	—
烟碱素	毫克 NE	16	35
泛酸	毫克	5	—
叶酸	微克	400	1000
生物素	微克	30	—
胆碱	毫克	450	3500
钙	毫克	1000	2500
磷	毫克	800	3000
镁	毫克	360	700
锌	毫克	15	35

营养素	单位	DRIs	
		AI	UL
铁	毫克	10	40
碘	微克	140	1000
氟	毫克	3	10
硒	微克	55	400
锰	毫克	—	—
铜	毫克	—	—
钠	毫克	—	—
钾	毫克	—	—
氯	毫克	—	—
铬	微克	—	—
钼	微克	—	—

AI：Adequate Intake（适宜摄入量）
UL：Tolerable Upper Intake Levels（可耐受最大摄入量）

四、原料要求

台湾的食品所用之原料（包括特定疾病配方食品在内的所有特殊营养品所使用的原料与辅料）都必须是可以合法使用的食品，基本上需要符合"可供食品使用原料"汇整一览表所列的食品原料项目；台湾的食品添加物使用范围属于正面表列，不得使用非表列之食品添加物品项，特殊营养食品中所添加的食品添加物，除了营养添加剂以外的所有食品添加物与加工助剂则必须符合"食品添加物使用范围及限量暨规格标准"与"加工助剂卫生标准"。特别强调的是，"食药署"提供给包含特定疾病配方食品在内的所有特殊营养食品较大的配方设计空间与弹性，针对食品添加物中的营养添加剂给予较宽松的管理空间，主要是为了体现和顺应不断更新的科学证据，也鼓励使用已获得国际临床应用上或科学证据中指出对病人有必要性或有益的营养素，但碍于法规变更与制定的旷日耗时，因而将特殊营养食品中的营养添加剂管理独立出来，更在"食品添加物使用范围及限量"表中备注说明：特殊营养食品中所使用之营养添加剂，其种类、使用范围及用量标准得不受表列规定之限制。只是使用非表列中的营养添加剂种类或使用限量超过表列剂量者，必须于提交审查时提出足够的科学证据，证明其安全性，并通过专家委员审查方准使用。

五、标签与宣称规定

特定疾病配方食品的标签内容是订有专章管理与规范的，基本的信息要求虽然与一般市售包装食品相同，但因为特定疾病配方食品的管理设有专门查验登记规定，所以即使执行与一般市售包装食品相同的标签内容也会因为法规公告时间不同而有实际正式实施上的时间差；一般会延迟运行时间主要考虑到特殊营养食品的营养素标示值必须经得起检验的考验，营养素标示值要有足够的检验证据作为标示的依据，同时，要变更或新增特殊营养食品标签上的所有信息必须向食药署提出变更申请，经审查通过后才允许变更，因此法规公告后立即执行会有相当程度上的困难，所以在施行上会有时间差异。例如：一般市售食品法规定于2015年7月1日起即要标示"总糖"含量（总糖，所有单糖与双糖的总和）、膳食纤维等，而特殊营养品则于2015年8月14日公告并于2016年7月1日才实施相同的标示。

除了标示基本信息外，该类食品还需要标示"本品属特定疾病配方食品，不适合一般人食用，须经医师或营养师指导使用""多食对改善此类疾病并无帮助"等警语以示提醒，避免误用与滥用造成伤害。管喂配方类的食品要标示所有营养素的名称与含量、渗透压等，更要标示"本品非供静脉注射用"等警语。

市售包装食品之"营养宣称"，指对营养素含量之高低使用形容词句加以描述时，其表达方式应视各营养素摄取对民众健康的影响情况，分为"需适量摄取"营养宣称及"可补充摄取"营养宣称二种类别加以规定。特殊营养食品具有特殊性，并且必须办理查验登记，其宣称项目及标准可以依个案个别的审查结果进行营养宣称及标示，因此"特殊营养食品"不受"包装食品营养宣称应遵行事项"限制。举例：台湾并未制订一般市售包装食品关于蛋白质的营养素宣称规范，因此一般市售包装食品不能宣称该食品为高蛋白、亦不能宣称为低蛋白食品，只有通过审批注册的特殊营养食品才可以对蛋白质含量进行宣称。

特定疾病配方食品中属于调整蛋白质类的食品必须依蛋白质含量的多寡标示为"高蛋白质食品"或"低蛋白质食品"，因为属于非均衡餐点，所以要标注"未达营养均衡，本品请勿单独使用"之类似词句。调整蛋白质类的食品，其含氮量高于1.8%者亦要标示"蛋白质的功效比值（PER，Protein Efficiency Rate）"。

调整氨基酸食品之类别必须标示必需氨基酸的含量、"本品非供静脉注射用"，无苯丙氨酸之配方食品与低苯丙氨酸之配方食品要标示"本品非完全营养之配方食品"及"非苯酮尿症患者请勿食用"等类似词句以为警示。

调整脂肪酸类的食品要标示必需脂肪酸（亚麻油酸、α次亚麻油酸）的百分比及能量之含量，如果配方不含必需脂肪酸就要标示"本品不含必需脂肪酸"；若配方中不含两种必需脂肪酸的其中一种，也需要特别加以标示不含的项目种类。

为禁止食品标示、宣传或广告夸张、易生误解或宣称医疗效能等，一般市售食品的宣传广告与食品标签上对于营养素的功能描述都必须遵照卫生福利部食药署所制定的"食品标示宣传或广告词句涉及夸张易生误解或医疗效能之认定基准"，特定疾病配方食品与一般市售包装食品的营养素宣称规定相同，都要符合该项规定。特定疾病配方食品与一般市售包装食品都仅能针对已通过批准的营养素的健康功能进行宣称，如：锌有助于皮肤组织蛋白质的合成、铬有助于维持糖类正常代谢、蛋白质为肌肉合成的来源之一并且可用于肌肉生长等。

不同于一般市售包装食品的是，特定疾病配方食品可以于标签上标示适应的疾病种类，但因为特定疾病配方食品在法律上的位阶低于健康食品管理法，因此特定疾病配方食品与一般市售包装食品的法规依据一样，不得违反健康食品法的13项生理功能宣称，包括：血糖、血压、血脂、过敏、免疫功能、体脂肪、抗疲劳、骨质健康、延缓衰老、肠道健康、肝功能、牙齿保健、促进铁吸收等，即不能针对目前已通过的 13 项健康食品之生理功能进行宣称。

六、营养素检验误差允许标准规范与厂商自定义之营养素含量规格

包含特定疾病配方食品在内的所有特殊营养食品，其中各项营养素含量标示之标示值产生方式，以检验分析或计算方式依实际需要标示；其标示值之误差允许范围应符合"市售包装婴儿与较大婴儿配方食品及特定疾病配方食品营养标示应遵行事项"之规定（表 119）。

三大营养素与能量的检验允许误差范围为标示值的 80%～120%，一般认定为过量摄取对健康会产生负面影响的营养素（如：饱和脂肪、反式脂肪、胆固醇、钠与糖）之检验值必须小于或等于标示值的 120%，氨基酸、单与多不饱和脂肪、除维生素 A 与维生素 D 以外的所有维生素、除钠以外的所有矿物质及膳食纤维等的检验值必须大于或等于标示值的 80%，过量摄取易囤积在体内不容易排出体外而提升中毒风险的脂溶性维生素 A 与维生素 D 之检验允许误差范围为标示值的 80%～180%，其他未提及的营养素之检验值必须大于或等于标示值的 80%。另外，维生素与矿物质等营养素的检验值除了要符合上述规范以外，其检验值仍然必须受限于下列规范：①以 1500 千卡为基准，维生素与矿物质等检验值不得超过 51 岁以上人群之 DRIs 参考摄取量的上限摄取量（UL）；②若因应适用对象的特殊营养需求，部分营养素必须超过 51 岁以上人群 DRIs 参考摄取量的 UL，则应该于审批注册时提出相关科学文献以备评估与审查；③未定有 51 岁以上人群 DRIs 的 UL 之营养素，其误差允许范围上限不得超过原厂自行制定的营养素上限规格。

表 119　市售包装特定疾病配方食品营养标示值误差允许范围

项目	误差允许范围	备注
蛋白质、碳水化合物、能量、脂肪	标示值之 80%－120%	
饱和脂肪、反式脂肪、胆固醇、钠、糖	≤标示值之 120%	
氨基酸、多/单不饱和脂肪、维生素（不包括维生素 A、维生素 D）、矿物质（不包括钠）、膳食纤维	≥标示值之 80%	检验值仍须受到以 1500kcal 为基准，不得超过国人膳食营养素参考摄取量（Dietary Reference Intakes，DRIs）51 岁以上族群之上限摄取量（tolerable upper intake levels，UL）之限制；若因应适用对象之特殊营养需求，必须超过 DRIs 51 岁以上族群之 UL 者，应检附相关文献，于个案审查时评估。DRIs 未订有 51 岁以上族群之 UL 营养素，其误差允许范围上限不得超过原制造厂订定之营养成分规格上限。
维生素 A、维生素 D	标示值之 80%－180%	
其他营养素	≥标示值之 80%	

厂商于提交审批材料时尚须提出自行制订的所有营养素之含量规格，营养素的规格必须包含下限规格与上限规格，该规格一般会参考上述之"标示值之误差允许范围"

规范，同时也会再参考"婴儿与较大婴儿配方食品之营养标示值误差允许范围"，主因是后者对于每个营养素几乎都制订了明确的检验误差允许范围、有具体的遵循依据。

七、卫生安全规范与研发、生产、检验能力

特定疾病配方食品的卫生安全规范与一般相同性状的食品相同，市售包装须符合一般食品卫生标准，一般食品的微生物检验项目为大肠杆菌、大肠杆菌群。液状特殊营养食品则必须符合"食品良好卫生规范准则"中对于低酸性食品罐头的杀菌规范：其规定低酸性罐头食品之杀菌设备，应依规定经由主管机关认定具有对低酸性罐头食品加热杀菌专门知识的机构测定，以达成商业灭菌的目标。简而言之，液状特殊营养食品必须通过食药署指定之第三方公正单位（财团法人食品工业发展研究所）对罐头食品进行的热穿透试验，针对液状特殊营养食品加工制程的最后一道杀菌工序之完整性进行确效试验，通过热穿透验证后才得以上市贩卖。

台湾的特殊营养食品并未针对生产工艺进行规范与限制，对于研发能力亦未进一步要求，主要通过能证明产品安全性的人体临床试验报告或以国外销售证明代表通过国外市场销售的考验等取代研发资质之证明。特殊营养食品的研发能力主要着重在"配方设计"，配方设计包含原料成分的选择、各营养素所占的配比、重点功效营养成分的选用，而配方设计会影响临床应用上的营养功效，这些都必须经得起长期实际临床使用的考验，市场销售机制会自然淘汰配方设计不佳的产品，因此即使自从健保支付所有住院的管饲配方食品导致台湾投入特殊营养食品产业的厂商急遽增加，台湾医疗营养品的产业蓬勃发展，但也造就台湾特殊营养食品产业的高度竞争，因此"物竞天择"与"适者生存"就会自然地筛选与保留下具有良好研发能力的特殊营养食品负责企业或生产企业。

台湾管理部门并未特别针对生产特殊营养食品的企业制订检验资质，而是广泛性地要求具有一定规模以上与特定食品类别的所有食品生产业者必须自设检验室。台湾应设置实验室之食品业者类别包括：食用油脂、肉类加工食品、乳品加工食品、水产品食品、面粉、淀粉、食盐、糖、酱油、茶叶饮料等之制造、加工、调配业者（未包括改装业者），上述所有类别之食品业者的规模达到具有办理工厂登记之能力且资本额达新台币一亿元以上；因此若一生产特殊营养食品之制造工厂，该工厂资本额亦未达新台币一亿元，则不需要自设检验室。

第三节　特定疾病配方食品的审批制度

一、新案申请

台湾特定疾病配方食品必须经过审批后取得许可才准上市销售，通过审批符合食品卫生管理有相关规定者，"食药署"会核发许可证明文件，其有效期限为五年，效期届满前三个月内得申请展延。特定疾病配方食品在申请审批查验登记时必须检附的数据包括：申请书表、原料成分含量与规格表、产品在国外贩卖之有关证明文件正本及

其贩卖产品一份或相关之产品试用报告、生产工艺的制程作业标准、原制造厂为合法的生产工厂之官方资质证明、食品标签与说明书、申请厂商的合法贩卖资质证明（申请厂商的营利事业登记证）、完整的样品。

若为台湾当地生产的产品必须提交产品试用报告（即人体临床试验报告）以证明产品之安全性。与目前中国大陆地区仅针对特定全营养配方食品必须通过人体临床试验不同，台湾于此项的规定不分产品种类，但依据是否已经通过国外销售的考验加以区分。只要在台湾生产之产品或者虽于国外生产但未存在国外医疗院所销售的事实，则一律必须附上人体临床试验报告，如为国外进口并且已经在国外上市销售，则可以提交该产品在国外的销售证明取代临床试验报告，提交的销售证明不能以一般销售渠道的销售凭证作为特殊营养食品的销售证据，而是必须提交医疗院所的销售证明，同时要能证明该产品在国外亦是销售给所宣称之相同的特定适用对象。

人体临床试验的人数规定依产品类别进行区分，一般配方产品（一般管喂配方食品，即全营养配方食品）临床试验报告应以该产品宣称的适用对象之有效人数至少应该有二十名；针对特殊疾病病人（例如：透析患者、慢性肺部疾病患者、短肠症患者等）设计的调整配方之产品，其临床试验报告以产品宣称之适用对象有效样本人数至少应有 30 名。

原料成分含量与规格表必须包含：所有原料成分含量、产品的卫生安全规格、营养素含量规格及所有营养素的成分分析表。原料成分含量表应由原制造厂提交近一年内的原料信息，其内容应列载所有原料、食品添加物之详细名称及含量；产品规格应由原制造厂于近一年内出具，其内容应明列最终产品之相关卫生及营养素成分规格；营养素之成分分析表应由原制造厂或食药署认可之检验机构进行检验，提交审批的时间必须在检验报告日期的近一年以内，其内容应载明各项营养成分之分析数据。

申请审批查验登记之产品若为须再分装者，应同时提交下列文件：原制造厂授权分装同意书、国内分装工厂之同意书及其营利事业登记文件、工厂登记文件等。原制造厂授权分装与国内分装工厂等同意书上都必须载明欲分装之原装产品的包装规格、形态、材质及分装后产品之包装规格、形态、材质；营利事业登记文件及工厂登记文件须登记有关食品分装、加工或制造等之营业项目；食药署亦会视产品性质要求另行针对已分装之样品进行检验，并提交营养成分分析表。

若申请的类别属于特定疾病用调整蛋白质之高蛋白质食品，则应额外提供蛋白质的测定方法，检定方法可以选择蛋白质功效比值（Protein Efficiency Ratio，PER）、蛋白质经消化率修正的氨基酸评分值（Protein Digestibility Corrected Amino Acid Score，PD-CAAS）或其他国际认可的方法。

台湾目前允许同一配方提交相同审批数据、但以不同产品名称同时申请两个新案件，审查通过后即会核发两个许可证。虽为顺应自由经济市场，但截至目前，特定疾病配方食品以相同配方不同产品名同时申请并取得许可证的数量极少，多为相对较小的特殊营养食品企业为了区别不同销售渠道而为，具规模的特殊营养食品企业目前都未依此模式申请。

之前台湾特定疾病配方食品的审批查验都由"食药署"执行，由于申请与变更案件不断增加，自 2017 年 1 月 1 日起，台湾特定疾病配方食品的审批查验登记已委托"财团法人医药品查验中心"进行初审，主要针对企业所准备的材料之完整性进行行政审查，"食药署"再进行最终的批准与裁决。

二、许可文件之变更

特定疾病配方食品一旦通过审批取得特定疾病配方食品执照者，其原料成分或含量都不允许变更，原料成分或含量有任何变更均属新案应重新申请审批。但因应持续不断更新的 DRIs 版本，如原产品中已经添加并存在的营养素，为了达到符合最新版本 DRIs 而针对营养素含量进行调整者，此种变更是允许的，但必须确保营养素种类与项目皆不变。

除原料成分或含量以外，审批查验登记事项之任何内容变更，皆应申请变更登记。可变更项目包含：产品名称、申请企业（负责企业）、申请企业负责人（负责企业之负责人）或地址、制造厂名称与地址、包装型态与材质、营养标示与标签，变更时应提交法规指定之相应材料；已核发的特定疾病配方食品许可证亦可以转移给其他企业。

第四节　特定疾病配方食品上市后的监管机制

一、特定疾病配方食品与食品添加物应建立追溯追踪系统

台湾对特定疾病配方食品的管理亦着重于原料的溯源管理与最终成品的销售追踪，如此的追溯管理可以对问题原料发挥到预警的作用，销售的追踪管理则可以将已发生的问题成品进行实时的召回动作。《食安法》规定，包含特殊营养食品（即婴儿及较大婴儿配方食品、特定疾病配方食品）、食品添加物在内之食品及相关产品于制造、加工、调配业务时应建立追溯追踪系统，即指食品业者于食品及其相关产品供应过程之各个环节，经由标记得以追溯产品供应来源或追踪产品流向，建立其信息及管理之措施。应建立管理的项目包括：产品信息、标记识别、供货商信息、产品流向之信息、其他与产品相关之内部追溯追踪信息。

其中的产品信息包含：产品名称、原料与辅料、食品添加物、包装容器、储运条件、制造厂商、台湾负责厂商、重量或容量、保质期限。标记识别所指为，包括产品原料与半成品等，应标记可供识别之印记、文字、批号等。

产品流向信息是食品追溯追踪信息的重点，食品追溯追踪的建立逻辑以"one up、one down"为主，只要每个食品业者将其上一手的来源与下一手的去向确实记录，食药署就可以透过如此的模式将所有食品链串联起来。特殊营养食品的适用对象主要为易受伤害之敏感族群，需要对此类产品进行高规格的管理措施，因此特殊营养食品及其原料（食品添加物）都是被要求应建立内部追溯追踪系统的食品业别。此信息之建立得以书面或电子化形式执行，并必须保存完整食品追溯追踪凭证、文件等记录至有效日期后六个月。

食品添加物中的营养添加剂是特殊营养食品的重要原料，因此除了应建立内部追

溯追踪系统以外，必须将追溯追踪数据上传到官方的"非追不可"之电子信息平台，以及强制要求使用电子发票，以便监管。

二、三级食品安全卫生管理

特殊营养食品之负责企业与制造工厂都必须实施三级品管，三级品管包含第一级的自主检验、第二级的由第三方公正单位的卫生安全管理验证机制、第三级品管则为政府卫生单位稽查。

第一级的品管为自主检验，特殊营养食品是应办理检验之食品业者，必须强制实施相关之自主检验。使用特殊营养食品的族群为病人及婴儿等具特殊及敏感性族群，可能作为唯一营养来源，因此必须要加强管理，由业者执行自主管理，作为把关产品卫生安全之第一步。检验项目包含微生物与营养素，微生物污染通常产生急性症状，且对于病人及婴儿等属严重症状之高风险族群，而营养素提供管饲病人之全营养需求，为特殊营养食品质量管理要项。微生物应依产品属性，参考食品卫生标准之管制项目，依风险管理原则，择定至少一项卫生管制项目，作为产品检验项目，或自行评估，增加检验项目；营养素含量的检测则参考 DRIs 之营养素项目，依风险管理原则，择定至少一项营养素，作为产品检验项目，或自行评估，增加检验项目。最低检验周期为"每季"或"每批"至少进行一次强制性检验，若产品应检验之成品，属于不同来源，或是其检验项目包含细项者，业者可依风险管理原则，采取周期性轮替检验，以符合检验效益及落实自主管理，惟应有相关支持性或佐证材料以作为合理性说明。

第二级品管为由第三方公正单位进行卫生安全管理验证（以下简称验证），本验证为依食安法第八条第五项规定进行。验证，指对食品业者之作业场域、原料验收、制程与质量、仓储及其他卫生安全相关管理系统，查核证明其符合食安法及相关法规规定所进行之程序。第三方公正单位至现场进行验证时应备妥文件及材料供查，必要时得对其产品进行抽验。现场验证须准备的材料有：合法设立之证明文件、业者基本数据、制程管理、标准作业程序、质量管理及其他与卫生安全管理系统相关之数据。食品业者接受验证，不得提供虚伪不实之文件、数据。

第三级品管则由中国台湾的地方或中央卫生单位进行稽查，一旦查到有违相关法令规定之行为，即可开罚。

执笔人：陈盈荣

第九章　各国（组织、地区）特殊医学用途配方食品管理及指标比对

第一节　法规标准概况比较

一、中国

中国特殊医学用途配方食品标准属于特殊膳食用食品标准范畴。中国于 2013 年发布《特殊医学用途配方食品通则》（GB 29922 - 2013），对适用于 1 岁以上人群的特殊医学用途配方食品进行规定。标准参考国际食品法典委员会对特殊医学用途配方食品的定义，并结合欧盟标准框架将特殊医学用途配方食品分为全营养配方食品、特定全营养配方食品和非全营养配方食品。其中，标准结合临床实际需求和国内外产品临床应用情况，列出 13 类常见的特定全营养配方食品；非全营养配方食品涵盖了 5 类配方食品。

2015 年，随着新修订的《中华人民共和国食品安全法》（以下简称《食品安全法》）的出台，中国将特殊医学用途配方食品纳入特殊食品范畴，并要求对特殊医学用途配方食品实施注册管理。2016 年，国家食品药品监督管理总局制定并发布实施了《特殊医学用途配方食品注册管理办法》（以下简称《办法》），并相继制定发布了《办法》相关配套文件。

二、国际食品法典委员会（CAC）

CAC 制定的 CODEX STAN 180 - 1991《特殊医用食品标签和声称标准》和 CODEX STAN 72 - 1981《婴儿配方及特殊医用婴儿配方食品标准》是许多国家建立特殊医学用途配方食品法规标准的指导思想和参照。

CAC 标准中对特殊医学用途配方食品的定义，特别强调了以下几点：

（1）属于食品的一类，不是药品；

（2）为膳食调整的患者特别制作或特殊配方；

（3）针对在进食、消化、吸收或代谢方面受限、有障碍，或因病情有其他特殊营养需求的患者；

（4）该类产品必须以医学和营养学为基础，并有科学依据来证实产品的安全性和有效性。

三、欧盟

欧盟指令 89/398/EEC 提出特殊医学用途配方食品的概念，明确其为特殊营养用食品（food stuffs intended for particular nutritional uses）中的一类。随后在 1999/21/EC 对特殊医学用途配方食品的定义、分类、管理方式、标签标识以及营养成分等进行了规定。由于不同成员国对于特殊营养用食品有不同的理解因其误解与滥用，欧盟于 2013 年发布"关于婴儿及幼儿食品、特殊医学用途配方食品以及体重控制用代餐食品的条例"（条例（EU）No 609/2013），对包括特殊医学用途配方食品在内的产品定义进行了更新。

特殊医学用途配方食品的新法规（EU）2016/128 延续了 1999/21/EC 的定义，将特殊医学用途配方食品（婴儿用和非婴儿用）分为全营养配方食品、特定全营养配方食品、非全营养配方食品三类。其中全营养配方食品、特定全营养配方食品可用作部分替代或患者膳食的补充。由于婴儿的营养需求较为特殊，因此该条例中将婴儿用和非婴儿用特殊医学用途配方食品（1 岁以上）的营养成分分别进行了规定。欧盟特殊医学用途配方食品法规（EU）2016/128 还对特殊医学用途婴儿配方食品中农药残留、宣传用语、促销及广告等方面增加了相关的要求。由于特殊医学用途配方食品加工工艺与普通食品相似，欧盟各类食品中可以使用的食品添加剂、食品用酶制剂以及食品用香精清单的法规同样适用于特殊医学用途配方食品。特殊医学用途配方食品在欧盟不需要上市前的注册批准，但需要在上市销售时向每个成员国主管部门通报。

四、美国

特殊医学用途配方食品在美国被称为医用食品（Medical Foods）。1988 年美国食品药品监督管理局（FDA）首次在药品法修订版"Orphan Drug Act Amendments"中对于医用食品进行了明确定义；在美国，医用食品分为全营养配方食品、非全营养配方食品（包括组件产品）、用于 1 岁以上的代谢紊乱病人的配方食品、口服补水产品四类。FDA 于 2006 年首次出台了对于医用食品的生产和监管的指导原则，包括生产、抽样、检验和判定等多项内容；医用食品中的配料、添加剂要求符合 FDA 食品添加剂和着色剂法规或经评定为公认安全（GRAS）。FDA 明确说明孕妇营养产品及糖尿病营养食品以及膳食补充剂等不属于医用食品范畴。医用食品不需要上市前的注册批准。

五、澳大利亚/新西兰

2012 年 6 月澳大利亚/新西兰颁布了特殊医学用途配方食品标准（Standard 2.9.5），该法规的要求原则基本与欧盟的特殊医学用途配方食品法规一致。作为肥胖或超重的膳食管理的调整营养配方以及婴儿配方食品不属于特殊医学配方食品范畴。澳大利亚/新西兰未对特殊医学用途配方食品进行详细分类，仅以是否作为单一营养来源为标准，规定了作为单一营养来源配方的营养素限量。允许部分营养素根据医学状况进行调整，并要求作出相应声明。澳大利亚/新西兰允许多种批准在普通食品中的食品添加剂使用于特殊医学用途配方食品中。在澳大利亚/新西兰，特殊医学用途配方食品不需要上市前的注册批准。

六、日本

根据日本《健康增进法》第 26 条第 1 项，病患用食品包含在特殊用途食品类别之内，在日本需要进行许可管理，同时需要遵循《健康增进法》中的"特殊用途食品的表示许可标准"的要求。

日本病患用食品可分为许可标准型病患用食品和个别评估型病患用食品。其中许可标准型病患用食品又包括低蛋白质食品、去过敏食品、无乳糖食品和综合营养食品四种。对于标准型病患用食品日本对其营养成分进行了规定，相应产品符合规定要求即可快速审批通过。对于个别评估型病患用食品则需要进行单独的评估审批。

七、中国台湾

特殊医学用途配方食品在中国台湾一般被称为病人用特殊营养食品（疗养食品），在 2015 年更名成为"特定疾病配方食品"。特定疾病配方食品是为了因病人生理功能失调致无法进食、消化、吸收或代谢一般食品或食品中特定营养成分，以均衡营养为基础，调整（增加或减少）特定营养素，供应病人维持生理所需之基础热量、营养素等，经特定加工或配方化之"均衡餐点"或"单一配方"食品。

中国台湾特定疾病配方食品是依成分内容与组成进行分类，共分为 7 类，包括：调整蛋白质、氨基酸、脂肪或矿物质之食品及降低过敏性、控制体重取代餐食品、管喂用食品。原料、添加剂符合食品添加物正面表列；超出表列种类、使用范围及用量需要经过专家委员会审查评估。特定疾病配方食品的标签不能做符合健康食品法的 13 项生理功能宣称。台湾特定疾病配方食品需要经过审批后取得许可才准上市销售，并要求在台湾生产的以及在台湾之外生产但无医疗机构销售证明的产品需要经过人体临床试验。

表 120 综述了各国（组织、地区）对特殊医学用途配方食品的管理机制。

表120 各国对特殊医学用途配方食品的法规要求及管理机制

	中国	国际食品法典委员会	美国	欧盟	澳新	中国台湾	日本
法规管理历史	2013年发布食品安全国家标准;2016-2017年发布注册管理办法及配套法规文件	1991年对FSMP的定义和标签标识进行了详细规定;2001年更新了用于FSMP的添加剂名单	1988对FSMP明确定义;1996年拟定医用食品法规的预先通告,后在2003年取消;2007年公布医用食品常见问题解答行业指南,并在2016年更新;2006出台医用食品合规项目指导手册,规定生产和监管的指导原则	1989将FSMP列入特殊营养用途食品管理;1999年发布标准;2016年更新FSMP标准要求	2012发布标准	1989年对FSMP开始管理;1994年首次公告审批规定,分别在2011、2013年更新规定;1995年将食管(间)产品纳入医保	《健康增进法》中第二十六条
食品添加剂	符合大陆食品添加剂横向标准及相关质量标准。1-10岁:婴幼儿配方食品允许使用的添加剂;10岁以上:相同相似产品类别允许使用的添加剂	单独名单	符合横向标准	符合横向标准	符合横向标准	符合食品添加物正面表列	符合横向标准
营养物质	来源:GB 14880-2012附录C;限量:基于相应人群FSMP产品标准规定	符合横向标准	符合本国食品添加剂横向标准或GRAS	产品标准对名单及限量单独规定	产品标准对名单及限量单独规定	来源:符合食品添加物正面表列及种类需要经过专家评估;限量:均衡餐点基于人群的DRI制定。未制定建议参考摄取量的营养素,需要经过专家委员会审查评估	符合横向标准
原料及新成分	食品原料,仅允许部分新食品原料	—	食品原料及GRAS	食品原料;新食品原料需要食品添加剂/新资源申报	食品原料;新食品原料需要食品添加剂/新资源申报	符合原料名单	符合原料名单

续表

	中国	国际食品法典委员会	美国	欧盟	澳新	中国台湾	日本
微生物	FSMP产品标准中规定	—	在医用食品生产监管办法中规定	符合横向标准	符合横向标准	—	—
污染物	FSMP产品标准中规定	—	—	污染物及真菌毒素符合横向标准；对婴儿和幼儿的特殊医学用途配方食品中农药残留、植物保护剂中活性成分残留有特殊要求	符合横向标准	—	—
标签标识	符合食品及特殊膳食食品标签横向标准，且在FSMP标准有特殊规定	单独标准	符合横向标准	符合食品标签横向标准，且对FSMP有特殊规定	符合食品标签横向标准，且对FSMP有特殊规定	专门法规规定	符合食品标签横向标准，且有专门针对特定疾病专门配方食品的标签标示规定
生产	应符合FSMP GMP要求，符合FSMP生产许可审查细则要求	—	符合食品生产厂的相关要求；医用食品生产监管办法进行监管	符合食品生产厂的相关要求	符合食品生产厂的相关要求	符合食品生产厂的相关要求；要求具有一定规模以上与特定食品类别的所有食品生产业者必须自设检验室	—
上市许可	上市前注册审批	—	不需要	不需要注册审批，但上市前需要通报（提交标签样稿或产品符合法规说明）	不需要	上市前注册审批	上市前需审批许可
临床试验	特定全营养配方食品需要进行临床试验	—	—	—	—	在台湾外生产的以及在台湾境外生产但无医疗机构销售证明的产品需要经过人体临床试验	—

第二节 技术指标比对

由于各国（组织、地区）特殊医学用途配方食品分类存在一定的差别，本部分以中国特殊医学用途配方食品的分类为基准，结合相应国家和地区的可比类别进行比对，详见表121。

表121 各国特殊医学用途配方食品技术指标比对

	中国 GB 29922-2013	欧盟 EU 2016/128	澳新 Standards 2.9.5	中国台湾
说明	1. 全营养配方食品应包含成分表中全部维生素和矿物质，可以选择性添加可选择性成分。其含量应符合相应的限量。铬、钼、氟等属于可选择性成分。2. 非全营养配方允许根据产品的使用目的对表中一个或多个营养素进行调整，产品需要经过临床试验证实科学性和安全性。3. 非全营养配方由于营养素含量单一，标准仅规定主要的技术要求，未对营养素限量进行规定。	1. 非婴儿用标准型全营养配方食品应包含表中指定的维生素和矿物质，包括铬、钼、氟；其他中国规定的可选择性成分未做规定。2. 非婴儿用特定全营养配方食品应包含表中指定的维生素和矿物质，但可以根据产品的使用目的对表中一个或多个营养素进行调整。3. 非婴儿用非全营养配方食品中所含维生素和矿物质的最高水平不应该超出表中的使用目的对其中一个或多个营养素进行调整。4. 维生素D和钙单独规定了1-10岁人群的限量要求。	1. 作为唯一营养来源的FSMP（全营养配方）必须包含表中全部维生素、矿物质（钠、钾、氯），并符合限量水平。澳新全营养配方必需营养成分包括铬、钼；其他可选性成分做规定。2. 允许营养素限量根据特定疾病项目的做调整。	1. 要求均衡餐点为可以做为单一营养来源的食品，以每1500kcal为基准能量，均衡餐点配方的上下限不得参考51岁以上人群的DRIs 和UL，本表维生素和矿物质指标由此计算所得；对其他DRIs未制定建议参考摄取量的营养素，厂商需要备充分科学证据证明其安全性并经专家委员会评估后需要在标签上警示说明。2. 特殊营养食品中所使用之营养素添加剂，其种类、使用范围及用量标准不受系列规定之限制，必须于提交审查时提出足够的科学证据，证明其之安全性，并通过专家审查方准使用。
年龄段	1-10岁	10岁以上	10岁以上/1-10岁	10岁以上/1-10岁	未限定年龄阶段

续表

能量和宏量营养素	中国 GB 29922-2013				欧盟 EU 2016/128				澳新 Standards 2.9.5		中国台湾	
	每100KJ		每100kcal		每100KJ		每100kcal		每100KJ		每100kcal	
	最小值	最大值	最小值	最大值	最小值	最大值	最小值	最大值	最小值	最大值	最小值	最大值
	1-10岁人群全营养配方食品，标准规定蛋白质的含量应不低于 0.5 g/100 kJ，其中优质蛋白质所占比例不低于50%；亚油酸供能比能不低于2.5%；α-亚麻酸供能比不低于0.4%。对发量和质量都进行了规定。		10岁以上人群全营养配方食品，标准规定蛋白质的含量应不低于 0.7 g/100 kJ（3 g/100 kcal），其中优质蛋白质所占比例不低于50%；亚油酸供能比能不低于2.0%；α-亚麻酸供能比应不低于0.5%。同样对其质量和质量都进行了要求。		未明确规定				未明确规定		1. 热量基准量的标准以1500 大卡为参考量； 2. 未制定特定疾病配方食品中蛋白质、脂肪与糖类等三大营养素含量与所占热量比例的标准。	
维生素 A/（μg RE）	17.9	53.8	75	225	8.4	43	35	180	8.4	4.3	40	200
维生素 D/（μg）	0.25	0.75	1.05	3.14	0.12	0.65/0.75	0.5	2.5/3	0.12	0.65/0.75	0.7	3.3
维生素 E/（mg α-TE）	0.15	N.S.	0.63	N.S.	0.5/g多不饱和脂肪酸（表示为亚油酸），但绝不少于 0.1 mg/100 kJ	0.75	0.5/g多不饱和脂肪酸（表示为亚油酸），但绝不少于 0.5 mg/100 kcal	3	0.1	N.S.	0.8	66.7
维生素 K₁/（μg）	1	N.S.	4	N.S.	0.85	5	3.5	20	0.85	N.S.	8	N.S.
维生素 B₁/（mg）	0.01	N.S.	0.05	N.S.	0.015	0.12	0.06	0.5	0.015	N.S.	0.08	N.S.
维生素 B₂/（mg）	0.01	N.S.	0.05	N.S.	0.02	0.12	0.08	0.5	0.02	N.S.	0.09	N.S.
维生素 B₆/（mg）	0.01	N.S.	0.05	N.S.	0.02	0.12	0.08	0.5	0.02	0.12	0.11	5.3

续表

营养素	中国 GB 29922—2013								欧盟 EU 2016/128				澳新 Standards 2.9.5		中国台湾	
维生素 B_{12}/(μg)	0.04	N.S.	0.17	N.S.	0.03	N.S.	0.13	N.S.	0.017	0.17	0.07	0.7	0.017	N.S.	0.16	N.S.
烟酸（烟酰胺）/(mg)	0.11	N.S.	0.46	N.S.	0.05	N.S.	0.2	N.S.	0.22	0.75	0.9	3	0.22	N.S.	1.1	2.3
叶酸/(μg)	1	N.S.	4	N.S.	5.3	N.S.	22.2	N.S.	2.5	12.5	10	50	2.5	N.S.	26.7	66.7
泛酸/(mg)	0.07	N.S.	0.29	N.S.	0.07	N.S.	0.29	N.S.	0.035	0.35	0.15	1.5	0.035	N.S.	0.33	N.S.
维生素 C/(mg)	1.8	N.S.	7.5	N.S.	1.3	N.S.	5.6	N.S.	0.54	5.25	2.25	22	0.54	N.S.	6.7	133.3
生物素/(μg)	0.4	N.S.	1.7	N.S.	0.5	N.S.	2.2	N.S.	0.18	1.8	0.75	7.5	0.18	N.S.	2	N.S.
钠/(mg)	5	20	21	84	20	N.S.	83	N.S.	7.2	42	30	175	7.2	N.S.	—	—
钾/(mg)	18	69	75	289	27	N.S.	111	N.S.	19	70	80	295	19	N.S.	—	—
铜/(μg)	7	35	29	146	11	120	44	500	15	125	60	500	15	125	—	—
镁/(mg)	1.4	N.S.	5.9	N.S.	4.4	N.S.	18.3	N.S.	1.8	6	7.5	25	1.8	N.S.	24	46.7
铁/(mg)	0.25	0.5	1.05	2.09	0.2	0.55	0.83	2.3	0.12	0.5	0.5	2	0.12	N.S.	0.7	2.7
锌/(mg)	0.1	0.4	0.4	1.5	0.1	0.5	0.4	2.2	0.12	0.36	0.5	1.5	0.12	0.36	1	2.3
锰/(μg)	0.3	24	1.1	100.4	6	146	25	611	12	120	50	500	12	120	—	—
钙/(mg)	17	N.S.	71	N.S.	13	N.S.	56	N.S.	8.4/12	42/60	35/50	175/250	8.4/12	42/60	66.7	166.7
磷/(mg)	8.3	46.2	34.7	193.5	9.6	N.S.	40	N.S.	7.2	19	30	80	7.2	N.S.	53.3	200
碘/(μg)	1.4	N.S.	5.9	N.S.	1.6	N.S.	6.7	N.S.	1.55	8.4	6.5	35	1.55	8.4	9.3	66.7
氯/(mg)	N.S.	52	N.S.	218	N.S.	52	N.S.	218	7.2	42	30	175	72	N.S.	—	—
硒/(μg)	0.5	2.9	2	12	0.8	5.3	3.3	22.2	0.6	2.5	2.5	10	0.6	2.5	3.7	26.7
铬/(μg)	0.4	5.7	1.8	24	0.4	13.3	1.8	55.6	0.3	3.6	1.25	15	0.3	N.S.	—	—
钼/(μg)	1.2	5.7	5	24	1.3	12	5.6	50	0.84	4.3	3.5	18	0.7	N.S.	—	—

续表

营养素	中国 GB 29922-2013								欧盟 EU 2016/128			澳新 Standards 2.9.5		中国台湾	
氟/(mg)	N.S.	0.05	N.S.	0.2	N.S.	0.05	N.S.	0.2	0.05	N.S.	0.2	—	—	0.2	0.7
胆碱/(mg)	1.7	19.1	7.1	80	5.3	39.8	22.2	166.7	—	—	—	—	—	30	233.3
肌醇/(mg)	1	9.5	4.2	39.7	1	33.5	4.2	140	—	—	—	—	—	—	—
牛磺酸/(mg)	N.S.	3.1	N.S.	13	N.S.	4.8	N.S.	20	—	—	—	—	—	—	—
左旋肉碱/(mg)	0.3	N.S.	1.3	N.S.	0.3	N.S.	1.3	N.S.	—	—	—	—	—	—	—
二十二碳六烯酸/(%总脂肪酸 c)	N.S.	0.5		0.5											
二十碳四烯酸/(%总脂肪酸 c)	N.S.	1		1											
核苷酸/(mg)	N.S.	0.5	2	N.S.	N.S.	0.5	2	N.S.	—	—	—	—	—	—	—
膳食纤维/(g)	N.S.	0.7	N.S.	2.7	N.S.	0.7	N.S.	2.7	—	—	—	—	—	—	—

NS：未特别说明。

第三节 小 结

根据我国与其他国家、组织和地区对比可见，在管理模式上，特殊医学用途配方食品均是按照食品管理。绝大多数国家、组织和地区对于特殊医学用途配方食品中允许使用的食品添加剂和营养强化剂均纳入食品原料和添加剂管理。欧洲、美国、澳新等国家不需要注册即可上市。中国（含台湾）、日本的特殊医学用途配方食品全部或部分品类需要经过注册批准后才可以上市销售。

对于全营养配方食品，基本所有的国家、组织和地区均要求其可以作为唯一营养来源。中国（含台湾）、欧洲、澳新均基于本国、本地区的人群膳食摄入量的情况，对全营养配方食品的营养成分限量进行了相应的规定。澳新基本参考了欧盟全营养配方食品的下限要求，但是由于其市售产品主要为进口，对部分营养成分的上限未作规定。

对于特定全营养配方食品，中国、欧洲、澳新均允许根据特定医学状况对一种或几种营养素的水平进行调整，并需要提供充足的科学性和安全性证据。中国还要求对特定全营养配方食品需要经过临床实验证实才可申报注册。中国台湾对特定全营养配方食品所使用的营养强化剂种类、使用范围及用量进行了豁免，并要求提交充足的科学证据证明安全性，并通过专家委员审查批准。

对非全营养配方食品，中国仅对主要技术指标进行了要求，欧盟还要求所含维生素和矿物质的最高水平不应该超出全营养配方食品相应营养成分的规定，但可以根据产品的使用目的对其中一个或多个营养素进行调整。

综上所述，各个国家、组织和地区对特殊医学用途配方食品管理的原则基本一致，但基于自身的实际监管特点和市场实际情况有所不同。由于特殊医学用途配方食品在中国大陆地区属于新的食品品类，相对于其他国家和地区，我国对其建立了更高更严格的监管和准入要求，这有利于我国特殊医学用途配方食品在初期阶段规范管理，为特殊医学用途配方食品的发展创造良好的市场环境。

执笔人：韩军花　冯　冰

第三篇
保健食品

第一章 概 述

随着社会经济的发展，消费者对生活质量和健康的追求越来越高，保健意识不断增强，加之我国传统保健养生的观念，具有调节人体机能、降低疾病风险作用的这类特殊食品——保健食品得到了消费者的广泛关注，也推动了保健食品行业在中国的不断发展壮大。

20世纪80年代中期保健食品产业开始兴起，当时原卫生部是以新资源食品进行管理。但发展之初，由于缺乏相应的法规、标准的管理，市场比较混乱，严重影响了我国保健食品的形象，行业很快遭遇信誉危机，同时也反映出我国保健食品当前监督管理存在诸多困难和根源问题。

为了规范保健食品的市场、提升产品质量、满足消费者需求，国家出台了一系列有关保健食品的管理规定。1995年《食品卫生法》确定了保健食品在我国的法律地位，原卫生部负责保健食品产品注册和生产经营的监督管理，先后制定了《保健食品管理办法》《保健食品良好生产规范》《保健食品检验与评价技术规范》等一系列规章及技术规范。保健食品注册和卫生监督职能分别于2003年和2008年移交原国家食品药品监督管理局后，又先后制定了《保健食品注册管理办法（试行）》《保健食品现场核查规定》《保健食品生产经营企业现场监督检查指南》等法规，构建了保健食品监管的法律框架。2009年《食品安全法》及其实施条例明确了食品药品监督管理部门对保健食品实行严格监管。2015年新修订的《食品安全法》确定了将保健食品纳入特殊食品继续实施严格管理，并对产品、生产、广告等监管措施进行了确定。

随着一系列监督管理措施的出台，我国保健食品产业得到了较快发展，生产和消费都呈现出快速增加的趋势。据统计，截至2015年底，我国已批准的保健食品共15000余个。保健食品生产企业2000多家，从业人员600多万人，产值超过3000亿元，保健食品行业已成为国民经济的重要组成部分。

同样，国际及其他国家关于保健食品、健康食品、膳食补充剂等也在近年来得到了长足发展。国际食品法典委员会（CAC）、美国、欧盟、日本等国家和地区也相继出台法规或管理措施，对此类产品实施规范化管理。

本篇中，将系统介绍我国保健食品的法规标准现况、国外的有关法规等内容，以期为今后法规的进一步完善提供依据。

执笔人：郭海峰　韩军花

第二章　中国保健食品法规标准

第一节　中国保健食品管理概况

随着我国保健食品市场的扩大以及法律法规的不断完善，我国的保健食品管理工作已经逐步形成了包括原料与功能声称管理、产品注册、生产经营许可、良好生产规范审查等在内的一整套监督管理制度体系。

一、原料管理制度

保健食品原料管理制度，是指通过制定和发布相关管理规定以及可用于保健食品的物品名单、保健食品禁用物品名单，规范保健食品原料使用的行政管理措施。保健食品原料涉及农、林、渔、食品、药品、化工等行业及原料。

为规范原料的使用和安全评价，2002年原卫生部《关于进一步规范保健食品原料管理的通知》，规定了既是食品又是药品的物品名单（87个）、可用于保健食品的物品名单（114个）和保健食品禁用物品名单（59个），制定了原料使用的技术要求，并对新原料、食品添加剂、真菌/益生菌、国家保护动植物的使用以及不同名单原料使用的个数和总数提出了具体要求。在不同监管时期，主管部门还针对具体原料及加工工艺要求，制定了与原料来源、品种、用量、质量规格、配伍、工艺、生产、种植条件以及安全评价相关的具体规定，并沿用至今。

2015年《食品安全法》明确规定，保健食品原料目录，由国务院食品药品监督管理部门会同国务院卫生行政部门、国家中医药管理部门制定、调整并公布。

二、功能管理制度

保健功能管理制度，是指通过制定和发布保健功能范围以及对应保健功能评价检验程序和方法，规范保健食品功能声称的行政管理措施。

1995年《食品卫生法》明确规定，表明具有特定保健功能的食品，不得有害于人体健康，其产品说明书内容必须真实，该产品的功能和成分必须与说明书相一致，不得有虚假。原卫生部分别于1996年、1997年、2000年、2003年通过发布《保健食品功能学评价程序和检验方法》《关于调整保健食品功能受理和审批范围的通知》《保健食品检验与评价技术规范》等，发布和调整保健功能范围及相关评价程序和方法，2003年调整公布的27项保健功能范围沿用至今。

2015年《食品安全法》明确规定，保健食品原料目录和允许保健食品声称的保健功能目录，由国务院食品药品监督管理部门会同国务院卫生行政部门、国家中医药管理部门制定、调整并公布。

三、注册管理制度

保健食品注册制度，是指根据申请人申请，依照法定程序、条件和要求，对申请注册的保健食品的安全、功能声称等相关申请材料进行技术评价，并依据技术评价结论决定是否准予其注册的行政管理措施。获得批准注册的保健食品应在上市销售的产品包装标签上打印保健食品标志，以区别于普通食品。现行的保健食品注册包括新产品注册、变更注册、技术转让注册以及再注册。注册管理中又将保健食品分为国产保健食品和进口保健食品。进口保健食品应当是在境外生产销售一年以上的产品。

2015 年《食品安全法》明确规定，对保健食品实施注册与备案分类管理制度，对使用保健食品原料目录以外原料的保健食品和首次进口的保健食品实行注册管理，对使用的原料已经列入保健食品原料目录的保健食品和首次进口的保健食品中属于补充维生素、矿物质等营养物质的保健食品实行备案管理。

目前我国已注册批准产品中复方产品约占 85% 以上。硬胶囊剂、片剂、口服液和软胶囊剂等特殊形态产品约占 95%，普通食品形态约占 5%。以补充维生素和矿物质为主的营养素补充剂产品约占 20%。

四、生产经营许可制度

保健食品生产经营许可制度，是指省级食品药品监督管理部门按照《食品卫生法》《食品安全法》的相关规定，根据保健食品生产经营企业申请，依照法定程序、条件和要求，对申请生产经营保健食品企业的人员、场所、原料、生产过程、成品贮存与运输以及管理制度进行审查，并决定是否准予其生产经营的行政管理措施。

由于此前保健食品生产经营许可相关法规不完善，各地生产经营许可管理模式不统一、审查标准不一致、审查内容也存在差异。2015 年《食品安全法》实施后，国家食品药品监督管理总局公布了《食品生产许可管理办法》和《食品经营许可管理办法》，已经明确将保健食品生产经营纳入整个食品生产经营许可的管理范畴。

截至 2014 年底，全国共有保健食品生产企业 2587 家，生产的保健食品数量达5900 多个。

五、良好生产规范（GMP）审查制度

GMP 审查制度，是指监管部门为规范保健食品的生产行为，对保健食品生产企业的从业人员、厂房设计与生产设施、原料、生产过程、成品贮存与运输以及品质和卫生管理等 7 大方面，约 90 个项目是否符合 GMP 的要求进行审核查验的强制性行政管理措施。2003 年，原卫生部发布《关于印发保健食品良好生产规范审查方法与评价准则的通知》，要求将 GMP 审查作为保健食品生产企业食品卫生许可的前置条件。

六、标识管理制度

保健食品标识管理制度，是指监督管理部门对保健食品标签、说明书以及标志使用的行政管理措施。

1996 年原卫生部制定发布的《保健食品管理办法》和《保健食品标识规定》对保健食品的标识管理提出了具体要求。主要内容包括：产品名称、标志、批准文号、包装、标签、说明书、生产企业信息、执行标准、特殊标识内容等。

关于保健食品名称中明示或者暗示保健功能问题，国家食品药品监督管理总局发布了《关于进一步规范保健食品命名有关事项的公告》，明确不再批准以含有表述产品功能相关文字命名的保健食品。

七、广告审查管理制度

2005 年，原国家食品药品监督管理局根据《国务院对确需保留的行政审批项目设定行政许可的决定》制定了《保健食品广告审查暂行规定》。《食品安全法》和《广告法》从法律层面进一步明确了保健食品广告在发布前必须经过审查批准方可发布。2015 年，国家食品药品监督管理总局印发了《关于进一步加强药品医疗器械保健食品广告审查监管办法的通知》，对严格保健食品广告审批提出了明确要求。

执笔人：郭海峰　黄建生

第二节　《食品安全国家标准　保健食品》
（GB 16740 – 2014）

一、背景

我国《保健（功能）食品通用标准》（GB 16740 – 1997）从 1997 年 5 月 1 日起实施，标准颁布实施后对于整顿、规范保健食品生产、加强监督管理、维护生产企业的合法权益、保护和促进消费者的健康发挥了重要作用。但是，随着保健食品行业的发展，近年来该标准在实施过程中，逐渐暴露出一些问题，例如限量要求中保健食品剂型分类不全面、不具体，剂型无明确定义等。此外，联合国粮农组织（FAO）和世界卫生组织（WHO）食品添加剂联合专家委员会（JECFA）对部分污染物的安全性做出了新的评估。

为了使该标准能够更好地适应法律法规的变化，充分保护消费者健康，更好地适应我国保健食品生产使用及监管的实际情况，国家卫生和计划生育委员会（原卫生部）于 2012 年启动了 GB 16740 – 1997 的修订工作。修订后的《食品安全国家标准　保健食品》（GB 16740 – 2014）已于 2015 年 5 月 24 日正式实施。

二、标准主要内容

《食品安全国家标准　保健食品》（GB 16740 – 2014）主要包括范围、术语和定义、技术要求、其他等四部分内容组成。其中范围部分规定适用于各类保健食品，术语和定义部分给出了保健食品的定义，即保健食品是指声称并具有特定保健功能或者以补充维生素、矿物质为目的的食品。即适用于特定人群食用，具有调节机体功能，不以治疗疾病为目的，并且对人体不产生任何急性、亚急性或慢性危害的食品。该定义与我国保健食品注册管理办法的叙述一致。

以下将主要阐述该标准的技术要求。

（一）保健食品的原料和辅料要求

保健食品的配方包括原料和辅料。原料和辅料的品种、质量安全要求等应当符合相应的食品安全标准和相关规定。

根据 2015 年《食品安全法》的规定，保健食品原料目录和允许保健食品声称的保健功能目录，由国务院食品药品监督管理部门会同国务院卫生行政部门、国家中医药管理部门制定、调整并公布。保健食品原料目录应当包括原料名称、用量及其对应的功效；列入保健食品原料目录的原料只能用于保健食品生产，不得用于其他食品生产。

（二）安全指标

保健食品的安全指标包括污染物限量、真菌毒素限量和微生物限量。

1. 污染物限量

保健食品的污染物限量应符合 GB 2762 中相应类属食品的规定，无相应类属食品的应符合表 122 的规定。

表 122　污染物限量

项目	指标	检验方法
铅[a]（Pb）/（mg/kg）	2.0	GB 5009.12
总砷[b]（As）/（mg/kg）	1.0	GB/T 5009.11
总汞[c]（Hg）/（mg/kg）	0.3	GB/T 5009.17
[a]袋泡茶剂的铅≤5.0mg/kg；液态产品的铅≤0.5mg/kg；婴幼儿固态或半固态保健食品的铅≤0.3mg/kg；婴幼儿液态保健食品的铅≤0.02mg/kg。 [b]液态产品的总砷≤0.3mg/kg；婴幼儿保健食品的总砷≤0.3mg/kg。 [c]液态产品（婴幼儿保健食品除外）不测总汞；婴幼儿保健食品的总汞≤0.02mg/kg。		

保健食品中污染物限量以可食用部分计算。以软胶囊为例，若食用方法没有标明刺破食用，则以整粒胶囊计；若食用方法标明为刺破食用，则只以内容物计，不计胶囊皮的污染物含量。若标明既可以刺破食用又可以整粒吞服，则分别按照上述两种方式计。袋泡茶以茶包内容物计。

污染物限量中的类属食品是指 GB 2762 中的相应食品类别，例如酸奶、乳粉、饼干、酒、饮料、糖果、蛋白粉、咖啡等。

泡腾片参照固体饮料执行。粉剂、颗粒剂若以冲调方式食用，则参照固体饮料执行，反之按照表 122 执行，有其他标准或规定的除外。

非普通食品形态的保健食品，不论其内容物是否为普通食品原料，均按照表 122 执行，例如，胶囊、片剂、丸剂、膏剂等。内容物为磷虾油制成的胶囊，人参（人工种植）制成的含片等均按照表 122 执行。膏剂等半固态保健食品参照固态保健食品的规定执行。

（1）本标准的袋泡茶剂是指以茶和/或其他植物为原料，用过滤材料包装而成的保健食品，其铅的含量≤5.0mg/kg。

（2）液态保健食品是指产品状态为非固态和非半固态的产品，可分为口服液、饮料、饮液、浓缩液等。饮料和饮液参照 GB 2762 中饮料类污染物限量执行。口服液、浓缩液按照表122 的规定执行。

（3）本标准的婴幼儿是指 36 月龄及以下的人群。有类属食品的婴幼儿保健食品的污染物限量应符合 GB 2762 中相应类属食品的规定，无相应类属食品的应符合表 122 的规定。

婴幼儿保健食品是指适宜人群包括婴幼儿的保健食品。

2. 真菌毒素限量

真菌毒素限量应符合 GB 2761 中相应类属食品的规定和（或）有关规定。这里的类属食品是指 GB 2761 中的相应食品类别。有关规定是指国家食品药品监督管理总局等相关部门出台的针对保健食品原辅料中真菌毒素限量的规定，例如《保健食品检验与评价技术规范》（2003 年版）中规定山楂类原料中展青霉素的测定、《关于以红曲等为原料保健食品产品申报与审评有关事项的通知》（国食药监许〔2010〕2 号）中规定以红曲为原料的保健食品要测定原料红曲的桔青霉素。

3. 微生物限量

微生物限量应符合 GB 29921 中相应类属食品和相应类属食品的食品安全国家标准的规定，无相应类属食品规定的应符合表 123 的规定。这里的类属食品是指 GB 29921 中的相应食品类别，以及相应食品安全国家产品标准中的食品类别。

类属产品的微生物限量及其采样方案均参照 GB 29921 和相应类属产品标准的微生物限量要求执行，无相应类属产品的保健食品按照本标准执行。

表 123　微生物限量

项目	采样方案[a]及限量		检验方法
	液态产品	固态或半固态产品	
菌落总数[b]/（CFU/g 或 ml）≤	10^3	3×10^4	GB 4789.2
大肠菌群（MPN/g 或 ml）≤	0.43	0.92	GB 4789.3 MPN 计数法
霉菌和酵母（CFU/g 或 ml）≤	50		GB 4789.15
金黄色葡萄球菌≤	0/25g		GB 4789.10
沙门氏菌≤	0/25g		GB 4789.4

[a] 样品的采样及处理按 GB 4789.1 执行。
[b] 不适用于终产品含有活性菌种（好氧和兼性厌氧益生菌）的产品。

（三）食品添加剂和营养强化剂

保健食品中食品添加剂的使用应符合 GB 2760 的规定。虽然目前 GB 2760 没有保健食品的分类，但原卫生部（现国家卫生和计划生育委员会）关于保健食品中使用食品添加剂问题的复函（卫监督函〔2011〕110 号）中指出：①根据《食品安全法》及其实施条例的规定，保健食品中使用食品添加剂应当符合相关标准规定。考虑到保健食品监管的特殊性，对已批准的保健食品，其使用的食品添加剂可按照保健食品批准证书中的有关要求执行。②对新申报的保健食品，其食品添加剂应当符合《食品安全国家标准　食品添加剂使用标准》（GB 2760）的规定。属于食品添加剂新品种的，应当按照《食品添加剂新品种管理办法》执行。

保健食品营养强化剂的使用应符合 GB 14880 和《保健食品原料目录（一）》等有关规定。使用 GB 14880 和《保健食品原料目录（一）》以外的物品，应按照相关规定进行申报。

在具体实施中，具有普通食品形态的保健食品可按照 GB 2760 和 GB 14880 中相应类属食品的规定使用食品添加剂和营养强化剂，例如饮料类保健食品中使用食品添加剂和营养强化剂可以参照饮料类的规定执行。

胶囊、片剂、丸剂、膏剂等非普通食品形态的保健食品按照相关规定执行。

（四）其他规定

1. 理化指标

本标准中的理化指标是指与食品安全相关的质量要求，2015 年《食品安全法》第二十六条第六款规定，与食品安全有关的质量要求也属于食品安全标准的内容，如乳粉中的水分指标。

根据 GB 16740 - 2014 的规定，保健食品的理化指标应符合相应类属食品的食品安全国家标准的规定，比如，食醋的总酸指标等。GB 16740 - 2014 未涉及的按照相关规定执行。

2. 感官要求

根据《食品安全国家标准　工作程序手册》中食品安全国家标准（食品产品）模板及《关于印发保健食品注册申报资料项目要求补充规定的通知》（国食药监许〔2011〕24 号），对保健食品的感官要求进行了示范性的描述。保健食品的内容物、包衣或囊皮具有该产品应有的色泽，具有该产品应有的滋味和气味，无异味，内容物具有该产品应有的状态，无正常视力可见外来异物。在实施中应该根据产品的具体感官进行详细的描述。

感官要求的检验方法为取适量试样置 50ml 烧杯或白色瓷盘中，在自然光下观察色泽和状态。嗅其气味，用温开水漱口，品其滋味。

3. 标签标识

保健食品的标签标识应符合有关规定。2015 年《食品安全法》第六十七条规定，食品安全国家标准对标签标注事项另有规定的，从其规定。

根据食品安全国家标准《预包装食品标签通则》（GB 7718 - 2011）第 5 条规定，按国家相关规定需要特殊审批的食品，其标签标识按照相关规定执行，如《保健食品注册与备案管理办法》中关于标签标识的规定。

（五）其他

保健食品的质量控制要求包括但不仅限于 GB 16740 - 2014 的规定。保健食品的功效成分/标志性成分、功能声称、净含量及允许负偏差（装量差异或重量差异）、包装材料等，应符合相关法规标准的规定。

三、与保健食品相关的其他标准

保健食品的生产、销售、检验等需要符合一系列有关的标准。首先，保健食品的生产经营要符合食品生产通用卫生规范（GB 14881）、保健食品良好生产规范（GB 17405）、食品经营过程卫生规范（GB 31621）等相关标准。其次，保健食品的原料使用要符合食品添加剂使用标准（GB 2760）及质量规格标准、食品营养强化剂使用标准（GB 14880）及质量规格标准等标准。保健食品的产品质量要符合 GB 16740、类属食品的产品标准、通用标准，比如食品中污染物限量标准（GB 2762）、食品中真菌毒素限量标准（GB 2761）、食品中微生物限量标准（GB 29921）、食品中农药最大残留限量标准（GB 2763）等。保健食品的检验方法多引用食品理化检验方法（GB 5009 或 GB/T 5009 等系列标准）、食品微生物检验（GB 4789 等系列标准）；还有一些检验方法是专门用于保健食品的检验，比如《食品安全国家标准　保健食品中 α - 亚麻酸、二十碳五烯酸、二十二碳五烯酸和二十二碳六烯酸的测定》（GB 28404 – 2012）等。此外，SN/T、NY/T 等系列标准、《保健食品检验与评价技术规范》《中华人民共和国药典》、企业标准、文献、书籍（如《保健食品功效成分检测方法》）中规定的一些检验方法也可参照执行。保健食品的接触材料及制品应符合食品安全国家标准和相关标准规定等。

执笔人：赵　耀　李春雨　贾海先

第三章 国际食品法典委员会相关标准/指南

第一节 概　　述

在国际食品法典委员会（CAC）中没有保健食品的定义和范围，但根据我国对保健食品的定义和功能类别，在 CAC 中有与保健食品类似的通用标准和产品标准，主要包括维生素和矿物质食物补充剂指南（CAC/GL 55）、预包装特殊膳食用食品标签和声称通用标签（CODEX STAN 146）、营养和健康声称使用准则（CAC/GL 23）、控制体重用配方食品法典标准（CODEX STAN 181），分别对维生素、矿物质、标签、声称及控制体重用配方食品进行了规定。另外，该类食品也要符合 CAC 中相关通用标准的规定。

第二节 维生素和矿物质食物补充剂指南（CAC/GL 55）

CAC/GL 55 对维生素和矿物质食物补充剂给出了食用建议，鼓励人们在食用维生素和矿物质补充剂之前，应保持平衡膳食。本指南中维生素和矿物质食物补充剂是指以单一或混合的浓缩营养素形式存在，在市场上以可测定的小单位量（small - unit quantities）的胶囊、片剂、粉剂或液态产品等多种形式出售，以非传统食物摄入的方式食用，其目的在于补充正常饮食中的维生素和/或矿物质。该食用建议与定义均与我国保健食品定义中的"以补充维生素、矿物质为目的的食品"相一致，这也是我国进口保健食品的主要形式。

一、维生素和矿物质的选择

CAC/GL 55 规定维生素和矿物质食物补充剂应含有维生素/维生素原和矿物质，其来源可以是天然的或者是合成的，并应基于对安全性和生物利用率的考虑来选择。另外，其纯度标准应该参考 FAO/WHO 标准，如果 FAO/WHO 标准无相关规定，应参考国际药典或公认的国际标准。在无相关标准来源的情况下，可采用本国法规。

维生素和矿物质食物补充剂可以含有符合本指南的全部维生素和矿物质，也可含有单一维生素和/或矿物质，或者适当组合的维生素和/或矿物质。

二、维生素、矿物质含量

CAC/GL 55 规定，由生产厂家建议的每种维生素和/或矿物质的最低日食用量，应该占 FAO/WHO 推荐的日摄入量的 15%，而最高日消费量的制定既要考虑人群的维生素和矿物质的安全上限值，也要考虑每日从其他膳食来源获得的维生素和矿物质的量。

在确定最高水平后，还要适当考虑人群的维生素和矿物质的参考摄入值，并规定不应仅根据推荐的营养素摄入量（例如：人群参考摄入量或推荐的每日供给量）来确定日摄入量的最高水平。

三、包装

应采用可以保证食品卫生和质量的容器包装，若 CAC 已经制定了用作包装材料的物质的标准，则应遵循该标准。

四、标签标识

维生素和矿物质食物补充剂的标签应首先符合预包装食品标识通用标准（CODEX STAN 1）和产品声称通用准则（CAC/GL 1）中的相关规定，标签或标识上的表述或说明，不得采取虚假、误导或欺骗的方式，或可能对其任何一点特性产生错误认识；任何预包装食品标签或标识上的表述或说明，均不得以直接或间接暗示性的语言、图形、符号等其他图案，导致消费者将购买的食品与其他类似产品混淆。预包装食品的强制性标识内容包括产品名称、配料清单、净含量和沥干物重量、名称和地址、原产国、批次识别、日期标识和贮藏说明、使用说明等内容；不得声称可用于预防、减轻、治疗或治愈某种疾病、机能失调或生理状况。

CAC/GL 55 规定产品名称应为"食物补充剂"，并视具体情况指明产品中营养素的类别或指明各个维生素和/或矿物质的类别，同时要求以数字形式在标签上表示含量。标签中应声明推荐每日食用的每份产品中维生素和矿物质的量，如有不同，可同时标识单次使用的单位量，并标明使用方法（用量、次数、特殊情况）。

同时需要标明"日食用量不要超过一日最大食用量的提示"、"该产品应放在幼儿接触不到的地方"的说明，并且不应陈述或暗示补充剂可以用作代餐或其他不同饮食的替代物。

第三节　控制体重用配方食品法典标准（CODEX STAN 181）

CODEX STAN 181 规定，控制体重用配方食品是指作为"即食"食品或按照用途制备的食品，全部或部分替代日常饮食，该标准不适用于控制能量的和传统食品形式的预包装食品。该类食品是配方食品，包括降低卡路里含量的食品，如低蔗糖和/或脂肪、无糖或脱脂，或者替代品等，这与我国具有减肥功能的保健食品并非一类食品，但由于具有一定功能，也放在本章节阐述。

一、能量和营养素

当全部替代日常饮食时，该类食品应提供不低于 800kcal（3350kJ）和不超过 1200kcal（5020kJ）的能量，部分替代时每餐所提供的能量应不低于 200kcal（835kJ）

和不高于 400kcal（1670kJ），当产品作为替代饮食的主要部分时，总能量摄入水平应不超过 1200kcal（5020kJ）。

从本类食品中获得的能量，应有 25% ~ 50% 来源于蛋白质（总量不应超过每日 125g），来源于脂肪的能量不应超过总能量的 30%（亚油酸的能量不应低于 3%）。替代日常饮食的本类食品至少符合本标准中列出的全部维生素和矿物质及其每日摄入量的要求，也可包括其他未列出的必需营养素。部分替代日常饮食时，维生素和矿物质的量应降低到本标准中规定的量以下。

二、原料和添加剂

本类食品由动物蛋白质和/或已被证明适合人类食用的植物蛋白质和其他符合本规定要求的配料制备而成；应使用 JECFA 允许使用的食品添加剂，用量不超过其每日允许摄入量。

三、污染物与微生物

本类食品应按照 GMP 要求进行制备，使原材料或终产品配料的生产、贮存或加工过程中所使用的杀虫剂无残留，如技术上不可避免有残留，则残留量应尽可能降低。产品应无激素、抗生素和其他污染物残留，特别是药理活性物质。

本类食品应无致病性微生物，不应含有任何可能达到危害健康水平的微生物及其代谢产物。

四、包装及填充

产品应包装在能保证食品卫生和质量的容器中，液态产品应进行热加工，包装在密封容器中以确保无菌；氮气和二氧化碳可用作包装介质。

重量低于 150g（5 oz）的即食产品填充量不低于容器水容量的 80%（v/v），重量在 150 ~ 250g（5 ~ 8 oz）的不低于容器水容量的 85%（v/v），重量高于 250g（8 oz）的不低于容器水容量的 90%（v/v）。

五、标签标识的特别规定

本类食品的名称应为"控制体重用的替代餐"。标签上不得提及食用该食品后减肥的比率或重量，或者降低饥饿感或提高饱腹感的内容；如果食品提供的糖醇的每日摄入量超过 20g，标签上应注明该食品可能有致泻作用；应标注食用控制体重配方食品时，维持足够的每日液体摄入量的重要性；应注明该食品作为控制能量饮食的一部分对控制体重可能是有效的。对于完全替代每日各餐的产品，标签上应标注明确的提示语，即如连续食用该食品超过六周，应遵医嘱。

第四节　营养和保健声称使用准则（CAC/GL 23）

虽然 CAC 没有保健食品这一类别，CAC/GL 23 却规定了具有保健功能声称的内容，作为 CAC/GL 1 的补充。保健声称是指声称、暗指或暗示某个食品或成分与健康之间存在某种关联的任何表述，包括营养素功能声称、其他功能声称和降低疾病风险声称。

营养素功能声称指描述营养素在人体生长、发育和正常功能方面所具有的生理作用的声称。例如："营养素 A（指出营养素 A 在维持人体健康及促进生长发育方面的生理作用）。食品 X 可补充营养素 A 或含大量营养素 A。"

其他功能声称是指在总体膳食中摄入某些食品或其成分在人体正常功能或生物活动方面的特定有益效果。这种声称涉及对健康的积极作用、增强人体某种功能，或者改善或维持健康。例如："物质 A（指出物质 A 具有改善某种与健康相关的生理功能或生物活动的作用）。食品 Y 含有 X 克的物质 A。"

降低疾病风险声称是指声称总体膳食中摄入某些食品或其成分与降低某种疾病发病率风险或降低某种健康状况发生率风险之间存在关联。风险降低意味着显著改变出现某种疾病或健康状况的主要风险因素。疾病存在多种风险因素，改变其中一种可能会、也可能不会产生有利作用。降低风险声称的表述须采用恰当的用语、提及其他风险因素等方式确保消费者不会将这些声称理解为疾病预防声称。例如："营养素或物质 A 摄入量低的健康膳食可降低疾病 D 的风险。食品 X 的营养素或物质 A 含量低。"

本准则规定保健声称应与国家健康政策保持一致，包括营养政策，并支持相应政策。保健声称应有足够的良好科学证据支持，提供真实且不会引起误解的信息，帮助消费者选择健康饮食，同时应开展针对性的消费者教育。一般应由主管部门来监督保健声称对消费者饮食习惯和膳食模式的影响。禁止使用可用于预防、减轻、治疗或治愈某种疾病、机能失调或生理状况的声称。

第五节　其　　他

CAC 中与功能食品相关的除以上标准外，还有一些通用标准，主要包括添加剂使用、营养素添加、标签等方面的通用标准。

与食品添加剂相关的法典标准包括：食品添加剂通用法典标准（GSFA，CODEX STAN 192）、香料使用准则、用作加工助剂物质的准则等。CODEX STAN 192 是较为重要的通用标准，对近 400 种食品添加剂的使用范围和使用量进行了规定，附录 B 食品分类系统中，控制体重用配方食品的食品类别号是 13.4，特殊膳食食品（如特殊膳食用补充食品）13.5，食品补充剂 13.6，通过查询附录 C 表 1 "在特定条件下允许在特定食品类别或具体食品中使用的添加剂"和表 2 "食品添加剂允许使用的食品类别或具体食品对应的食品类别"来确认可使用的食品添加剂。

食品中添加必需营养素的通用原则（CAC/GL 09）规定了为复原、营养等价、强化及特殊用途食品添加营养素的要求和原则，包含所有人为添加必需营养素的食品，要考虑添加目的、其他来源摄入的营养素总量、无副作用、保持稳定性、生物可利用性、不影响食品特征、工艺和加工设备要符合要求、不应以食品的营养价值误导或欺骗消费者、增加的费用对消费者的合理性、具备检测方法等方面来确定是否增加相应的营养素。

上述提及的 CODEX STAN 1 对食品包装上的食品名称、配料表、净含量、生产商名称和地址、原产国、批次、日期和贮存条件、使用条件等进行了规定，营养标签准则（CAC/GL 2）和 CAC/GL 23 对标签上营养素含量标识、含量声称、比较声称、功能声称进行了规定。同时，CAC/GL 1 对禁止的声称、可能产生误导的声称以及某些条件下可使用的声称进行了原则性的规定。

CAC 对食品中微生物的控制主要采取过程控制的方式，而非制定终产品的限量标准，对于保健食品没有特别规定。

与污染物相关的限量标准只有食品和饲料中污染物和毒素通用标准（CODEX STAN 193）。该标准规定了制定食品中污染物最大限量的原则、风险管理决策的程序，以及针对污染物的食品分类体系。

执笔人：王　岗

第四章　美国膳食补充剂法规

第一节　法规现状

一、概述

我国的保健食品在美国没有可完全对应的单一产品类别，美国绝大部分保健食品可划为膳食补充剂或是含有功能声称的普通食品进行管理。膳食补充剂和食品功能声称在美国的管理均属于食品管理的范畴，两者有各自的法规体系并且相互交叉。主管部门为美国食品药品管理局（FDA）。

根据美国 1994 年颁布的《膳食补充剂健康与教育法案》（DSHEA）的定义，膳食补充剂是一种旨在补充膳食的产品（非烟草），它可能含有一种或多种膳食成分：如维生素、矿物质、草本植物（草药）或其他植物（如木本植物）、氨基酸，或以上成分的浓缩品、代谢物、成分、提取物或组合产品等。膳食补充剂允许的剂型包括片剂、胶囊、粉末、软胶囊或液体。作为传统食品的产品（如巧克力糕饼、麦片和苏打水）可含食品添加剂和/或被公认为安全的物质（Generally Recognized as Safe，GRAS），但不得作为膳食补充剂在市面上销售。功能饮料既作为饮料（传统食品）又作为液态膳食补充剂在市面上销售。同时 DSHEA 允许膳食补充剂使用一些药品成分，如已获批准或发证的新药、抗生素、生物制品等，前提是这些物质在获得相关批准、认证、发证前已经作为膳食补充剂或食品上市；但如在相关批准或认证前尚未作为膳食补充剂或食品上市，则不可用于膳食补充剂。

膳食补充剂的核心管理法规为 DSHEA，其配套联邦法规包括《21CFR 190.6 膳食补充剂新原料上市前备案要求》《21CFR 101.93 膳食补充剂特定声明类别》等。

食品功能声称包括健康声称以及结构/功能声称。其中，健康声称的主要法规包括：《营养标签和教育法案》《21CFR 101.14 健康声称基本要求》、合格健康声称的过渡性程序、健康声称相关行业指南、《FDA 现代化法案》等。结构/功能声称的主要法规包括：DSHEA、《21CFR 101.93 膳食补充剂特定声明类别》等。

美国膳食补充剂产品及带功能声称食品的管理方式包括注册审批、备案以及自行合规（不需要注册或备案）。划分依据既涉及原料的使用历史及安全性，也涉及功能声称。对于大部分的膳食补充剂产品，上市不需要进行注册/备案。涉及注册/备案管理要求的情况包括：健康声称（包括合格健康声称）上市前注册审批；新膳食成分（NDI）上市前备案；带结构/功能声称的膳食补充剂上市备案等。

二、健康声称的注册管理

美国国会认为，假如允许食品和膳食补充剂使用健康声称的同时不需要上市前审查，将会带来多方面问题，如：消费者将被迫自行评估和判断这些声称的有效性和真实性，从而背负巨大的负担；膳食补充剂将在与药品的市场竞争中占有巨大优势，导致不公平。因此，国会通过《营养标签和教育法案》时授权 FDA 对健康声称进行审批，并且不允许在食品（包括膳食补充剂）中使用疾病预防和治疗的声称。

FDA 审批健康声称时主要审查食品/成分与健康声称之间的关系，并判断相关科学依据是否符合"科学显著一致性"的标准，即：基于所有的公开信息（包括设计良好、符合公认的科学程序和原则的研究所提供的证据），在经过科学训练、拥有科学经验、有资格评估此类声称的专家中存在着相当普遍的共识，且该声明得到此类证据的支持。

在 FDA 陆续审批健康声称的过程中，有申请者因不满 FDA 未批准其申请而向法院提出了起诉。法院最终裁定，FDA 不能拒绝它认为可能会误导公众的健康声称；FDA 需澄清审批健康声称时采用的"科学显著一致性"标准。随后，FDA 于 2003 年开放针对科学依据尚未达到"科学显著一致性"标准的合格健康声称审批，并颁布了相关的过渡性程序。

"科学显著一致性"标准目前收录在《行业指南：基于证据的用于科学评估健康声明的审查系统（终稿）》。该指南也详细解释了评估健康声称科学证据的程序，"科学显著一致性"标准的具体含义以及支持合格健康声称的可靠科学依据。基本程序包括：①认定可用于评估物质与疾病关系的研究；②确定疾病风险替代终点指标；③评估人体研究以确定能否得出物质与疾病关系的结论；④评估每项人体研究的质量；⑤评估科学证据的整体性；⑥评估科学显著一致性；⑦允许用于合格健康声称的语言特征；⑧现有健康声称或合格健康声称的重新评估。

此前，《FDA 现代化法案》于 1997 年开辟了建立健康声称的第二途径，即基于美国政府的特定科学团体或国立科学院的官方声明而建立健康声称。

三、新膳食成分（NDI）实施备案管理

尽管 FDA 对备案 NDI 的安全性不负责，但在 NDI 备案过程中仍会对安全性信息进行判断和审核。陆续有企业就 NDI 提交备案资料，其中相当一部分被 FDA 拒绝。

NDI 备案中的核心问题包括判断原料是否属于 NDI。目前美国并未建立官方的"已用于膳食补充剂的原料清单"，尽管有行业协会发布过类似的清单，但这些清单并未获得 FDA 确认。产品的生产商/经销商需要自行判断产品原料是否符合 NDI 备案的要求。

DSHEA 规定，企业也可向 FDA 提出正式申请，对所使用的原料是否为 NDI 及其使用的安全性做出判断，FDA 需在 180 天内依据相关资料给出结论。但目前未见相关申请。

美国《现代化法案》提出 FDA 需发布一份指南来具体澄清：怎样的膳食补充剂原料属于 NDI，在何种情况下生产商或经销商应提供 NDI 安全性信息。尽管 FDA 于 2011 年 7 月提出了 NDI 行业指南的草案，但由于各方存在巨大争议，尚未被国会接受，并被要求进行修改。FDA 发言人在 2014 年 12 月份表示，NDI 指南草案仍在修改过程中，尚没有明确的发布日期。

表 124 总结了美国膳食补充剂及其功能声称的主要管理部门。

表 124 主要管理部门一览表

名称	职能范围	主要职责
FDA	原料、产品安全；标签标识；投诉处理；不良事件报告调查	负责产品安全和标签上的声明，包括包装和其他相关材料的管理。监管的实施：主要依靠现场监督员和消费者对企业的投诉。 FDA 下设有食品安全和应用营养中心（以下简称"CFSAN"），负责对膳食补充剂产品进行监督管理，包括对膳食补充剂制造商和分销商的检查，接收和处理互联网、消费者及其投诉、实验室抽样分析、上报到 FDA 的由于使用膳食补充剂引起的不良反应。
联邦贸易委员会（FTC）	广告宣传	监管大多数消费品（其中包括膳食补充剂）的广告，确保消费者能够得到有关他们所购产品的准确与真实的信息，执法对象是膳食补充剂生产商、经销商、营销公司和零售商。 FTC 采取一个"理性消费者"的视角来确定某一声称是否因误报或忽略了相关信息而具有欺骗性。FTC 制定的证实标准是"适当且可信的科学证据"，并凭借这些证据评估膳食补充剂的安全和效能声明以及传统食品和药品的声称。
膳食补充剂标签委员会	制定声称评估程序；推荐科学的声称	独立机构，委员会成员由总统任命，负责对膳食补充剂的标签声称进行研究，并提出建议，包括使用与膳食补充剂销售相关的文献和声称评估程序，提出推荐时，委员会应评估如何更好地向消费者提供真实的、有科学依据的、无误导性的信息，使消费者在知情情况下能够为其自身和家人作出合理的保健选择。
膳食补充剂办公室	膳食补充剂的科学研究	国家卫生研究院（NIH）下属部门，开展和协调 NIH 与膳食补充剂相关的科学研究，以及在何种程度上使用膳食补充剂可以限制或减少疾病的风险；收集和整理与膳食补充剂相关的科学研究成果；向 NIH 主任、疾病控制和预防中心主任以及食品和药品专员提供与膳食补充剂相关问题的建议。
美国农业部（USDA）	有机物声称管理	如膳食补充剂包括有机物质并进行有机物声称，USDA 将根据有机农产品国家认证计划（NOP）对有机物声称进行监管。

第二节 美国膳食补充剂的管理程序

一、基本管理程序

虽然 FDA 或 FTC 在膳食补充剂方面都制定了全面有力的法规，并且拥有足够的执法权力，但是自律在促进膳食补充剂声明的市场监管方面也起着重要作用，不仅令消费者对膳食补充剂产品广告声明的真实性和准确性怀有更大的信心，而且还鼓励行业内部的公平竞争。美国政府希望通过生产企业的自律，消费者及业界的监督，并推动科学教育，对膳食补充剂进行管理。主要管理重点有以下六个方面：

1. 上市前的申报

DSHEA 并未规定的膳食补充剂产品在上市前必须要在 FDA 登记或取得 FDA 的批准（含有新膳食成分的产品，需上市前至少 75 天向 FDA 提出备案申请），生产商负责确保膳食补充剂的安全性。

2. 生产条件监管

DSHEA 授权 FDA 制定膳食补充剂的良好生产规范，2007 年发布现行良好生产规范（cGMP）最终稿，生产商必须按照 cGMP 的要求，在与企业规模相匹配的对应时间要求内执行新规定，确保膳食补充剂的效果、质量、纯度和安全性。

3. 功能声称

允许膳食补充剂生产企业对产品进行声称，健康声称需得到 FDA 的批准，结构/功能声称需在产品上市后告知 FDA（详见后述）。

4. 上市后的监管

FDA 有权在证明产品"有合理理由被认为是不安全的"之后将任何不安全的膳食补充剂产品逐出市场。比如 2004 年，FDA 认定含有麻黄碱的产品为不安全产品，继而行使权力要求将这些产品撤出市场。此外，FDA 强制要求企业呈交不良事件报告（详见后述）。

5. 产品宣传

产品的宣传如书籍、说明手册等要求必须是客观的科学报道。

6. 研究教育

在 NIH 下设立膳食补充剂办公室来推动有关膳食补充剂的学术活动，以探讨膳食补充剂与预防或治疗疾病之间的关系。

二、膳食补充剂的主要管理内容

美国膳食补充剂的管理主要通过对产品成分、声称、标签标识、上市后的监管来对产品的安全性和流通进行管理。

（一）产品原料管理

除了美国草药产品协会（The American Herbal Products Association，AHPA）出版的《商用草药》（Herbs of Commerce）中记载了 1994 年 10 月 15 日之前可使用的草药名录外，其他 1994 年 10 月 15 日之前上市的膳食补充剂并没有权威的膳食成分目录。因此，膳食补充剂生产商或分销商有责任确定一个成分是否是 NDI，如果不是，要提供这个含有 NDI 的膳食补充剂在 1994 年 10 月 15 日之前销售，或者这个膳食成分在这个日期之前有被使用的证明。如果使用 NDI，必须按照 DSHEA 的要求，生产商或分销商应在该成分进入销售渠道之前至少 75 天向 FDA 申请，并提出有力证据证明其是安全的。已批准的 NDI 可以在相关网站查询确认，如已公布，其他企业可以在符合同样标准的前提下直接使用，无须重复申请。

关于营养成分的含量及食用量，目前也并没有明确规定膳食补充剂的服用量和营养成分的含量，但 FDA 在《行业指南：食品标签指南》附录中制定了营养成分的每日参考量（DRVs）和参考每日摄入量（RDIs），帮助消费者理解食品中含有营养素的信息；而膳食补充剂产品中营养素的含量和服用量由制造商确定，无须 FDA 的评价和批准；但制造商需要对产品的安全负责，同时受到产品被消费者认可接受的市场因素的制约。

其他添加进膳食补充剂的成分，例如防腐剂、黏合剂和胶囊材料，受制于 1958 年出台的《食品添加剂修正案》；这些成分必须是经 FDA 许可的食品添加剂或 GRAS，GRAS 需要有科学性依据或者 1958 年 1 月 1 日前已用于食品的事实作为支持。同样，色素添加剂必须得到许可才能用于食品和膳食补充剂中，必须符合 1960 年出台的《色素添加剂修正案》的要求。

（二）声称管理

美国在传统食品和膳食补充剂中允许使用的声称类型分为三类：健康声称（health claims）、营养素含量声称（nutrient content claims）和结构/功能声称（structure/function claims）。

健康声称描述的是一种食品、食品组分（food component）或膳食补充剂成分（dietary supplement ingredient）与降低一种疾病或健康相关状况（health – related condition）的风险之间的关系。健康声称又被分为 NLEA 授权的健康声称（NLEA Authorized Health Claims）、基于权威声明的健康声称（Health Claims Based on Authoritative Statements）以及合格的健康声称（Qualified Health Claims）。

营养素含量声称使用诸如"无（free）、高（high）、低（low）"等术语来描述产品中营养素或膳食物质的水平；或者使用诸如"加量（more）、减量（reduced）、微量（lite）"等术语来比较一种食品与另一种食品的营养素水平。一个准确的数量声明（例如钠200mg）可用于描述营养素的含量，但不可以用于说明其含量水平的高低。然而，诸如"钠仅为200mg"的声明则特指该食品是低钠的，因此，需要符合适当的营养素含量声称的标准，或者带有它符合该声称的公开声明。大多数营养素含量声称规章仅适用于已有确定的每日摄入量（Daily Value，DV）的那些营养素或膳食成分。营养素含量声称的使用要求可以有助于保证诸如"高"或"低"等描述性术语一致性地用于所有类型的食品，从而使消费者不产生迷惑。"有益健康的"（healthy）是一种暗示性的营养素含量声称，当食品中含有"有益健康"水平的总脂肪、饱和脂肪、胆固醇和钠时由法规授权使用。膳食补充剂的百分比声称（percentage claims）是另外一种营养素含量声称。这些声称被用于描述膳食补充剂中膳食成分的百分比水平，如果同时标示有每份中膳食成分的含量声明，该类声称也可用于没有确定 DV 的膳食成分。

在美国，结构/功能声称是比较传统的一类带有解释性的标签说明，可以用于任何传统食品和膳食补充剂。结构/功能声称可以描述预期影响人体正常结构或功能的一种营养素或膳食成分的作用。此外，它们可以特指通过一种营养素或膳食成分来维持此种结构或功能的方法，或者它们可以描述摄入某一营养素或膳食成分带来的总体的健康状态。结构/功能声称还可以描述与营养素缺乏症相关的益处，只要该声明同时说明此种疾病在美国的普遍程度。

表 125 总结了美国在传统食品和膳食补充剂中允许的声称类型。

表 125　美国在传统食品和膳食补充剂中允许的声称类型

健康声称（Health Claim）	营养标签教育法案（NLEA）审定列表公布 其他官方审定的声明 条件健康声称（Qualified Health Claim）

结构/功能声称（Structure/Function Claims）	膳食补充剂教育法案（DSHEA） 1990 年营养标签与教育法（1990 Nutrition Labeling and Education Act，NLEA）
营养素含量声称（Nutrient Content Claims）	1990 年营养标签与教育法（1990 Nutrition Labeling and Education Act，NLEA）

（三）标签管理

膳食补充剂作为食品的一种，像传统食品或其他受 FDA 监管的产品一样，膳食补充剂必须正确标识标签才能在美国境内合法销售，即受限于联邦食品药品及化妆品法案（FDCA）、21 CFR 和 NLEA 的规定，同时《行业指南：食品标签指南》也对标签的具体标识，如字体、位置等作了详细的要求说明。

膳食补充剂与传统食品在标签上的明显区别在于，膳食补充剂标签用补充剂成分表（Supplement Facts）替代传统食品的营养素表（Nutrition Facts），为方便消费者理解，补充剂成分表在格式和布局上与营养素表类似。膳食补充剂的标签必须包括产品名称、内容物净含量、营养标签（包括补充剂成分表）、产品成分一览表以及生产商、包装上或经销商的名称和营业地址。如果膳食补充剂标签上的所有必须信息格式不正确，FDA 可根据 FDCA 的规定认为该产品标识错误。

1. 产品名称与内容物含量

产品名称是产品的常用名或足以描述该产品的一个术语，名称必须包括"膳食补充剂"这个词，其中"膳食"可以用该产品的膳食成分来替代，比如"维生素 D 补充剂"。

内容物净含量体现了包装内膳食补充剂的数量，可表示为重量或度量、数量。产品名称和内容物净含量必须标识在标签的主要展示版面。

2. 营养标签

信息版面紧贴着主要展示版面右侧，体现了有关膳食补充剂所含的成分信息、成分含量信息、营养信息和分量。

信息版面包括一个标题为"补充剂成分表"的表格，表格标明了产品的每种膳食成分及其含量。对于植物性成分，其来源（取自于植物哪个部分）必须列在补充剂成分表中。补充剂成分表标题下列出"分量"和"每罐分量"，标识的分量是生产商针对每次食用而推荐的最大分量。紧接着分量信息的是膳食成分信息，并列出膳食成分的每日量值（Daily Value，DV），未确定 DV 的膳食成分必须列在有既定 DV 的成分下面。FDA 同时对补充剂成分表各种营养素的排位顺序以及在标签上必须采用的术语做了规定。

3. 其他信息

膳食补充剂标签必须标识的信息还包括：

（1）生产商、包装商、经销商或零售商及其联系方式

（2）食用方法

（3）过敏原标识：根据《食品过敏原标识及消费者保护法案》（Food Allergen Labeling and Consumer Protection Act），如果产品可能有过敏原的存在，需进行标识（如：

本产品包含大豆）。美国过敏原包括牛奶、鸡蛋、鱼类、贝类、坚果、花生、谷物和大豆八大类过敏原。

（4）1997 年，FDA 发布规定，要求添加了铁元素的膳食补充剂标签上需标识警告声称"警告：因意外过量食用含铁产品是导致 6 岁以下儿童中毒的主要原因，请将本品置于儿童不能接触的地方。如发生意外的过量食用，请立即联系医生或中毒控制中心。"

（四）上市后监管

美国膳食补充剂在上市后的监管主要依靠以下几个方面：

（1）政府部门的市场监管：FDA 依靠现场监督员对市场上的产品进行监督，如果发现不符合规定的标签内容即可实施监督处罚，FDCA 303 条款规定了处罚条例，对各种违规情况给出了具体的处罚细则。同时，FTC 则对产品的广告宣传进行管理。

（2）不良事件报告（AER）：FDA 对膳食补充剂的监管最初并未要求对不良事件实施强制性的报告。在膳食补充剂行业的支持下，美国国会于 2006 年 12 月 22 日颁布了《膳食补充剂和非处方药消费者保护法》，该法案要求美国境内的膳食补充剂生产商、包装商和经销商向 FDA 报告因使用补充剂而导致的所有严重的不良事件。不良事件报告包括：与产品相关的严重伤害或疾病。膳食补充剂生产商、包装商或分销商必须在收到不良事件后 15 个工作日内向 FDA 陈述严重不良事件，并在初步报告一年之内向 FDA 呈交与此前递交的严重事件报告相关的任一最新的医学信息，FDA 针对这些问题，可以开展更加具体的后续调查。如果不良事件报告系统确定产品与不良事件之间存在因果关联，那么 FDA 将采取适当的措施，进一步减轻消费者可能面临的风险。比如 2013 年 9 月中旬，FDA 陆续接到出现急性肝炎的报告，FDA 经过调查发现是 USP Labs 公司标识为"Oxy Elite Pro"和"VERSA－1"的膳食补充剂因为添加了未经安全性认证的 NDI"aegeline"（印枳碱），与急性肝炎的不良事件相关，并及时发布了通告，对该产品进行召回。不良事件报告的机制对于 FDA 及时关注产品安全性事件起到了重要的作用。

（3）消费者、行业组织的监督：除了 FDA 和 FTC，行业组织、消费者以及律师，在膳食补充剂的市场监督方面都起到了积极的作用，通过投诉、起诉、监督和教育，提高消费者对膳食补充剂的科学认识，也维护了膳食补充剂良好的市场秩序。

（4）企业自律：美国膳食补充剂的另一管理特点是依靠企业的自律，按照法规的要求，膳食补充剂上市前不需要经过审批，也没有要求企业一定要完成哪方面的研究或试验工作，但美国膳食补充剂企业仍会进行相关产品的安全性、稳定性试验。比如膳食补充剂的标签并不强制标识保质期，但如果企业标识了保质期，则企业需自行完成稳定性试验以证实标识信息的真实性和有效性；而像结构/功能声称，虽然仅需在产品上市后告知 FDA 声称的内容，但企业也需自行完成相关的验证试验，并保留相关研究证据。这种自律的行为，不仅是企业自身的一种保护措施，可作为产品上市后备查的资料，同时更是反映了在美国企业对产品安全性负责的社会责任意识。

执笔人：向雪松　苏　畅　韩军花

第五章 欧盟食品补充剂法规

第一节 概 述

欧盟对应于我国保健食品的相应产品类别为食品补充剂（Food Supplement）。欧盟规定食品补充剂的主要法规是 2002 年 6 月 10 日通过的 EC 46/2002《食品补充剂法令》。

欧盟 EC 46/2002《食品补充剂法令》规定了食品补充剂的定义及范围。食品补充剂属于食品，是由维生素、矿物质及其他物质组成，不含过多的热量，目的是补充正常膳食供给的不足，但不能替代正常膳食的一类物质，其销售的剂量形式可以是胶囊、片剂、丸剂或其他相似形式，如包状粉剂、液态产品和滴剂等小单位量形式。

对可用于食品补充剂的维生素和矿物质，欧盟已经达成一致意见。《欧盟食品补充剂法令》对其具体种类与形式均做出了限定，包括 13 种维生素和 17 种矿物质，只有这些种类与化合物形式的维生素和矿物质才可被作为食品补充剂原料。对于食品补充剂的植物成分和其他生物活性物质，欧盟目前尚未达成一致。

2006 年 10 月，为了保护消费者不被误导或欺骗，并给所有的食品生产企业提供公平的竞争环境，欧盟公布了 EC 1924/2006《食品营养与健康声称法规》。该法规于 2007 年 1 月 19 日生效，并于 2007 年 7 月 1 日起实施，对营养与健康声称的定义、适用范围、申请注册、一般原则、科学论证等内容作出了明确的规定。该法规适用于在欧洲市场出售、供人食用的任何食品或饮品，旨在确保在食品包装上向消费者提供的营养、健康资料准确可靠，以免消费者误解。该法规的基本宗旨是对欧盟成员国间食品及相关功能食品的营养和健康声称在标签、宣传、广告等方面提供法律法规的协调，使相关食品在各成员国之间能够自由流通。

第二节 原料和产品管理

一、原料管理

1. 原料名单

欧盟 EC 46/2002《食品补充剂法令》公布了相应的营养素来源物质。欧盟各国也在积极规范食品补充剂的植物或植物提取物原料的管理。英国、奥地利、比利时等国制定了可用物质名单和禁用物质名单，其中奥地利确定了 61 种禁止用于及 14 种可以用于食品补充剂的植物和植物提取物名单；荷兰、瑞典、保加利亚等国制定了禁用物质名单，其中保加利亚确定了 120 种禁止用于食品补充剂的植物及其成分名单；法国制定了可用物质名单；部分国家如波兰、塞浦路斯等，没有颁布可用和禁用物质名单，而是根据具体情况按照以往的案例对其成分进行评估。

2. 营养素摄入量限值

声称为食品补充剂的产品，其营养成分须达到一定的含量。欧盟对食品补充剂产品的营养成分含量制定了具体要求，但未公布可补充的最高量限值。食品补充剂生产企业根据以下因素来设定食品补充剂中维生素与矿物质的日摄入量：

—— 基于科学数据的最高上限；

—— 对不同消费人群的不同敏感度的差异；

—— 消费者从其他膳食中所摄入的维生素与矿物质的量以及人群对其的参考摄入量；

—— 设定最小剂量时，则应考虑食品补充剂中这些营养素每日摄入的显著性效果剂量。

二、产品管理

食品补充剂的安全和功能评价主要由欧洲食品安全局（EFSA）负责，具体监督管理由欧盟各成员国负责。对于食品补充剂的市场准入，欧盟大多数国家实行上市前备案制度（表126）。多数国家规定食品补充剂应在上市前（个别国家可在上市的当天）由生产企业应向本国政府申报备案，填写备案表并报送产品标签等有关资料，政府不对食品补充剂进行审批。备案产品的有关信息在网站公布，如已在一个国家备案，该产品就可在欧盟内流通，不必向欧盟的其他国家备案。产品使用《可用于食品补充剂的营养素名单》外的其他原料的，备案时则要提供该原料的相关资料。但根据 EC 46/2002《食品补充剂法令》，食品补充剂的上市前备案管理并不是强制要求，而是各成员国的可选要求，故在奥地利、荷兰、瑞典、英国实施的是上市后的监督管理，主要原则是：由将食品补充剂投放市场的制造商或负责人确保其合规性，主管机构通常会定期进行市场监督检查，检查的范围包括成分、标签和声称等。如果发现违法违规情况，则将采取产品下架、特定罚款等措施。

表126　欧盟各国食品补充剂管理

国家	备案与否
奥地利	否
比利时	是
保加利亚	是
克罗地亚	否
爱沙尼亚	是
芬兰	是
法国	是
德国	是
意大利	是

国家	备案与否
拉脱维亚	是
立陶宛	是
卢森堡	是

欧盟要求食品补充剂生产企业必须符合食品生产企业的 GMP 要求。在食品补充剂的生产、加工、流通等各个阶段强制实行溯源制度，各个生产环节必须保留记录以供查询。生产企业对产品的质量安全负主要责任，当产品不符合食品安全要求时，生产企业须有可操作的产品召回体系和相应的产品召回程序进行召回。生产企业有义务及时向各国监督管理部门通报产品的有关情况，如果企业认为在市场上销售的产品对人体健康可能带来危害，应立即通知当局主管部门。主管部门为食品补充剂的生产企业建立诚信档案，如果产品在上市后的监督抽查中发现问题，主管部门将采取产品下架、罚款或要求停产、停业等处理措施，并记录在诚信档案中，在制定今后的监督抽查计划时，加大对此企业产品的抽查力度和频次，并将有关问题或情况向媒体曝光。

对于进口的食品补充剂产品，要求符合欧盟的各项法规要求，当一种食品补充剂进入市场时，制造商或者产品进口商，必须告知产品所在国的主管部门，并提交使用的标签的样式。另外，对于符合欧盟法规规定的食品补充剂，成员国不得禁止或者限制其上市销售，除非基于新的科学研究数据或者对现有科学研究数据的新评估发现了某些成分可能对公众健康带来风险。在这种情况下，此成员国应该告知其他成员国和欧盟委员会，欧盟委员会在欧盟食物链和动物健康委员会（SCFCAH）的协助下，可以研究发表意见和决定，必要时可以修订食品补充剂的有关指令或法规。

第三节 功能声称

一、管理制度

欧洲议会于 2006 年 12 月 20 日颁布了 EC 1924/2006《食品营养与健康声称管理规章》，并于 2007 年 1 月 19 日正式实施。该法案共 5 章 29 款，对营养与健康声称的定义、适用范围、申请注册、一般原则、科学论证等内容作出了明确的规定。欧洲关于健康声称的管理实行列表与行政许可相结合的制度。根据该规章的有关规定，除降低疾病风险声称与促进少年儿童生长与健康相关的声称需要行政许可外，其他一般性声称采用列表制度，即凡列入允许使用健康声称范围内的声称，满足使用条件的食品均可标注。免于行政许可的健康声称必须符合的原则是：既要建立在广泛的科学共识的基础之上，也要易于消费者理解。

1. 使用营养和健康声称需要满足的条件

规章中声称分为营养声称、健康声称和涉及减少患病风险和涉及儿童发育及健康的声称。使用营养和健康声称需要满足以下条件：

（1）公认的科学证据证明某食品或某食品类别中含有、不含或减低含量与声称相关的某种营养素或其他物质，是具有有益的营养或生理作用的；

（2）声称中所述的营养素或其他物质在成品中的含量符合欧洲共同体立法的规定（若无此类规定，则公认的科学证据能证明该营养素或其他物质的含量能够产生声称的营养或生理效应）；或者公认的科学证据证明不含或减低某种营养素或其他物质含量会产生声称的营养或生理效应；

（3）如果适用，声称中所述营养素或其他物质的形式应为可被人体吸收的形式；

（4）食用合理数量的该食品能够提供与声称相关、按照欧洲共同体立法所规定的足够数量的营养素或其他物质；如没有相关规定，则应有公认的科学证据显示其所提供的数量确实能够产生声称所说的营养或生理学效应；

（5）符合营养声称或健康声称规定的具体条件，视情况而定。

2. 使用声称的其他规定

关于使用声称还需普通消费者能够理解声称中所述的有益效应以及和按照制造商说明书来服用食品。营养和健康声称应当基于公认并得到证实的科学证据，使用营养或健康声称的食品企业经营者应当证明正当使用声称。成员国的主管当局可以要求食品企业经营者或向市场出售产品的人员出具所有符合本条例的相关基本资料和数据。另外营养和健康声称的使用不得：

（1）虚假、含糊或误导；

（2）有对其他食品的安全性和/或营养成分质疑倾向；

（3）鼓励或纵容过量食用一种食品；

（4）介绍、建议或暗示均衡多样的饮食通常无法提供充足的营养；

（5）通过文字或图示、图解及符号表达，涉及可能引起或产生消费者担忧的人体功能转变。

二、声称管理

1. 相关法规

针对欧盟声称的法规体系主要包含 EC 1924/2006《食品营养与健康声称管理规章》（EC）353/2008《健康声称批准原则》。另外，针对声称的具体科学技术及评价指南包括：

—— 《4367 利益攸关方申请健康声称的一般科学指南》；

—— 《4369 欧盟食品安全局膳食产品、营养与过敏源（NDA）专家组发布免疫系统、胃肠道及病原微生物防御有关健康主张的科学意见和指导建议》；

—— 《科学意见 2817/身体活动能力相关健康声称之科学要求的指导》；

—— 《科学意见 2816/神经系统功能包括心理功能相关健康声称科学要求指南》；

—— 《科学意见 2702/骨骼、关节、皮肤和口腔健康相关健康声称科学要求指南》；

—— 《科学意见 2714/抗氧化剂、氧化损伤和心血管健康相关健康声称科学要求指南》；

—— 《科学意见 2604/关于食欲等级、体重管理和血糖浓度健康主张的科学要求指导》，每一份指南都针对特定的声称给出了具体的科学要求和指导原则。

还有《科学意见2170》及其附件进行统一规范和要求针对声称本身的申请及申请程序中使用的申请表格及文件格式。

2. 功能声称的许可制度

根据欧盟委员会法规 EC 1924/2006《食品营养与健康声称管理规章》的要求，健康声称的申请应基于充分的科学证据和数据，欧盟委员会根据这个需求，建立了与法规相一致的声称申请批准准则，即法规 EC 353/2008《健康声称批准原则》，针对声称的特性及研究内容进行评估和批准。其针对的注册类型是：

注册申请要求为了确保声称的可信度，有必要说明作为声称主体的该物质在成品中的含量：足量、全无或者适当低量，以能够支持声称的营养或生理效应。该物质还应当能够被人体吸收。此外，如适用，需要通过人体所需的合理预期摄入食品的数量来提供为了达到营养和生理学效应声称的该物质的量。

申请使用名单中的声称要求如果某一条营养和健康声称违反公认的营养和健康原则，或者鼓励纵容过量食用某种食品，或者贬低良好的膳食习惯，则不能进行该营养和健康声称。

针对的申请范围是：每一个申请应该只包含一种营养素、物质或食物与一种单一功能的关系。

3. 审批申请

（1）申请应提交至成员国的国家主管当局。

1）国家主管当局应当在收到申请后14日内，以书面方式确认收到该申请书，并说明收到申请的日期；并立即通知主管当局；和向主管当局提供申请方提交的申请材料及补充信息；

2）主管当局应当立即将申请告知其他成员国和欧盟委员会，并向其提供申请方提交的申请材料及补充信息；并公开相关的申请内容概要。

（2）申请资料应当提供以下内容：

1）申请方的名称及地址；

2）与健康声称相关的营养素或其他物质、或者食品或食品类别以及其特性；

3）对健康声称所做研究的复印件，包括如果适用，独立完成的、经过同行评议的研究和其他材料，以说明该健康声称符合本条例规定的标准；

4）如果适用，提供声明为专利信息的证明材料；

5）与该健康声称相关的其他科学研究复印件；

6）申请获得批准的健康声称的措辞建议，如果适用，也应包括使用声称的特定条件；

7）申请内容概要。

（3）在事先咨询主管当局后，欧盟委员会应当按照法规规定的程序，确立本条款申请的实施规则，包括关于准备和介绍申请的规则。

（4）欧盟委员会将与主管当局密切合作，制定适当的技术指南和工具，以帮助食品企业经营者，尤其是中小企业有关申请中科学评估的准备和介绍。

4. 成员国主管当局的审评

（1）主管当局应当在收到有效申请之日起五个月内提出意见。如果主管当局要求申请方提供补充信息，则该期限延长至申请方提交补充信息之日起两个月内。

（2）如果适用，主管当局或成员国主管当局可以通过主管当局，要求申请方在指定时间内，补充申请书中的细节。

（3）为了准备审评意见，主管当局应当核实：

— 健康声称有科学证据支持；

— 健康声称的措辞符合本条例规定的标准。

（4）如果主管当局支持批准健康声称，则审评意见中应当包括以下细节：

— 申请方的名称及地址；

— 与健康声称相关的营养素或其他物质，或者食品或食品类别及其特性；

— 健康声称的建议措辞，如果适用，也应包括使用声称的特定使用条件；

— 如果适用，包括食用某食品的条件或限制，和/或其他声明或警告，应与健康声称一同出现在标签及广告中。

（5）主管当局应当告知欧盟委员会、成员国和申请方其审评意见，包括一份评估健康声称，并陈述做出审评意见的理由及其依据的报告。

（6）根据规定，主管当局应当公开其审评意见。申请方或公众可以在公开后 30 日内，向欧盟委员会提出评论意见。

5. 欧盟审批

（1）收到成员国主管当局的意见之日起 2 个月内，欧盟委员会应当考虑主管当局的意见、欧洲盟法律的相关规定，以及其他与所考虑问题相关的法律因素，向常务委员会提交一份关于许可健康声称列表的草案。如果草案决定与主管当局的意见不一致，则常务委员会应当对差异做出解释。

（2）任何修订所允许健康声称清单的草案决定应包括规定的所有细节。

（3）应当根据规定的程序对一申请做出最终决定。

（4）欧盟委员会应当立即将决定告知申请方，并在《欧盟官方公报》上公布决定细节。

（5）任何食品企业经营者都可以根据声称的适用条件，使用规定列表中的健康声称。

（6）声称批准不会减少食品企业经营者对于相关食品的民事责任和刑事责任。

执笔人：何　雷　钟　伟

第六章　澳大利亚补充药品法规

第一节　概　　述

澳大利亚对于"保健食品"没有法定定义或者单独的食品类别。与我国保健食品类似的类别为在食品和药品之间存在着一类在安全和功效方面与药品有交叉的产品，在管理上把这类产品归类为"补充药品（Complementary Medicines）"。1990 年《治疗产品条例》（Therapeutic Goods Regulations）1990（以下简称《条例1990》）中，将补充药品定义为全部或主要由一种或几种的有效成分组成的治疗产品，而且所含的各种有效成分均经明确鉴定和具有传统用途。澳大利亚的补充药品作为药品受澳大利亚治疗产品管理局（Therapeutic Goods Administration，TGA）监督管理，属《治疗产品法案（Therapeutic Goods Act）1989》（以下简称《法案》1989）和《条例》1990 监督管理范围。

《法案》1989 是一个全国性的法令，是对澳大利亚境内使用和（或）出口或进口的治疗产品的质量、安全性、功效及使用期限进行管理的法令。1990 年在《法案》1989 的基础上制定的《条例》1990，是一个行政性的法规，是监督管理治疗产品的主要法规，包括中草药在内的治疗产品的生产、供应及分发均受此法规控制。

为了规范补充药品市场，帮助申请人依法申请补充药品在澳大利亚上市，保证向 TGA 提交的申请，符合基本的法规要求，以便在最短的时间内成功评审，2004 年 8 月澳大利亚发布了《澳大利亚补充药品管理规定指南》（Australian Regulatory Guidelines for Complementary Medicines，ARGCM）。该法规颁布后，共经历 5 次修订，现行版本于2016 年 10 月修订后重新发布。

2003 年 12 月澳大利亚与新西兰政府签订了一项协议，拟建立一个单独的双边机构对两国的治疗用物品进行管理，包括处方药、非处方药和补充药品。但迄今为止，还未能实现。

另外，澳大利亚与我国保健食品类似的产品，还包括部分具有健康声称的普通食品。普通食品允许进行健康声称，但需要符合《澳大利亚新西兰食品标准法典》中列明的条件及要求，普通食品的上市不需要经过审批，由不同州和地区的法规监督管理。限于篇幅关系，本章主要叙述补充药品的有关管理法规。

第二节 补充药品的现行管理体系

一、管理法规和机构

澳大利亚的《法案》1989 由 TGA 执行,并为治疗产品的生产和供应,进口和出口提供统一的规章制度。《法案》1989 由《条例》1990、各种治疗产品指令和决定进行补充支持。这些规章制度为《法案》1989 中各种食品提供详细说明。TGA 负责对补充药品进行监督管理,并执行多项评估及监督管理工作,确保治疗产品达到可接受的标准。TGA 的重要监督管理措施是建立并维护一个强大的 "澳大利亚治疗产品注册登记数据库(Australian Register of Therapeutic Goods,ARTG)"。该数据库登记了治疗产品的名称、详细配方、经办人及生产厂家等详细信息。

《澳大利亚补充药品管理规定指南》于 2004 年 8 月正式颁布,内容包括补充药品管理规定的通用指南、列表补充药物、新补充药物成分的评价、注册补充药物以及新增加的指导原则五个部分,全面系统地反映了澳大利亚对补充药品的申报及监督管理要求。

此外,2016 年 8 月 31 日开始实施的《治疗产品指令 92 号(TGO 92,非处方药标签标准)》,共有 4 年的过渡期,在此期间,补充药品(非处方药)必须遵守 TGO 92 或《治疗产品标签的一般要求》(Therapeutic Goods Order No. 69 General requirements for labels for medicines,TGO 69)。申请者必须指出其遵守的是哪个指令。从 2020 年 9 月 1 日起,所有的产品都必须遵守 TGO 92。

澳大利亚的补充药品生产企业必须符合《良好生产规范》 (Good Manufacturing Practice,GMP)。

2003 年 12 月,澳大利亚与新西兰政府签订了一项协议,拟建立一个独立的双边机构对两国的治疗产品进行管理,包括处方药、非处方药和补充药品。

二、审评与审批

除非获得豁免,否则所有在澳大利亚生产或境内销售、进口和出口,具有功能宣称的治疗产品必须先在 ARTG 上登记。在相关规章制度中,在 ARTG 上的补充药品,基于其成分和适应证分为两类:列表补充药品和注册补充药品。大部分属于列表补充药品,其他部分属于注册补充药品。

TGA 允许用于补充药品的活性成分类型如下:植物药、传统药物、顺势疗法药物、人智学药物、精油、维生素和矿物质、营养成分、香料(花,贝壳及宝石/晶体)。

特定功效成分在《条例》1990 中的 " Schedule 14" 明确如下:①氨基酸;②木炭;③胆碱盐;④精油;⑤植物或草药材料(或通过合成产生),包括植物纤维,酶,藻类,真菌,纤维素及纤维素和叶绿素的衍生物;⑥顺势疗法药物的制备;⑦除了疫苗的微生物,整体或经萃取;⑧矿物质,包括矿物盐和天然存在的矿物;⑨黏多糖;⑩非人的动物材料(或通过合成产生),包括干燥材料,骨和软骨,脂肪和油以及其他提取物或浓缩物；⑪脂质，包括必需脂肪酸或磷脂；⑫由蜜蜂产生或取自蜜蜂的成分，包括蜂王浆，蜂花粉和蜂胶物质；⑬糖，多糖或碳水化合物；⑭维生素或维生素原。

当申请人提交一个补充药品评价申请时（包括一个拟申请注册的新成分），产品名称不需要获得批准，申请人应当自行提交一个合适的名称。

1. 列表补充药品

列表补充药品被认为是低风险补充药品。大部分补充药品为列表类补充药品。列表补充药品需要满足以下基本条件：

（1）仅含低风险的允许在列表补充药品中使用的成分（活性成分、赋形剂、顺势疗法的准备材料）；

（2）仅允许在列表补充药品中允许使用的适用症；

（3）不能含有《海关法案 1901》中被禁止进口的成分；

（4）不能要求其无菌；

（5）必须遵守所有的有关质量、安全性及有效性的法律法规。

由于列表补充药品风险较低，TGA 在其上市前不作安全性、有效性和质量审评，申报过程相当于备案制，列表补充药品会给予一个 AUST L 编号，AUST L 编号必须显示在产品标签上。

对于新的补充药品成分，如欲作为列表补充产品使用，则必须向 TGA 提供如下数据材料：新成分的结构；人体应用历史及方法；有关不良反应的报告；生物活性作用；毒理作用；临床试验情况。对于已纳入 ARTG 数据库中含草药成分的其他产品，且未列入特殊管理的制剂成分范畴（如化学成分或植物成分的毒性影响），则该成分往往可免于 TGA 的安全性及有效性审评，直接作为 ARTG L 成分使用。

2. 注册补充药品

注册补充药品就其成分和功能声称而言，风险比列表补充药品高。

以下四种情况，补充药品需要按照注册类产品在 ARTG 上申请注册：

（1）不仅仅含有允许用于列表补充药品中的成分；

（2）含有属于毒物标准表或相关附录中的活性成分，或该活性成分由属于其中的成分组成；

（3）要求无菌；

（4）适应证不在"列表补充药品"允许的适应证之内的。

目前，对于评价一个新的注册补充药品还没有一个法定的时间范围。

三、标签及声称

所有补充药品必须附有"AUST R#"、"AUST L#"的标签，注明产品的疗效是否已经证实。标签必须符合《The Therapeutic Goods Order No. 69》（TGO 69）《治疗产品标签的一般要求》。一般标签需包含以下内容：

（1）产品名称；

（2）所有活性成分名称；

（3）活性成分的含量/比例；

（4）赋形剂信息；

赋形剂不需要在标签上标识，除非是一个限制使用的成分，则必须在标签中标注，例如：在毒物标准中列明的成分、TGO 69 表 1 中列明的成分。当选择标注赋形剂（没有强制要求标注的）信息，则需要将所有赋形剂信息标注出来，而不允许选择性标注。

（5）剂型；

（6）产品数量；

（7）警告声明；

（8）批号；

（9）有效期；

（10）储存条件；

（11）用法说明；

（12）申请人名称和地址；

（13）宣称的声称；

（14）注册或列表编号。

在广告宣称管理方面，不允许含有、表示或暗示在《治疗产品广告守则》的附表 6 第 1 部分列明的内容。同时也不能含有、表示或暗示在《治疗产品广告守则》的附表 6 第 2 部分列明的内容，除非得到批准。同时，需要符合澳大利亚治疗产品相关广告法规以及《治疗产品广告守则》的相关规定。

澳大利亚对补充药品标签的警示语有详细而明确的规定。例如，如果某补充药品的精油含有天然樟脑成分，且含量在 2.5% 以上，但不高于 10%，必须注明"小心放置，以免儿童触及"及"不可吞服"。所有与症状有关的声称，必须附注"如症状持续，必须向医生求诊"或意思相同的语句。在标签上标注产品未含有的成分或特性以及在标签上做出导致消费者不安全使用产品的表述，都是不合理的标签表述。

补充药品经过批准可以在标签及广告资料内声称具有治疗功效。在进行声称时要符合以下原则：a. 声称预定用途或适用症状时，必须有充分的证据支撑；b. 所作的声称必须属实、经证明有效以及无误导成分，且声称必须与 ARTG 所记载的产品用途相符；c. 所作的声称不应导致使用者不安全或不适当地使用该产品。

另外，关于维生素和矿物质补充剂的声称，至少达到澳大利亚设立的维生素和矿物质每日推荐摄入量的 25% 时，才可允许声称。澳大利亚未设立某维生素/矿物质的 RDI 时，可参考其他国家的数值；维生素/矿物质在每日推荐摄入量中的含量低于 RDI 的 10%，不允许声称该维生素/矿物质，除非有证据证明低于此水平的剂量具备健康作用。

四、生产与销售

澳大利亚的生产者必须获得《法案》1989 中的 Part 3-3 规定的许可证，除非获得特殊豁免。补充药品必须符合 GMP，该规范规定了生产厂家必须遵守的原则和生产模式，务求保证补充药品的生产安全可靠。

补充药品制造商必须持有效执照，在公开销售补充药品之前，需提交主管当局，以便进行市场准入前的评估。补充药品必须列入 ARTG 内，才可推向澳大利亚市场销售。有意向澳大利亚供应补充药品的国外制造商，必须持有效执照，证明符合 GMP，并安排产品接受市场准入前的评估，证实可供安全服用及质量符合标准。制造商亦须提供证据，支持产品所作的声称，并在 ARTG 内登记其产品，其后才可推向澳大利亚市场销售。

五、监督管理

澳大利亚的《法案》1989 由 TGA 实施，作为法规体系对治疗产品的进口、出口、生产及流通进行监督管理。该法案由《条例》1990 及其他各种治疗产品指令和决定对法案中的细节进行详细规定。

在列表类补充药品申请的第七步中，澳大利亚实施了事后监督机制——随机的合规审查，具体的规定如下：如果列表补充药品被选择进行随机合规审查，根据《法案》1989 第 31 节的要求，需向 TGA 提供指定的信息。一般情况下可在 20 个工作日内予以回复。如果在通知中所指定日期之后的 20 个工作日之内未提供相关信息，TGA 有理由将补充药品从 ARTG 中除名，如材料说明中存在错误或误导之处而未对相关通知做出回应或提交相关信息，则属于违法行为。

执笔人：杨亚飞　韩军花

第七章　新西兰膳食补充剂相关法规

第一节　概　　述

在新西兰，与我国保健食品定义范畴类似的产品主要包括膳食补充剂、补充食品以及部分具有健康声称的普通食品。

膳食补充剂属于《膳食补充剂法规（1985）》（以下简称《法规》）监管范围，其主管部门为新西兰卫生部下的药品和医疗器械安全局（Medsafe）。补充食品目前也有独立的法规监管，在 2016 年新西兰《食品法案 2014》实施后按照食品法案监管。普通食品允许进行健康声称，但需要符合《澳大利亚新西兰食品标准法典》中列明的条件及要求。

新西兰膳食补充剂不需要经过上市前许可，除非产品中含有超过规定剂量的叶酸。新西兰政府认为，申请人应该承担保证产品的质量、安全以及符合相关法规要求的责任。膳食补充剂禁止含有药品法案中列明的包括处方药等药物成分，亦不能声称治疗用途，若涉及声称治疗用途则必须作为药品或药品相关产品批准。

目前，新西兰卫生部正在起草关于《自然健康以及补充剂产品提案》，此提案的目的在于希望建立针对所有低风险的自然健康产品管理体系。新西兰政府希望通过建立完善的管理体系，建立相关的允许使用成分清单、声称清单及相应的生产要求。

本章将主要叙述新西兰膳食补充剂、补充食品的相关法规。

第二节　膳食补充剂法规和管理

膳食补充剂属于《法规》的监管范围，其主管部门为新西兰卫生部下的 Medsafe。《法规》中给予膳食补充剂明确的定义及范围，定义为膳食补充剂的产品在《食品法案》（以下简称《法案》）的管辖范围内，但其监管从某些层面上讲是独立于《法案》，《法案》中也并没有单独明确的与膳食补充剂相关的章节。

一、定义

根据《法规》，膳食补充剂的定义为：①氨基酸、可食用成分、草药、矿物质、合成营养素或维生素；②单独出售或者以混合物形式出售；③以液体、粉末，或者片剂（亦可在标签上标示为扁囊剂、胶囊、压片）的可控剂量形式出售；④通过口服食用。目的在于补充一定数量的一般来源于食物的氨基酸、可食用成分、草药、矿物质、合成营养素，或者维生素。

二、原料管理

在《法规》中第一、二部分具体以列表方式罗列了部分维生素矿物质名称及最高日剂量，明确了可使用的压片助剂、防腐剂、抗氧化剂、色素、人造甜味剂、食用香料、维生素、矿物质、酶。这些清单中除了对部分维生素矿物质有每日最高剂量规定外，其他成分均未对用量作出规定。同时，新西兰政府没有明确法规规定膳食补充剂仅允许使用《法规》中列明的原料。Medsafe 指出，膳食补充剂不能含有以下原料，包括：受控药物的成分、处方药，受限药物（只能由药剂师分发）或只能在药店出售的药物的成分。

《法规》中对于最高日剂量的要求见表127，对于含有《法规》19（1）之外的矿物质的膳食补充剂，应按要求生产，每日摄入量（成人）不得超出《推荐膳食供给量》现行版本中指定的最大量。

表 127　部分膳食补充剂最高日剂量要求

膳食补充剂	最高日剂量
矿物质	
铜	5mg
铁	24mg
硒	150μg
锌	15mg
维生素	
维生素 A 或者视黄醇	3000μg
尼克酸（和盐）或者烟酸（和盐）	100mg
维生素 B_{12} 或者氰钴胺或者羟钴胺	50μg
维生素 D	25μg
叶酸	500μg，对于已被批准其按照符合《新西兰药物生产和分销良好生产规范》的方式来制备的膳食补充剂
	300μg，对于未经批准其按照符合《新西兰药物生产和分销良好生产规范》的方式来制备的膳食补充剂

三、功能声称管理

新西兰没有制定膳食补充剂功能声称目录，只是明确了不能进行治疗性声称，除非1981年《药物法》和根据该法制定的任何法规允许，否则任何膳食补充剂或者包装或者含有膳食补充剂的容器都不得使用与以下事宜相关的声明来进行广告或者标签：①预防或者治疗疾病；②诊断疾病或者确认某生理疾病的存在，程度或者范围；③改变人体体型、结构、尺寸或者体重；④通过终止/减少/延迟，或者通过增加/加速某生理功能的运作，或者以任何其他方式永久或暂时阻止或干扰生理功能的正常运作。

治疗声称可以是直接的、暗示的或建议性的。声称一个产品会/能/可能/旨在提供缓解疾病、痛苦或者与疾病相关的症状均为治疗声称。需要注意的是在新西兰营养声明或者声明与正常的生化或生理功能相关的声明，不会被认为是治疗声称。

对于如何界定"治疗声称"，《新西兰治疗用品广告守则》中也有明确的规定。同时，《新西兰药品指南》第 A 部分中也明确：膳食补充剂由《法规》监管。作为膳食补充剂监管的产品不能宣称治疗用途。希望宣称治疗用途的公司必须申请将这种产品作为药品或药品相关产品批准。

四、产品管理

整体来说，新西兰通过在膳食补充剂法规中规定最高日剂量来控制膳食补充剂类产品，如果产品含有每日推荐剂量大于 300 微克叶酸（可接受叶酸最大剂量为每日 500 微克），则需要上市前审批，即注册管理，其他膳食补充剂不要求上市前审批的程序，属于自行合规管理。

Medsafe 对于需审批的含叶酸类产品的批准流程通常需要一个月或不到一个月的时间，在 Medsafe 没有反馈经过验证的声明给申请人前，该产品不允许上市。申请需要递交以下资料给 Medsafe：

申请负责人需要填写申报表来保证此膳食补充剂产品：①是在 GMP 认证的工厂生产的；②符合适用的良好生产标准；③符合相关剂型；或④终产品标准中含有符合 TGO78/USP 要求的含有叶酸产品的溶出试验，每批产品放行前都必须通过测试合格。另外需要以附件的形式提供符合相关 GMP 要求的证据。

Medsafe 有权力要求申请人提供关于 GMP 更为详细的资料，同时会对产品进行审查。

第三节　补充食品标准

《新西兰食品（补充食品）标准》（The New Zealand Food（Supplemented Food）Standard，SFS）是新西兰补充食品的相关法规，于 2010 年 3 月制定，2016 年修订，2016 年 3 月 1 日起生效，该食品标准是基于食品法案 1981 第 11C 条，由新西兰初级产业部（MPI）发布。

在 2010 年 3 月 31 日之前，有部分食品由于被认为是"食品型的膳食补充剂"（比如添加了维生素矿物质的麦片或者果汁）而受到《法规》监管，在后来政府和行业的多次研讨后决定，从 2010 年 3 月起，这种类型的食品应该从膳食补充剂的范围中划分出来，单独作为"补充食品"（Supplemented Foods，类似中国的营养强化食品），通过补充食品标准作为过渡期法规进行监管。在新西兰新《食品法案 2014》正式颁布实施之后，补充食品将被正式纳入《澳大利亚新西兰食品标准法典》的管理范畴之内。

此外，MPI 还发布了《补充食品标准使用指南》（以下简称《使用指南》）。《使用指南》旨在帮助制造、进口、出口、零售及咨询人员更好地理解及应用。

一、定义

补充食品是"作为食品呈现的产品，其中含有添加进去的一种或多种物质，或以某种方式修饰后呈现出超过给予某一简单营养素要求的生理作用"。

以下产品为非补充食品：

（1）膳食补充剂（见《法规》）；

（2）药品（见《药品法案1981》）；

（3）控制药品或限制物质（见《药物滥用法案1975》）；

（4）配制的膳食替代或配制的补充食品（定义见《食品标准法典》中1.1.2-2）；

（5）配制的咖啡因饮料（定义见《食品标准法典》中1.1.2-6）。

以上条款中并未包含所有不是补充食品的产品清单。

如果一个食品满足《食品标准法典》中定义的特定类型产品范围，则其不可作为补充食品销售。若《食品标准法典》中无相应的范围，则其可能满足SFS的要求。

如果一种食品被认为是一种新的物质，能满足安全和符合《食品法案2014》的要求，就可以考虑用于补充食品中。

二、标签要求

《使用指南》中详细规定了补充食品标签的要求。补充食品标签的要求与《食品标准法典》中的要求类似。在1.2部分中的关于标签的标准以及"对《食品标准法典》的其他要求"也适用于补充食品，除《食品标准法典》1.2.2的信息要求——食品的鉴别。适用于补充食品的鉴别要求，且必须在标签上显示的有以下这些：

（1）"补充食品"标识（注意：应放置在标签的醒目位置）。

（2）能够表明食品本质的名称或描述（如：添加维生素D的草莓味酸奶）。

（3）批鉴别，除非该补充食品为小包装（小包装是指包装表面积小于$100\,cm^2$）。

（4）补充食品供应商在新西兰的名称及办公地址。

三、监督管理

《补充食品标准》适用于新西兰境内补充食品的生产、销售及准备销售，以及进口新西兰销售的补充食品。

不按照本标准执行者即视为违违反《食品法案1981》，且自2016年3月1日起视为违反《食品法案2014》。

执笔人：韩军花　杨亚飞

第八章　日本保健机能食品法规

第一节　概　述

按照用途，目前日本将医药品之外的食品主要分为以下 3 大类：特别用途食品、保健机能食品、一般食品。

特别用途食品与保健机能食品均需要逐一审批核准，可以表示特殊用途或保健功效；而包括"所谓的健康食品"在内的一般食品，则不需要国家审批，但同时也不能宣称或表示效果和功能。

日本与我国保健食品的范畴较为相似的为保健机能食品。保健机能食品包括两个类别：特定保健用食品，营养机能食品。其中特定保健用食品又可分为常规型、降低疾病风险型、规格基准型、条件限制型。

此外，日本普通食品范畴内有一类经行业协会认证的"所谓的健康食品"，这类食品不允许声称健康功效，与我国保健食品不相同。各类食品的分类框架可参见图 3。

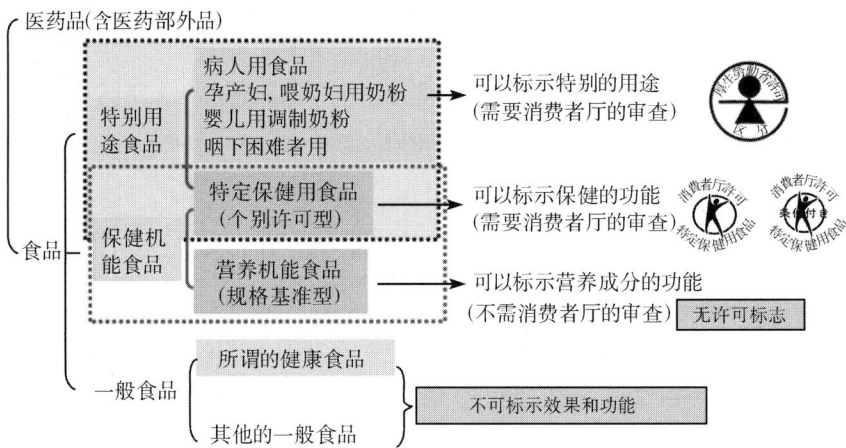

图 3　日本食品基本分类

目前，保健机能食品的主管部门为日本消费者厅，主管法规包括《健康增进法》《特定保健用食品的审查等操作及指导要领的修订》《营养标示基准》等。保健机能食品上市涉及分类管理方式包括特定保健用食品的注册审批以及营养机能食品的自我认证。产品通过注册审批和自我认证的同时，也需要满足相关食品法规在生产、销售、标示等方面的要求。在特定保健用食品上市前，主管部门需要进行安全性、功效性、法规相符性等审查。产品通过许可后可标示相应功能及特定标志。符合相关标准要求的规格基准型及降低疾病风险型产品采用简化注册管理，审查内容部分减免。营养机能食品的管理采用自我认证制度，企业不需向消费者厅长官进行单个产品的许可和申报。企业需确保符合相关标准的要求，产品标签不带有特定的标志。

第二节 保健机能食品法规和管理

一、定义和分类

根据保健机能食品制度，保健机能食品是标示有特定的营养或保健功能，同时也满足日本厚生劳动省相关规格及标准的食品。其中，特定保健用食品是指获得官方审批允许声称其具有人体生理功效的食品，营养机能食品是指标示营养成分（维生素矿物质）功能声称的食品。

其他文件对这两类食品提供了进一步解释，即特定保健用食品是指日常饮食生活中因特定保健目的而摄取、摄取后能够达到该保健目的并加以标示的食品。营养机能食品是指以向人群补充维持健康所必需的营养成分（维生素、矿物质）为主要目的，含有特定的营养成分，按照规定的基准将其营养成分进行功能标示的食品。

2005年《特定保健用食品的审查等操作及指导要领的修订》在原有特定保健用食品（简称常规型）的基础上新增加3个类型：降低疾病风险型、规格基准型、条件限制型。该法规规定：标示有关疾病风险降低的声称的特定保健用食品属于降低疾病风险型产品；满足法规中规格基准并获得许可的特定保健用食品属于规格基准型产品；在特定保健用食品中，人们在生活中出于特定保健目的而摄取的，标示有相应保健目的以及限制性条件的产品属于条件限制型产品。

二、原料和功能声称的管理

（一）特定保健用食品

特定保健用食品所使用的功效原料未建立明确的清单，所有产品需在注册过程中审查相关原料，包括安全性、功效性/声称、法规相关性等方面的情况。

目前日本通过注册审批的产品功能声称包括：调节体脂肪或血中中性脂肪；改善牙齿健康；改善胃肠道（包括调节肠道菌群）；促进矿物质吸收；辅助降血糖；辅助降血压；辅助降低胆固醇；改善骨骼健康；改善缺铁性贫血等。部分产品带有2项功能声称，如欧车前种皮的食物纤维产品声称辅助降低胆固醇及改善胃肠状态；蔗糖低聚糖产品声称促进矿物质吸收和改善胃肠道等。使用上述声称或其他新功能声称的产品在上市前都需要进行注册审批。特定保健用食品的注册管理模式确立于1991年《营养改善法》，并在《健康增进法》中延续至今。

在注册管理的发展过程中，部分特定保健用食品实现了标准化，即可以建立起原料、剂量、功效声称的对应关系。这些标准化的产品被分别列为规格基准型和降低疾病风险型特定保健用食品，采用简化注册管理。纳入规格基准型的产品原料共3类9种，涉及3个声称，包括：膳食纤维调节胃肠状态、低聚糖调节胃肠状态、膳食纤维延缓糖吸收等。同时列入规格基准的包括每日摄入剂量范围，产品允许使用的剂型，摄入注意事项，原料的质量标准及检验方法等。原则上，同类型原料相互间不允许搭配使用。如产品超出规格基准的要求，即原料种类、剂量或声称等与规格基准不相符，仍采用完整的注册管理模式。

目前允许纳入降低疾病风险型特定保健用食品的原料及声称共 2 种，包括钙与骨质疏松、叶酸与神经管缺陷。同时列入法规的要求包括每日摄入剂量范围，摄入注意事项等。这类产品的申请中可免除部分材料，如营养成分的物理性状、化学性状以及生物学性状连同其相关实验方法的资料等。超出上述范围的新的降低疾病风险型特定保健用食品，仍采用完整的注册管理模式。条件限制型与常规型同样采取注册审批管理，未设立明确的功效原料清单及功能范围。审批过程中对科学研究的强度及声称措辞与常规型有差别。所有特定保健用食品最初只允许使用普通食品形态，2009 年《关于健康增进法规定的特别用途标示的许可等内阁府令》允许使用片剂、胶囊等补充剂形态。产品通过注册审批后，带有特定的标志，见图4。

| 适用于常规型、规格基准型、降低疾病风险型 | 适用于条件限制型 |

图4　特定保健用食品标志

（二）营养机能食品

根据《营养标示基准》规定，营养机能食品的成分包括 5 种矿物质和 12 种维生素，每种成分列明营养成分功能声称、每日摄入剂量范围、注意事项标示等。2010 年《关于营养标示基准的相关执行法规》进一步规定，产品标签需标示"营养机能食品（某营养素）"，如营养素种类为 3 种或以下，需在括号中列出所有营养素的名称；如为 4 种或以上，仅列出其中 3 种。当产品中若干营养素的功能相同时，可合并标示，如"烟酸和维生素 B_2 是维持皮肤和黏膜健康的营养素"。营养机能食品的管理采用自我认证制度，企业不需向消费者厅长官进行单个产品的许可和申报。企业需确保符合相关标准的要求，产品标签不带有特定的标志。

三、产品管理

保健机能食品上市涉及分类管理方式，包括注册审批及自我认证制度。具体而言，包括特定保健用食品的注册审批以及营养机能食品的自我认证。产品通过注册审批和自我认证的同时，也需要满足相关食品法规在生产、销售、标示等方面的要求。

（一）特定保健用食品注册管理

在特定保健用食品上市前，主管部门需要进行安全性、功效性、法规相符性等审查。

（1）《特定保健用食品的审查等操作及指导要领的修订》提出特定保健用食品许可的基本条件，也是注册的审查原则，包括：①产品以有助改善膳食生活及维持和增进健康为目的；②医学或营养学证明产品及其有效成分具有明确的保健功能；③在医学或营养学上可以准确地确定产品及其有效成分的摄入量；④产品及其有效成分都是安全无毒的；⑤能够提供有效成分的物理学的、科学的和生物学的特征（或特性）及其试验方法，并且具有明确的定性定量分析方法；⑥同种食品普遍含有的营养成分和组成不被显著破坏；⑦产品是在日常饮食生活中能够被食用的食品，其中不含不能食用的物质；⑧产品及其有效成分不含医药品专门使用的物质。

（2）《特定保健用食品的审查等操作及指导要领》等法规规定，申报特定保健用食品需要提供3项基本注册申报材料：标示许可申请书、审查申请书、分析用样品检测报告。

注册申报流程如下：①标示许可申请提交当地保健所，由都道府县长官核对资料完整认可后，呈送于消费者厅长官处；②审查申请书（包含附件资料）及样品的检测报告直接送至消费者厅；③产品通过有效性及安全性的审查后，消费者厅长官批准许可，许可通过当地区职能部门交付申请者。

（3）消费者厅主要关注产品的有效性及安全性审核，同时审核流程中也涉及其他政府相关部门的协调和配合。具体而言，消费者厅受理了申请书及相关资料后：①咨询消费者委员会新开发食品评价调查会，对产品的效果做出初步的判定；②咨询食品安全委员会新开发食品专门调查会，确认主要成分及产品的安全性；③再次咨询消费者委员会新开发食品评价调查会，对产品有效性及安全性进行判断；④咨询厚生劳动省医药食品局，确认是否与医药品的管理有所抵触；⑤完成上述步骤后，由企业直接联系健康营养研究所或登记的检查机关进行检测和出具报告；⑥通过上述所有程序后，消费者厅长官对产品予以许可。《特定保健用食品的审查等操作及指导要领》规定，特定保健用食品的审批时限为受理起6个月，不包括因资料不齐或其他原因需要对申请进行补充修改的时间。

（4）审查申请书是产品许可过程中的核心审查文件，其中重点审核的资料包括：①食品对居民饮食生活及健康的改善作用；②每日摄入量及摄入注意事项相关资料；③食品产品及其中功效原料的保健功能，以及医学和营养学中有关每日摄入量的资料；④食品产品及其中保健功能功效原料的安全性和稳定性相关资料；⑤保健功能功效原料的理化性状、生物学性状及相关检测方法；⑥保健功能功效原料的定性定量检测报告及检测方法的资料；⑦营养成分量及热量检测报告；⑧质量控制相关资料。

规格基准型及降低疾病风险型采用简化注册管理。对于符合相关标准规定的产品，注册申报中的审查申请书可免除第②至第⑤项内容。同时，规格基准型的审批时限为受理起3个月。条件限制型的原料使用、申报程序及资料要求与常规型一致，审查过程中所采用的判定标准有所放宽，如随机对照临床试验中的统计差异水平由5%放宽至10%，允许作用机制不明确，允许采用非随机对照临床试验的数据等。获审批后，产品标签的标志及功效声称均带有限制性用语，如声称为"虽无确定的依据，但可能适用于"。

主管部门主动公开产品审批相关信息，可在其网站查询（http：//www. caa. go. jp/foods/index4. html#m04）。公开的信息包括：商品名、申请者、食品种类、功效成分、许可标示内容、摄取上的注意事项、每日摄取量、许可类别、许可日、许可编码。

（二）营养机能食品自行合规管理

对于营养机能食品，企业需自行确保产品完全符合《营养标示基准》及《关于营养标示基准的相关执行法规》等相关法规的要求。《关于营养标示基准的相关执行法规》要求产品标签注明警示用语：该产品与特定保健用食品不同，未经消费者厅长官逐个审查。

主管部门对产品及标签标示信息通过上市后监督检查进行管理。食品卫生监视员及消费者均有权向地方政府报告营养机能食品标示不合规的情况，再由企业所在地的地方政府对企业进行指导和进一步处理，情况上报消费者厅。

执笔人：郭海峰　韩军花　贾海先

第九章　中国台湾健康食品法规标准

第一节　概　　述

中国台湾《健康食品管理法》施行后，"健康食品"一词已成为法律名词，法律上的定义为"具有保健功效，并标示或广告其具该功效，且须具有实质科学证据，非属治疗、矫正人类疾病之医疗效能为目的之食品"。食品（包括民间所称保健食品）未取得卫生福利部健康食品查验登记许可证，不得宣称为"健康食品"，而坊间口头所说的"保健食品"，其实就是一般食品，仅能作为营养补充而已，两者是不相同的。审批通过的"健康食品"必须在产品包装标示健康食品、批件号、标识及保健功效等相关规定项目，但仍不得述及医疗效能、虚伪不实、夸张或超出许可范围的保健功效。

台湾卫生福利部门批准的健康食品要具有三要素：产品安全性、产品保健功效性及保健功效成分稳定性。

一、健康食品查验登记管理

健康食品查验登记采用双轨制，第一轨为个案审查，第二轨为规格标准审查。

个案审查中，从业者要提供整个生产过程的品质管控及各种实验或科学验证，向卫生福利部门提出申请，经卫生福利部门健康食品咨议委员会审查评估其安全性以及功效性科学佐证，获得通过后取得健康食品许可证，所准许宣称的保健功效范围取决于该产品所提出的科学验证结果。个案审查一般需耗时 180 天，通过审查的产品会给予健康食品标识及字号，从 1999 年至 2013 年 7 月 22 日核发的证书字号为"卫署健食字号（卫署健食字第 A00000 号）"；从 2013 年 7 月 23 日起，"卫生署"改制为"卫生福利部"，之后获得健康食品审查通过的产品，证书字号改为"卫部健食字号（卫部健食字第 A00000 号）"。

规格标准审查中，产品成分要符合卫生福利部、公告的健康食品规格标准，并由学理确立产品保健功效的，无须进行保健功效评估试验，目前已公告的健康食品规格标准为鱼油及红曲两项，通过的产品，可宣称的保健功效范围均相同。如：鱼油类产品可标示："本产品可能有助于降低血中三酸甘油酯；其功效乃由学理得知，非由实验确认"；红曲类产品可标示："本产品可能有助于降低血中总胆固醇；其功效由学理得知，非由实验确认"。规格标准审查一般需耗时 120 天，通过审查的产品会给予健康食品标识及字号，从 1999 年至 2013 年 7 月 22 日所核发的证书字号为"卫署健食规字号（卫署健食规字第 000000 号）"；从 2013 年 7 月 23 日起，因"卫生署"改制为"卫生福利部"，所以之后获得健康食品审查通过的产品，证书字号改为"卫部健食规字号（卫部健食规字第 000000 号）。

通过审核的健康食品的生产、进口许可证有效期限为五年。期满仍须继续生产、进口的，应于许可证到期前三个月内申请展延，但每次展延不得超过五年，逾期未申请展延或不准展延的，原许可证自动失效。

二、健康食品功能类别

目前公告的保健功效共 13 项，包含改善胃肠功能、骨质保健功效、牙齿保健功能、免疫调节功能、护肝功能（针对化学性肝损伤）、抗疲劳功能、延缓衰老功能、促进铁吸收功能、辅助调节血压功能、不易形成体脂肪保健功效、辅助调整过敏体质功能、调节血糖功能、调节血脂功能。

三、健康食品非预期反应通报

卫生福利部门为保障消费者食用健康食品的安全性，规划建立台湾民众食用健康食品后产生非预期反应的通报系统，为卫生福利部门管理健康食品提供政策参考。由通报个案的收集、分析及汇整，建立健康食品安全疑虑评估研究机制，以发现健康食品潜在可能引发公众健康危害的非预期反应。同时也建立了本土的健康食品安全数据库、通报资料评估及信息反馈制度；并教育医务人员、厂商、民众、经销商、消保团体、消费通路等，加强其对食用健康食品引起的非预期反应的认识与防患，提升健康食品使用的安全性，以维护民众之健康利益。

第二节 健康食品主要法规

中国台湾有成体系的法规对健康食品予以规范，其中相关的行政法规有：《食品卫生管理法》《健康食品管理法》，并配套有实施细则；相关健康食品查验登记法规有：《健康食品申请许可办法》《健康食品查验登记审查原则》《健康食品查验委托办法》和健康食品许可证展延变更登记转移登记补发作业要点等。

一、《食品卫生管理法》及其实行细则

《食品卫生管理法》的宗旨是管理食品卫生安全及质量，维护国民健康，对食品安全风险管理、食品业者卫生管理、食品卫生管理、标示及广告管理、食品进口管理、食品检验、食品查核及管制、罚则等内容进行了规定。相当于《中华人民共和国食品安全法》。

《食品卫生管理法》第二十一条规定，经中国台湾主管机关公告的食品、食品添加物、食品器具、食品容器或包装及食品用洗洁剂，其制造、加工、调配、改装、进口或出口，须经中国台湾主管机关查验登记并发给许可文件，其登记事项有变更者，应事先向中国台湾主管机关申请审查核准。

《食品卫生管理法》第三十条规定，进口经中国台湾主管机关公告的食品、食品添加物、食品器具、食品容器或包装及食品用洗洁剂时，应向中国台湾主管机关申请查验并申报其产品有关信息。如查验绩效优良的企业，中国台湾主管机关可采取简化措施。进口非销售产品，且其金额、数量符合中国台湾主管机关公告或经中国台湾主管

机关项目核准者，可免申请查验。

《食品卫生管理法》第三十八条规定，各级主管机关进行食品、食品添加物、食品器具、食品容器或包装及食品用洗洁剂检验时，其检验方法，由中国台湾主管机关确定，未定检验方法的，可使用国际认可的检验方法。

二、《健康食品管理法》及其实行细则

《健康食品管理法》对健康食品的定义、查验登记许可、安全卫生管理、标示及广告、稽查及取缔、罚则等内容进行了规定。相当于中华人民共和国《保健食品注册与备案管理办法》。

《健康食品管理法》规定了健康食品的定义、符合的条件以及保健功效的表述；要求生产、进口健康食品的企业提交成分、规格、作用与功效、制程概要、检验规格与方法、有关资料与证件、标签及样品等；并缴纳证书费和查验费，待中国台湾主管机关查验登记并发给许可证后，才能进行生产和进口。中国台湾主管机关可根据需要组织查验，可委托相关机关（构）、学校或团体进行查验。发生变更的应提交申请书，向中国台湾主管机关申请变更登记，并缴纳审查费。许可办法也由中国台湾主管机关起草。生产、进口许可证有效期为 5 年，期满前 3 个月内申请展延，每次展延时间不得超过5 年。

《健康食品管理法》规定，健康食品生产应符合良好操作规范，进口的健康食品应符合原产国的良好操作规范，该规范由中国台湾主管机关起草。并规定了不得生产、调配、加工、贩卖、储存、进口、出口、赠予或公开陈列的情况。

《健康食品管理法》除对标签标识的一般规定外，还规定不得有虚伪不实、夸张的内容，宣称的保健效能不得超过许可范围，并应根据中国台湾主管机关查验登记的内容，标示或广告，不得涉及医疗效能的内容。传播媒体不得为未取得许可证的食品作健康食品的广告，并应记录委托广告者的姓名（法人或团体名称）、身份证或事业登记证字号、居住处（事务所或营业所）及电话等资料，且于主管机关要求提供时，不得规避、妨碍或拒绝。

三、《健康食品申请许可办法》

《健康食品申请许可办法》规定了办理健康食品查验登记所需文件及资料，相关审评和审批程序与中华人民共和国保健食品管理办法的规定相似；并规定了原料成分规格含量表、产品的安全评估报告、保健功效评估报告、保健功效成分鉴定报告及其检验方法、产品的制程概要、产品卫生检验及其检验报告、产品的保健功效安定性试验报告、良好作业规范证明资料、一般营养成分分析报告、相关研究报告文献资料、产品包装标签及说明书的审核重点等。

经科学的安全及保健功效评估试验，证明对人体健康无害，且成分具有明确保健功效的健康食品；或其保健功效成分依现有技术无法确定的，需要申请人列明该保健功效的各项原料及佐证文献，由中国台湾主管机关评估进行认定。申请材料应包括申请书、产品原料成分规格含量表、产品的安全评估报告、保健功效评估报告、保健功

效成分鉴定报告及其检验方法、产品的制程概要、产品卫生检验规格及其检验报告、一般营养成分分析报告、相关研究报告文献资料、产品包装标签及说明书、申请者公司登记或商业登记的证明文件、完整样品及审查费等 14 项内容。

健康食品成分的规格标准符合中国台湾主管机关规定的，应提供申请书、产品原料成分规格含量表、成分规格检验报告、保健功效安定性试验报告、产品制程概要、良好作业规范的证明资料、产品卫生检验规格及其检验报告、一般营养成分分析报告、产品包装标签及说明书、申请者公司登记或商业登记的证明文件、完整样品及审查费等 11 项内容。

四、《健康食品查验登记审查原则》

依据《健康食品管理办法》第七条第一项的规定，制定《健康食品查验登记审查原则》，以保证审查质量具一致性。对委托制造合约书、产品原料成分规格含量表、产品的保健功效评估报告、保健功效成分鉴定报告正本及其检验方法、保健功效安定性试验报告、产品制程概要资料、台湾生产和进口产品良好作业规范的证明资料、产品卫生检验规格及其检验报告、一般营养成分分析报告等内容进行了规定。

五、《健康食品查验委托办法》

《健康食品查验委托办法》对卫生福利部门委托办理健康食品查验业务的受托机关（构）与专业审查人员应具备的资格进行了规定。

六、健康食品的保健功效声称

《健康食品管理法》规定，健康食品保健功效声称，必须是台湾允许合法宣称的保健功效，即：①不可涉及治疗、矫正人类疾病的医疗效能内容；②不得有虚伪不实、夸张的内容；③其声称的保健功效不得超过许可范围；④必须经台湾主管机关公告后才能采用。健康食品的保健功效声称实行可用名单（Positive List）的管理方式，管理的重点放在保健功效性的评估上。

申请者需依据已获台湾卫生福利部门认可的健康食品保健功效名单对产品进行声称，至 2014 年台湾卫生福利部门已公布 13 种认可的健康食品保健功效，包括：①胃肠功能改善；②骨质保健；③牙齿保健；④免疫调节；⑤护肝；⑥抗疲劳；⑦延缓衰老；⑧促进铁吸收；⑨辅助调节血压；⑩不易形成体脂肪；⑪辅助调整过敏体质；⑫调节血糖；⑬调节血脂，以及其他使用类似词句的功效。

为了科学有效地评估保健功效，《健康食品管理法》授权卫生福利部门制定健康食品保健功效评估方法，针对 13 种公布的保健功效已逐一制定了相应的评估方法供申请者参考，包括："健康食品之促进铁吸收功能评估方法""健康食品之胃肠功能改善评估方法"等 13 种评估方法。在申请健康食品注册过程中，申请者需要针对其所申请健康食品，选择相应的评估方法证明产品的保健功效。除上述 13 种评估方法外，申请者也可采用与公布方法不同的方法，但应提供足够的科学性支持性材料和信息。

《健康食品管理法》规定，健康食品保健功效的标示需符合以下表达方式中的一种：①摄取某种健康食品后，可补充人体缺乏的营养素时，宣称该健康食品具有预防或改善与该营养素相关疾病的功效；②叙述摄取某种健康食品后，其中特定营养素、特定成分或该食品对人体生理结构或生理功能的影响；③提出科学证据，以支持该健康食品维持或影响人体生理结构或生理机能的声称；④叙述摄取某种健康食品后的一般性益处。根据《健康食品查验登记审查原则》的规定，保健功效的声称应根据所进行保健功效评价试验类型和结果进行标示，如"调节血脂功能之申请案件，申请者所提具之功效评估报告，如是人体临床试验，且血脂质之检验数据，有两项结果对调节血脂具正面调控之意义者，则将同意有助于减少发生心血管疾病的危险因子之功效宣称"。值得一提的是，《健康食品申请许可办法》规定，台湾卫生福利部门对于每件申请产品，每次仅受理一项保健功效或规格标准的查验登记（注册审批）。申请者需针对已取得健康食品许可证的产品，向卫生福利部门申请许可证变更登记，才可在产品中增列其他保健功效。

依据《食品卫生管理法》的规定，普通食品不得进行医疗效能的声称。在此基础上卫生福利部门进一步修订认定基准，规定普通食品不得宣称疗效，包括预防、治疗、改善、引用、摘录出版物内容等涉及医疗效能的行为。普通食品若宣称可预防、改善、减轻、诊断或治疗疾病或特定生理情形（例如恢复视力、治疗失眠、改善过敏等），或是宣称减轻或降低与导致疾病有关的体内成分（解肝毒、降肝脂等），宣称产品对疾病及疾病症候群或症状有效、产品具中药材的效能、引用或摘录出版物典籍或以他人名义述及医药效能，都被认为涉及医疗效能。因此在声称方面，健康食品与普通食品的主要区别为，前者不得进行治疗、矫正人类疾病的医疗效能的声称，但可进行促进健康/或减少疾病危害风险的声称；后者禁止进行任何涉及医疗效能的声称，包括改善、减轻特定生理情形等，因此健康食品所声称的健康功效更受关注。

执笔人：郭海峰　王　岗

第十章　各国（组织、地区）"保健食品"管理比对

第一节　产品定义和形式

从不同国家、组织和地区的法律对保健用相关产品的定义中可以看出，尽管各地从法律层面对此类产品的定义和所划定的范围各有不同，但大体有如下共同之处：

（1）这类产品特征有别于普通食品和药品；

（2）能够声称功能；

（3）多划定允许使用的原料范围；

（4）产品使用的剂型，多为可度量的胶囊、片剂、口服液等，有规定的食用量（具体见表128）。

表128　产品定义

国家（组织、地区）	产品	定义
美国	膳食补充剂	一种旨在补充膳食的产品（而非烟草），可能含有一种或多种如下膳食成分：维生素、矿物质、草本（草药）或其他植物、氨基酸、以增加每日总摄入量而补充的膳食成分，或是以上成分的浓缩品、代谢物、提取物或组合产品等。以片剂、胶囊、粉剂、软胶囊或是口服液形式摄入；不能以传统食品，或是一餐/饮食中的唯一组成食品形式出现。 ——《膳食补充剂健康教育法案》
	健康声称食品	健康声称是在食品、包括膳食补充剂的标签上或标识内容中表述或暗示某种物质与某种疾病或健康相关状况关联特征的声称，这种表述或暗示的形式包括引用"第三方"的陈述、文字陈述（如含有诸如"心"用语的商标名）、符号（如心脏符号）和图形。暗示性健康声称所提供的综合信息表述食品中某种物质的存在或含量与某种疾病或健康相关状况的关联，形式包括文字陈述、符号、图形和任何拟使用的传播形式。而且，健康声称仅限于表述疾病风险的降低，不得涉及疾病的诊断、痊愈、缓解和治疗。使用健康声称前需要美国食品药品管理局的审查和评估。 ——《美国食品标签指南》
欧盟	食品补充剂	食品补充剂属于食品，由维生素、矿物质及其他物质组成，不含过多的热量，目的是补充正常膳食供给的不足，但不能替代正常的膳食，其销售的剂量形式上可以是胶囊、锭剂、片剂、丸剂或其他相似形式，如包装粉剂、液体安培剂和滴剂等小单位量形势的一类物质。 ——《欧盟指令2002/46》
	健康声称食品	健康声称是指阐述、建议或暗示某食品类别、某种食品或其中某种成分与健康之间存在关系的声称；降低疾病风险声称是指阐述、建议或暗示食用某类食品、某种食品或其中某种成分可以显著降低人类发生某种疾病风险的健康声称营养和健康声称条例 ——《欧盟法规食品营养和健康声称1924/2006》

续表

国家 （组织、地区）	产品	定义
澳大利亚	补充药品	《治疗产品条例》Part2 中对补充药品定义为：补充药品是指有全部或主要含有一种或多种特定功效原料的治疗产品，其中每一种特定功效原料都已明确其特性以及具有传统使用历史。 ——《治疗产品条例》
新西兰	膳食补充剂	膳食补充剂定义：①氨基酸、可食用成分、草药、矿物质、合成营养素、或维生素；②单独出售或者以混合物形式出售；③以液体、粉末、或者片剂（亦可在标签上标示为扁囊剂、胶囊、压片）的可控剂量形式出售；④通过口服食用；⑤目的在于补充一定数量的一般来源于食物的氨基酸、可食用成分、草药、矿物质、合成营养素、或者维生素。 ——《膳食补充剂法规》
中国台湾	健康食品	具有保健功效，并标示或广告其具该功效之食品。保健功效，系指增进民众健康、减少疾病危害风险，且具有实质科学证据之功效，非属治疗、矫正人类疾病之医疗效能，并经台湾主管机关公告者。 ——《健康食品管理法》

第二节　产品原料和功能声称的监管

虽然这些国家、组织和地区对此类产品的定义和管理范围不完全一致，但都把对这类产品的管理重点放在原料的安全性和功能声称的科学性、真实性上。为了有效管理原料和功能声称，依据现有所掌握的资料将产品原料和功能声称建立目录，并不断调整使其标准化（具体见表129）。

表129　原料和功能声称的监管要求

国家 （组织、地区）	原料	功能声称
美国	在产品定义上划定使用原料范围，对于膳食补充剂老原料无须许可，新原料需上市前备案。	对于允许使用的健康声称制定了名单，新的健康声称需要注册。
欧盟	维生素矿物质原料有明确的目录，超出目录的原料需要注册；不属于维生素矿物质的其他原料，少数通过了欧盟审批；但包括植物原料在内的其他大部分原料管理尚未统一。	分为一般性健康声称和适用于特定人群以及降低疾病风险的健康声称。对于使用原料声称目录外的声称需要注册。
澳大利亚	有原料成分目录。使用目录外的原料成分需要注册。	有标准功能声称目录和可按《列表类药品声称支持证据指南》确定的特定声称。除此之外的声称需在产品注册中确认。
新西兰	没有原料目录。	没有功能声称目录。
中国台湾	原料分为四类进行管理。第一、二类有原料目录。原料需要在产品注册中得到确认。	为减少疾病风险声称。有保健功能目录（13种）。在产品的注册中得到确认。

第三节　管理方式

现在世界上多数国家、组织和地区对于"保健食品"的管理方式主要包括两种，一种为注册，是对产品有实质性（技术或管理）审查。另一种为备案，只对产品进行形式审查。大多数国家、组织和地区均根据原料和功能声称等风险评估结果，按照风险管理原则采取注册和备案的分类管理模式。

一、注册管理

由于产品的安全性和功能声称不能确定，需要通过注册，由专家进行审核判定。另一方面，由于产品原料与人体健康关系不能确定，需要对产品原料的功能声称进行评估。表 130 列出了产品纳入注册管理的类别及原因。

表 130　产品纳入注册管理的类别及原因

国家 （组织、地区）	类别	原因
美国	膳食补充剂健康声称（基于原料）	需要科学评估产品原料与人体健康（降低疾病风险）的关系。
欧盟	食品补充剂健康声称	需要评估产品原料对应的声称用语和使用条件等。
澳大利亚	注册补充药品	成分和/或其所具有的治疗作用声称超出允许的范围时，当局要评估产品是否满足质量、安全和功效的要求。
新西兰	膳食补充剂	当膳食补充剂产品含有每日推荐量大于 300 微克叶酸时。
中国台湾	卫部健食字号和卫部健规字号健康食品	需要对产品的安全性和保健功效进行评估。

为规范注册管理，这些国家和地区均制定了注册程序和资料要求，主要强调产品和原料的安全性以及功能声称的科学性（具体见表 131）。

表 131　产品注册程序和资料要求

国家 （组织、地区）	类别	程序和资料要求
美国	膳食补充剂健康声称（基于原料）	1. 注册的资料要求：申请者及联系方式；申请的主题；食物及成分合规性的概述；科学数据及信息的综述；成分在代表性食物中的含量检测报告；健康声称的措辞；文献检索的方式及所有文献及相关文件等。 2. 注册程序：①申请受理；②建档和评审；③公开征求意见；④批准该声称。美国食品药品管理局在不同的时间点会告知申请者相关情况，包括补充材料；拒绝申请等。健康声称的审批时限不超过 540 天。

国家 （组织、地区）	类别	程序和资料要求
欧盟	食品补充剂健康声称	注册的资料要求：申请者姓名及地址；声称涉及的成分及成分的特征；论证该健康声称的研究文献；需保密的部分以及需保密的理由；与健康声称有关的其他文献；健康声称的措辞和/或使用条件；申请的小结。 注册的程序：申请者将申请材料提交给本国主管部门；主管部门呈交欧盟食品安全管理局；欧盟食品安全管理局进行评估，并将评估意见呈交欧盟；欧盟将健康声称纳入允许使用名单。
澳大利亚	注册补充药品	1. 注册资料要求：评估过程主要针对产品的质量、安全性、有效性进行评估。 2. 澳大利亚治疗产品管理局指导框架的资料包括：①行政信息；②质量、安全性及有效性数据概述和总结；③质量信息（包括原料和成品）；④非临床数据信息（安全性和有效性）；⑤临床数据信息（安全性和有效性）。 3. 注册程序：①预审查会议；②递交申请，缴纳申请费用；③申请审查，决定并收取评估费用；④评估；⑤决定；⑥给予注册。
新西兰	需审批的含叶酸类产品	注册资料要求： ①是在 GMP 认证的工厂生产的证明；②适用的良好生产标准；③相关剂型证明；④终产品中合规的叶酸产品溶出试验的说明；5. 每批产品放行前都能测试合格的证明文件。
中国台湾	健康食品	注册程序： ①申请者向卫生福利部门提交相关申请资料；②卫生福利部门依据《健康食品查验登记审查原则》对资料进行初审，审查产品的安全性及保健功效、包装标签及说明书的确实性。③初审符合要求，卫生福利部门依据《健康食品安全性评估方法》和《健康食品功效评估方法进行评估》分别对产品安全性和保健功能声称进行评估。④审核通过，卫生福利部门核发健康食品许可证，其中卫部健食字号许可证整个流程约需 180 天；卫部健规食字号许可证整个流程约需 60 天。

二、备案和自行合规管理

产品能够进行备案或自行合规管理的原因，是它的安全性得到了保证，功能声称得到确认，满足了原料安全性和功能声称科学性两方面的条件。但是，美国比较例外，它的备案和自行合规的管理制度，最重要的原因是政府免责，要求企业在产品标签上注明"本产品未经美国食品药品管理局审查"字样，企业承担全部责任（具体见表 132）。

表 132　纳入备案或自行合规管理的类别及原因

国家 （组织、地区）	类别	原因
美国	使用新原料的膳食补充剂	企业确保产品是安全的，并提交证明材料。美国食品药品管理局免责，要求产品标明"本产品未经美国食品药品管理局审查"。
欧盟	食品补充剂	没有统一规定。各成员国法规决定，大多数成员国采用了备案管理模式。
澳大利亚	列表补充药品	原料和声称都是使用法规附表中规定的内容。使用原料是法规附表中或由澳大利亚治疗产品管理局公开发布的治疗产品列表通知中提及的一类。
新西兰	膳食补充剂	每日用量不超过 300 微克的叶酸。

备案程序和资料要求

备案的资料要求主要是产品安全性和功能声称的证明文件，有些需要产品的检验报告。但是，备案的时限要求和结果差别很大。做出决定的时限从 3 个工作日到 3 个月，欧盟个别国家有些甚至没有规定时限要求；备案的结果从无条件发许可到需经过审核，不符合要求的不予备案。例如：美国食品药品管理局对膳食补充剂新原料的备案，需要经过严格的技术审核，对于审核后不符合要求的，不予备案（具体见表133）。

表 133　产品备案程序和资料要求

国家（组织、地区）	类别	程序和资料要求
美国	使用新原料的膳食补充剂	资料要求：主要为原料（成分）的安全性的证明文件。 时限要求：上市前75天内。 结果：美国食品药品管理局会在收到资料后进行审查，如需申请者再补充提供任何资料，时限应重新依据75天计算。审查结果包括：①没有反对，表示知晓；②由于提供资料不完整，导致备案未完成；③现有资料或其他证据存在安全性问题，下达反对信；④提出其他法规问题。
澳大利亚	列表补充药品	资料要求：功能声称的证明文件；产品质量证明文件。 时限要求：法规无规定。 结果：发批准证书。
新西兰	膳食补充剂类产品（除每日用量大于300微克的叶酸）	资料要求：管理部门发给生产厂的GMP批准证书；终产品标准。 时限要求：法规无规定。 结果：给予备案。

第四节　小　　结

通过对比可以看出不同国家、组织和地区都有与中国保健食品类似产品管理的相对独立的法规体系，都有明确的法律定义以及专门的管理部门，多数国家、组织和地区的法规体系中将这类产品纳入食品管理范畴。

国外把监管重点放在原料和功能声称的管理上，基于对原料和功能声称科学认识的程度，实施注册、备案或者自行合规的分类管理。这些国家、组织和地区均把功能声称纳入法规管理，没有任何国家规定食品的功能声称完全由企业自行负责。对与我国营养素补充剂类似的产品，国外一般都进行备案管理，而且允许声称保健功能。

对于产品的注册和备案没有统一的"国际标准"。注册管理也通过分级实施不同的注册要求；备案管理的基础是原料和功能声称的标准化，备案要求有较大差异，有些还需要经过技术审核。

执笔人：何　雷　黄建生